Bauwelt Fundamente 104

Herausgegeben von
Ulrich Conrads und Peter Neitzke

Beirat:
Gerd Albers
Hansmartin Bruckmann
Lucius Burckhardt
Gerhard Fehl
Herbert Hübner
Julius Posener
Thomas Sieverts

Gert Kähler (Hrsg.)

**Einfach schwierig
Eine deutsche
Architekturdebatte**

**Ausgewählte Beiträge
1993 – 1995**

Der Verlag Vieweg ist ein Unternehmen der Bertelsmann Fachinformation GmbH.

Umschlagentwurf: Helmut Lortz
Druck und buchbinderische Verarbeitung: Lengericher Handelsdruckerei, Lengerich
Gedruckt auf säurefreiem Papier

Printed in Germany

ISBN 3-528-06104-9   ISSN 0522-5094

Inhalt

Vorwort

„Wehe, man hat Deutschlands Architekturkritiker gegen sich. Ansonsten zahnlos, hat die Meute Biß, wenn es gegen Abweichler geht. Schnell wird da einer zum Faschisten", lese ich in der *Zeit* unter der Überschrift „Oberlehrer überall"[1]. Zugegeben: Rolf Michaelis schreibt „*Kultur*kritiker". Aber sonst?

Es hat eine Diskussion über Architektur stattgefunden in Deutschland – allein das ist schon bemerkenswert. Sie war nicht allzu fundiert, nicht allzu geschliffen; wenig Esprit, viel grobe Keule – aber immerhin: So häufig kommt es nicht vor, daß *Spiegel* und *Zeit*, *Frankfurter Rundschau* und *Frankfurter Allgemeine* Beiträge über dasselbe Architekturthema veröffentlichen (eigentlich sind es zwei Themen, aber das ging in der Debatte weitgehend unter).

Daß die Diskussion an den deutschen Fachzeitschriften für Architektur (mit Ausnahme von *Arch+*) weitgehend vorbeilief, ist ein Teil der Krankheit, die da heißt: In Deutschland wird gebaut – und nur, wenn wir gar nichts anderes zu tun haben, dann betreiben wir ‚Theorie'. Daß Architekturtheorie etwas anderes sein kann als ein Mittel zur Beschaffung von Aufträgen, ist in Deutschland weitgehend unbekannt. Daß das notwendige Innehalten vor dem Handeln, daß die Frage „Was tun wir hier eigentlich?" ein notwendiger Bestandteil jedes, also auch des Handelns der Architekten sein muß, wird gern verdrängt. Insofern wundert es nicht, daß Polemik häufig genug die Reflexion ersetzt – wie die stattgefundene Diskussion zeigt –, und daß Architekturkritik sich hierzulande weitgehend auf die Frage reduziert, ob man etwas ‚mag' oder nicht.

Ich verkenne dabei nicht, daß ich selbst Teil dieser Prozesse bin und innerhalb dieser Rahmenbedingungen mein Geld verdiene.

Die Diskussion über eine „Neue Einfachheit", ausgelöst durch einen *Spiegel*-Artikel des seinerzeitigen Direktors des Deutschen Architekturmuseums, Vittorio Magnago Lampugnani, scheint mir aus mehreren Gründen wert, dokumentiert und reflektiert zu werden. Der erste und simpelste Grund ist der, daß sie stattfand – was nicht eben häufig vorkommt; die letzte große Auseinandersetzung um architekturtheoretische Positionen war die ,Schlacht um die Postmoderne', die mit dem Streit um den Entwurf für die Erweiterung der Stuttgarter Staatsgalerie von James Stirling ausgelöst wurde.

Zum zweiten aber sagt die Dokumentation der wichtigsten Beiträge zur Debatte etwas aus über Art und Weise der kritischen Reflexion von Fragen der Architektur in Deutschland. Insgesamt wird man sagen können, daß diese Aussage wenig schmeichelhaft ist. Viele der Beiträge erschöpfen sich in Polemik, wobei nicht die Polemik kritisiert wird, sondern vielmehr die Erschöpfung. Tucholsky meinte, bei einer Satire sitze halb Deutschland auf dem Sofa und nehme übel – ungefähr so scheint es unter Architekten und Architekturtheoretikern bei architekturtheoretischen Positionen zu sein, die emphatisch – auch polemisch! – vertreten werden. Beliebt ist beispielsweise die sublime Form der Verächtlichmachung des Gegners, ihn vermeintlich besonders höflich mit „Herr" anzureden. Was aber im Angelsächsischen tatsächlich normalen Respekt vor dem anderen bedeutet, dient im Deutschen der Herabsetzung des Gegners. So fragt man sich bisweilen – als im fernen Hamburg sitzend, anstatt im Schlachtenrauch Berlins zu stehen –, wie die Beteiligten noch normal miteinander reden, wenn Sie sich begegnen. Oder redet man auch schon nicht mehr miteinander? Gibt es nur noch „Lager"?

Drittens aber – und hauptsächlich – wirft die Debatte inhaltliche Fragen auf: Ist Lampugnanis Diagnose richtig? Ist seine Rezeptur passend und hinreichend? Ist der Patient ausreichend vor Risiken und Nebenwirkungen geschützt? Und schließlich: Warum löst die Forderung nach einer neuen Konvention in der Architektur, nach dem „Einfachen" als Ausweg aus einer vermeintlichen Krise, überhaupt Streit aus? Denn die Forderung ist weder neu noch originell – neu ist nur, daß sie Streit auslöst.

Die Dokumentation der wichtigsten Beiträge soll dem Leser, der nicht alle beteiligten Zeitschriften und Zeitungen parallel verfolgt, die Debatte nachvollziehbar machen. Darüber hinaus haben wir einige Beiträge erbeten, um das auf Berlin eingeengte Blickfeld wieder etwas zu erweitern. Außerdem habe ich – „Oberlehrer überall" – versucht, die Diskussion wieder auf ihren Kern zurückzuführen, so jedenfalls, wie ich ihn sehe.

Die Autoren der einzelnen Beiträge haben sämtlich dem erbetenen Neudruck zugestimmt. Bei Texten, die zumindest teilweise für die Tagespresse geschrieben sind, ist das keineswegs selbstverständlich, weshalb jedem das Angebot eines nachträglichen Kommentars gemacht wurde.

Die Ordnung der Beiträge versucht – soweit möglich – den Faden der Diskussion nachzuvollziehen; auf die chronologische Reihenfolge wurde deshalb kein Wert gelegt.

Ich danke allen Autoren für ihre Hilfe.

Im Februar 1995 *Gert Kähler*

Anmerkung

1 R. Michaelis: Oberlehrer überall. *Die Zeit* 3/95, S. 46

Teil I

Wenn man die Chronologie der Diskussionsbeiträge verfolgt, dann wird man feststellen, daß die Texte von Lampugnani nicht am Anfang der Debatte stehen; bestimmte Positionen werden schon vorher von anderen artikuliert. Wenn dennoch mit seinem im Spiegel *veröffentlichten Beitrag begonnen wird, dann weil dadurch eine Öffnung der Diskussion über Architektenkreise hinaus erfolgte und viele der auf diesen Text folgenden Beiträge sich direkt auf ihn beziehen. Insofern löste er tatsächlich die Debatte aus. Lampugnanis ausführlicherer Text im Jahrbuch des Deutschen Architekturmuseums erschien ebenfalls vor dem* Spiegel-*Artikel.*

Vittorio Magnago Lampugnani

Die Provokation des Alltäglichen.
Für eine neue Konvention des Bauens

Zeitgenössische Bauten nimmt die Volksmeinung entweder überhaupt nicht wahr oder im naiven Selbstbewußtsein höchster Kompetenz. Jeder wohnt in einer Wohnung und ist mithin naturgemäß ein Wohnungsbaufachmann; jeder arbeitet irgendwo und versteht also auch von Arbeitsplatzgestaltung so gut wie alles. Kurz: Jeder ist ein potentieller Architekturexperte.

Vertreten wird er in Entscheidungsgremien von Politikern, die meist ebensolche „Fachleute" sind wie jene, deren Meinung sie repräsentieren, und in den Medien allzuoft von Journalisten, die das, was sie äußern, bestenfalls sich hastig angelesen haben. Hier wie dort wird zwar bar jeglicher ernsthaften Kenntnis, dafür aber mit wichtiger Miene gefachsimpelt. Ergebnis ist eine Diskussion, die sich von einnehmenden Bildern und oberflächlichen Sensationen leiten läßt.

Dem fügt sich die architektonische Kultur. Dem Motto treu, daß jede Gesellschaft die Architektur hat, die sie verdient, erfüllt sie im vorauseilenden Gehorsam die belanglosen Anforderungen, die ihr gestellt werden. So gebärdet sie sich entweder schamlos gefällig oder scheinbar subversiv.

Die Gefälligkeit ist jene des zwar nicht mehr ganz neuen, aber weiterhin verbissen fröhlichen Postmodernismus mit seiner ungenierten Rückkehr zu Säule, Erker und Gesims, wie sie sich passagenweise in der Wohnbebauung der Architektengruppe Berghof, Landes, Rang am Rottweiler Platz in Frankfurt darstellt. Seine gequälte Leichtigkeit ist freilich nur ein Schein, und hinter der Fassade des Vielfältigen verbirgt sich erfolgreich die voranschreitende globale Vereinheitlichung der Lebensverhältnisse.

Jenes berühmte Kulissen-Potpourri der „Piazza d'Italia" von Charles Moore in New Orleans, die Ouvertüre der Postmoderne aus dem Jahr 1979, belegt beispielhaft: Die Gesellschaft will sich den politischen, sozialen, ökonomischen Widersprüchen nicht stellen; die Architektur liefert solcher Verdrängung das bunte Mäntelchen, unter dem sie sich, obschon hart am Rand der Krise, der Schönschrift-Illusion hingeben kann, die Welt sei noch in Ordnung und insgesamt recht malerisch, unterhaltsam und gemütlich.

Die Subversivität hingegen wählt das andere Extrem: Es ist jenes des Dekonstruktivismus, der auf die kryptischen Philosophien der Ungewißheit von Jacques Derrida und Jean Baudrillard schielt und die Selbstzerstörung der Welt ins Bild setzt – beispielhaft hierfür schießt in der Nähe von Basel die Feuerwache von Zaha Hadid kreuz und quer durch den Raum, und auch die schluchtartige neue Stadtbibliothek im westfälischen Münster, entworfen von Julia Bolles und Peter Wilson, gehört in diesen Zusammenhang.

Doch der philosophische und ästhetische Anspruch, das Zusammenbrechen und Zerfließen architektonisch darzustellen, wird im Wildwuchs der zeitgenössischen Städte zunichte gemacht. In einer Welt, der das Chaos tatsächlich droht, wirkt artifizielles Chaos kaum schockierend. Es bleibt der erregende Nervenkitzel, der dem Kleinbürger das trügerische Gefühl vermittelt, eigentlich doch als Insider einer destruktiven Eleganz auftreten zu können.

So oder so bleibt Architektur harmlos; und das um so mehr, als sie laut verkündet, es nicht zu sein. Sie beschwichtigt mit immer interessanteren und spektakuläreren Bildern.

Dahinter verbergen sich unmögliche städtebauliche Einfügungen, miserable Grundrisse, unpraktische Konstruktionen, plumpe Details. Und ganz allgemein wirkt hier jene immer schlechter werdende architektonische Qualität, die alle, die es sich leisten können, dazu verführt, aus Neubauten in renovierte Altbauten zu ziehen – nicht selten auch die Avantgarde-Architekten selbst.

Der deprimierende Befund gilt weltweit, trifft jedoch für Deutschland besonders zu. Bis in die zwanziger Jahre hinein zeichnete sich die Architektur des damaligen Deutschen Reichs durch extrem hohe Qualität aus. Die großen Massenwohnungsbauprojekte der Weimarer Republik bemühten sich um Standardisierung und Rationalisierung, legten aber noch großen Wert auf Ästhetik und Handwerk. Dasselbe gilt für die Architektur in der Zeit des Nationalsozialismus, die zwar in den öffentlichen Repräsentationsbauten einem hölzernen, megalomanen Klassizismus huldigte, aber sonst ausgesprochen solide detaillierte Bauten hervorbrachte.

Diese Tradition riß 1945 abrupt ab. Gleichzeitig mit der Nazi-Gewaltherrschaft wurde auch die Architektur, die sie dargestellt hatte, pauschal verworfen: und leider auch die tradierte Gediegenheit. Der Zwang zum schnellen und billigen Wiederaufbau tat das übrige. Während in den fünfziger Jahren, bei aller Bescheidenheit, noch handwerkliche Tugenden gepflegt wurden, gingen sie in der Bau-Orgie der sechziger und siebziger Jahre ganz und gar unter.

Das „Nazi"-Verdikt wirkt bis heute nach. Wer im Bauen altbewährte Materialien wie Naturstein oder Holz verwendet, gilt als reaktionär. Wenn er daraus solide, gut detaillierte Bauten konstruiert, ist er fast schon totalitär. Und wenn die Grundrisse klar geometrisch angelegt und die Fassaden einheitlich und streng gegliedert sind, dauert es nicht lange, bis er als Faschist diffamiert wird. Demgegenüber kann es sich jeder leisten, die absurdesten Tragkonstruktionen mit den schrägsten Fassaden so zusammenzubringen, daß die Bauschäden programmiert sind; wenn es nur pittoresk und heiter aussieht, ist es auch demokratisch und akzeptabel.

Vielleicht ist dies die Nemesis der deutschen Architektur: als Strafe für den Terror, den sie in den dreißiger und vierziger Jahren repräsentiert und beschönigt hat, wird ihr gleich die gesamte eigene Tradition verwehrt. Auch in den neuen Bundesländern: Die Wiedervereinigung hat die Grenzen zu einem anderen Deutschland geöffnet, das durch den Krieg zwar genauso wie die Bundesrepublik, durch die Nachkriegsplanung jedoch in viel geringerem Maße als diese zerstört worden war. Dies lag einerseits an dem 1950 verabschiedeten Aufbaugesetz der DDR, das die sogenannte kritische Aneignung der nationalen Traditionen vorschrieb, andererseits an den weit geringeren finanziellen Mitteln, die für den Aufbau zur Verfügung standen.

Städte wie Ost-Berlin, Leipzig, Magdeburg, Halle und Weimar befinden sich mithin zwar in einem desolaten Zustand, in ihrem historischen Stadtgefüge jedoch sind sie weit intakter als West-Berlin, Frankfurt am Main, Köln oder Hannover. Ein Großteil der alten Stuck- und Fachwerk-Schönheiten steht noch, viele Straßen und Bürgersteige sind noch so sorgfältig und geschmackvoll gepflastert wie im 19. Jahrhundert. Und die großartigen Flußlandschaften, etwa der Elbe, sowie die wunderbaren städtischen Parks und Alleen sind nahezu unberührt.

Man möchte meinen, dies alles werde nun sorgsam erhalten und behutsam erneuert. Weit gefehlt. Kaum fiel die Mauer, stürzten sich schon die kommerziellen westdeutschen (und nicht nur westdeutschen) Architekturbüros in das soeben neu eröffnete Akquisitionsgelände und beglückten es mit den Entwürfen, die sie daheim nicht losgeworden waren. Und zwar mit Billigung der sogenannten Betroffenen: Denn die Politiker und die Bürger der neuen Bundesländer wollen auch endlich, nach langer Plattenbau-Ärmlichkeit, in den Genuß der lieblichen, leicht konsumierbaren Postmoderne und ab und zu, gewissermaßen als Salz in der Suppe, des domestizierten Dekonstruktivismus kommen.

Wie aber müßte eine Architektur aussehen, die an die Tradition der Qualität und an die Qualität der Tradition anknüpft? Wie eine neue Moderne, die nicht nostalgisch zurückschaut, sondern sich auf das 21. Jahrhundert einstellt?

In der Philosophie sind in den vergangenen Jahrzehnten Rationalität und Logik, die Knochengerüste der abendländischen Kultur, durch wolkige Irrationalismen aufgeweicht worden. Diese Irrationalismen sind allerdings den komplexen Problemen unserer Epoche nicht gerecht geworden. Auch die Architektur muß von den Festen der Geschwätzigkeit und den Orgien des Tiefsinns, denen sie gefrönt hat, Abschied nehmen, um wieder die praktische Vernunft zu ihrer Richtschnur zu machen. Und sie muß dem Ernst der historischen Situation mit Rigorosität entsprechen. Die Menschheit steht vor der Aufgabe, die Erde unter einer gigantisch und stetig wachsenden Zahl von Menschen möglichst friedlich und gerecht zu verteilen. Dafür ist eine Architektur des übersteigerten und meist maskenhaften Individualismus nicht geeignet: Sie suggeriert etwas, was in Wahrheit nicht gegeben und auch nicht möglich ist. Das Bauen muß den sozialen Anspruch spiegeln, der ihm zugrunde liegt: Es muß gleichförmiger werden. Nicht im Sinne einer Abflachung, sondern einer neuen, unerschrockenen Konvention. Konvention meint „Vereinbarung" und „Herkommen".

Bis zum 18. Jahrhundert beschränkte sich architektonischer Wandel weitgehend auf winzige, nahezu unmerkliche Verbesserungen eines festgefügten Systems von Formelementen und Kompositionsgesetzen. Heute scheint er darin zu bestehen, das Vorgefundene radikal zu verändern – ganz gleich, ob es dadurch besser wird oder nicht. Wir müssen den Mythos der Innovation, eine der verhängnisvollsten Erbschaften aus der Epoche der Avantgarden, aufgeben. Wo Innovation bloße Attitüde ist, hat die Konvention das bessere Argument.

Das gestattet Konzentration auf das Wesentliche und stetige, eins aufs andere bauende Verbesserung. Und ist im übrigen keineswegs Ausdruck von Resignation. Im Gegenteil: In einer Epoche; die unentwegt aufgeregt das Neue um des Neuen willen forciert, gehört ungleich mehr Mut, Talent und Energie dazu, etwas Konventionelles durchzusetzen, als immer nur das Ausgefallene zu repetieren. Das Naheliegende ist nicht nur das gesellschaftlich Richtige, sondern auch die größte Provokation.

Was naheliegt, ergibt sich gegenwärtig auch aus den ökonomischen Verhältnissen. Die Erde unter einer großen Anzahl von Menschen zu verteilen, heißt auch, diese Menschen mit Wohnungen und den entsprechenden infrastrukturellen Einrichtungen (Schulen, Kindergärten, Läden, Kulturbauten) zu versorgen. Dafür muß zunächst einmal die bestehende Bausubstanz, die in weiten Teilen nicht mehr benutzbar ist, restauriert werden: was keinerlei naseweise Neuinterpretation verlangt, sondern lediglich Reparatur. Dafür muß aber auch viel neu gebaut werden. Allein in Deutschland fehlen gegenwärtig rund zwei Millionen Wohnungen.

In den nächsten fünf Jahren wird sich der Fehlbestand wohl verdoppeln. Man wird ihn nur auffangen können, wenn man rasch viele preiswerte Wohnungen baut. Und das sind weder geziert postmoderne noch wild dekonstruktivistische, sondern das sind in erster Linie einfache, alltägliche, untereinander gleiche Wohnungen, die mit einem hohen Maß an Industrialisierung und Standardisierung geschaffen werden können.

Es sind einförmige Wohnungen. „Monotone" Wohnungen. Wir müssen lernen, in solchen Begriffen auch eine ästhetische Qualität zu sehen. Genauer gesagt: Wir müssen es *wieder* lernen. Denn in jeder alten Stadt, von Siena bis St. Petersburg, herrscht die Wiederholung als künstlerisches Prinzip.

Die Konvention hat einen weiteren Vorteil: Sie macht Architektur verständlich. Was sich bruchlos aus der Tradition entwickelt, läßt sich auch durch sie erklären. Ein altes Haus „liest" jeder, wie auch jeder ein altes Gemälde versteht: Dort wie hier gibt es ein eingebürgertes Motiv, das der Autor individuell variiert. Ein modernes (besser: modernistisches) Haus, wie auch ein modernistisches Gemälde, versteht nur der Eingeweihte. Das ist in der Kunst, die am liebsten irritiert, richtig. In der Architektur, die eine öffentliche Aufgabe wahrnimmt, geht es nicht an.

Vereinfachung und Wiederholung bedeuten auch Ersparnis. Diese kommt einer weiteren Notwendigkeit entgegen: der Notwendigkeit, mit den endlichen und zunehmend erodierten Ressourcen der Erde sparsam und sinnvoll umzugehen. Wir haben nicht nur die Grenzen des Wachstums, sondern auch jene des Konsums erreicht und vielleicht überschritten. Die ökologische Krise zwingt zur Essenz.

Konsum heißt auch Raumkonsum. Wir können nicht weiter neues Bauland am Stadtrand ausweisen, um mit unseren Einfamilienhäusern einer Natur nachzuziehen, die wir damit gleichzeitig zerstören. Wir müssen unsere Städte verdichten – was sie, wenn wir intelligent verdichten, nur urbaner und kraftvoller macht. Am geeignetsten hierfür ist nach wie vor der vier- bis sechsgeschossige Block mit öffentlicher Front und geschütztem und zuweilen grünem Innenhof. Doch unter Umständen, bei großer Grundstücksnot, ist auch der Mut zum Hochhausturm erforderlich.

Die Umweltkrise zwingt aber auch zur Solidität. Die Architektur des 21. Jahrhunderts kann nicht als Wegwerfware konzipiert sein; sie wird dauerhaft sein müssen. Jedes Gebäude stellt nicht nur einen gewaltigen Wert an Arbeit und Materialien dar, sondern auch eine potentielle Schuttdeponie. Die heute noch recht sorglose Erzeugung von Baumüll können wir uns nicht mehr lange leisten. Noch fördern die Grundstückspreise und die Abschreibungsmechanismen in den kapitalistischen Ländern die rasche Folge von Abriß und Neubau. Volkswirtschaftlich ist das langfristig reiner Wahnsinn.

Die Dauer wird nicht nur eine materielle, sondern auch eine ästhetische sein müssen. Wenn man ein Gebäude nicht schnell wieder von der Bildfläche verschwinden lassen kann, sobald man es leid geworden ist, muß eine frische Qualität gesucht werden, die nicht ermüdet und gleichwohl nicht dem bloß Modischen huldigt. Das kann nur eine Ästhetik der Einfachheit, der Klarheit, der Ruhe sein. Eine Ästhetik der Ordnung, in deren Leere jeder einzelne seine eigenen Träume projizieren kann.

Die gegenwärtige Gesellschaft produziert zwei Typen von Architekten. Der erste ist der professionelle Planer: Als geschmeidiger Erfüllungsgehilfe der Investoren (die ja an die Stelle der nahezu ausgestorbenen Bauherren getreten sind) und der Konsumenten (denn auch Bürger, scheint es, gibt es kaum mehr) setzt er effizient, wörtlich und bestenfalls hübsch ihre Erwartungen in Gebautes um.

Der zweite ist der Künstler-Architekt: Er steht außerhalb der Investorenzirkel, drängt ihnen scheinbar Unpraktisches auf, kann, wie ein berühmter Couturier, jeden Unsinn allein durch seine Signatur legitimieren und ist im Grunde genauso ein Erfüllungsgehilfe der Gesellschaft wie sein vermeintlicher Antagonist, zumal er sie gerade durch sein Außenseitertum immer wieder ihrer Toleranz versichert. Beide Gattungen werden akzeptiert.

Wer absurderweise nicht akzeptiert wird, ist der Architekt im traditionellen Sinn. Die Leistung, für eine besondere Bauaufgabe eine Lösung zu entwickeln, die vom Städtebau bis zum Detail durchdacht ist, wird kaum honoriert, weil sie kaum gebraucht wird. Es geht ja um Bilder, nicht um Substanz. Bilder meistern die selbsternannten Künstler oder die eifrigen „Entwurfsarchitekten" in den großen kommerziellen Büros allemal. In Zukunft wird es jedoch nicht mehr nur um Bilder gehen. Wir werden sie uns nicht mehr leisten können, und wir werden ihrer überdrüssig sein. Dann werden wieder Leute gesucht, die ein anständiges Haus bauen können: mit einem praktischen Grundriß, mit soliden Wänden, mit großzügig proportionierten Räumen, mit fein durchgearbeiteten Fenstern und Türen. Jene, die eine gute Ausbildung genossen haben, in welcher Meditationskurse und pädagogische Heublumenbäder nicht das strenge Lernen und Üben ersetzt haben. Es werden wieder, ganz einfach, fähige, auch traditionsfähige Architekten gesucht.

Vittorio Magnago Lampugnani

Die Neue Einfachheit.
Mutmaßungen über die Architektur der Jahrtausendwende

Unmittelbar vor der Wende vom 19. zum 20. Jahrhundert ließ die architektonische Kultur sämtliche Stile, denen sie gehuldigt hatte, noch einmal mit zunehmender Geschwindigkeit Revue passieren. Die Beschleunigung führte zu einem jahrmarktartigen Durcheinander von Bauten, die verschiedene Elemente verschiedener Epochen in pittoresken Schichtungen und Collagen miteinander verbanden. Erst als diese Orgie des Historismus ihren Höhepunkt erreichte, fing eine zunächst isolierte Gegenbewegung an, sich radikal von dem Formenpotpourri zu distanzieren und das ökonomische, ethische und ästhetische Prinzip der Vereinfachung auf ihre Fahnen zu schreiben. Es war der Beginn jener Moderne, die mit der Neuen Sachlichkeit der zwanziger Jahre ihren sozialen und künstlerischen Triumph feiern sollte.

Heute, unmittelbar vor der Wende nicht nur von einem Jahrhundert, sondern gar von einem Jahrtausend in das andere, bahnt sich ähnliches an. Wieder folgen Stile und Moden immer rascher und immer verwirrender aufeinander und wieder ist ein Punkt erreicht, an dem man nicht umhin kann, sich von dem Ballast zu befreien, der sich in hundert Jahren Experimenten angesammelt hat. Wieder ist die Lösung, die sich aufdrängt, jene der Einfachheit. Aber die Einfachheit unseres Fin de siècle wird eine andere sein als jene um 1900.

Gehen wir einen Schritt zurück. Architektur war nie und ist nach wie vor nicht bloß eine Frage des Stils. Sie ist eine praktische Kunst, die konkrete Bedürfnisse erfüllen muß und mithin eng mit dem Leben in ihrer Zeit verbunden ist. Sie ist Ausdruck ihrer Zeit. Was aber kann und soll Architektur heute zum Ausdruck bringen?

Die Antwort auf die propädeutische Frage, wie es um unsere Zeit bestellt sei, ist alles andere als beruhigend. Die Philosophie, seit jeher die geisteswissenschaftliche Disziplin, die über dem Alltag schwebend Richtlinien für das menschliche Leben vermittelt hat, ist in eine marginale Position gedrängt; die Religion, in ihrer Autorität zutiefst unterminiert, harrt der eigenen Neuentdeckung; die großen Ideologien sind zusammen mit den politischen Systemen, die sie bis vor wenigen Jahren gestützt haben, zusammengebrochen; die Politik ist nicht länger die Wissenschaft (oder die Kunst), die Völker nach dem Rechtsprinzip zu regieren, sondern gilt als schäbige und weitgehend überflüssige Überkrustung, die man allenfalls maulend toleriert. Die Wirtschaft, die in den sogenannten sozialistischen Ländern einen Bankrott erlebt hat, den kein noch so blühender Kapitalismus zu sanieren vermag, manövriert sich in eine Rezession, die nicht zuletzt dank der Kopflosigkeit, mit der ihr entgegnet wird, langlebig zu werden verspricht. Während eine weitgehend sich selbst überlassene Technik eine überwältigende Anzahl von Erfindungen zeitigt, die vor allem auf den Bereichen der Telematik und Gentechnik unser Leben revolutionieren, droht unserer Welt, die jahrtausendelang hemmungslos ausgeraubt wurde, die ökologische Katastrophe. Die bildende Kunst explodiert, ähnlich wie die Nationalstaaten, in Tausenden von Fragmenten, die eine geradezu babylonische Sprachverwirrung anzeigen und den extremen Mangel an Konsens in unserer Gesellschaft façettenreich widerspiegeln.

Das tut, wie sollte es sich anders verhalten, auch die Architektur: Selbst wenn man vom immensen Chaos absieht, das den Großteil des gegenwärtigen Bauens ausmacht, von dem drögen Betoncontainer des mittelständischen Betriebs bis zur abenteuerlich collagierten opulenten Villa ihres neureichen Besitzers (von Architekten gezeichnet, deren Namen nie bekannt waren und ohnehin sofort in eine mitnichten bedauerliche Vergessenheit enden), bietet die Architektur kein erfreuliches Bild. Ihre Versuche, mit einer Welt fertigzuwerden, die aus den Fugen geraten zu sein scheint, sind ebenso vielfältig wie hilflos.

Einen solchen Versuch stellt die Postmoderne dar. Sie kam Anfang der siebziger Jahre auf und wollte durch spielerischen Umgang mit Bauformen und durch Verwendung historischer Zitate dem ästhetischen und moralistischen Diktat der Moderne entgehen. Die Bauten, die sich ihr verschrieben, wurden so hingestellt, daß sie erneut Stadträume schufen, so gestaltet, daß sie mit den benachbarten Gebäuden im Gespräch blieben, so verziert, daß ihre Fassaden ein lebhaftes, vielfältiges, teilweise sogar heiteres Bild abgaben.

Indessen übersahen die mit übereilt stürmischem Applaus begrüßten Postmodernisten, daß die meisten Eigenschaften, die sie für ihre Architektur in Anspruch nahmen, dieser schlecht anstanden. Ein Witz verliert, kaum wird er ein paarmal erzählt, die Pointe und langweilt. Eine witzige Architektur, die man sich anzuschauen immer wieder gezwungen ist, geht auf die Nerven. Was als heiteres Bauen begonnen hatte, geriet rasch zur unerträglich grinsenden Grimasse. Was sprechende Architektur hätte sein sollen, wurde bald geschwätzig und in der Wiederholung enervierend. Hinzu kam, daß die neue Mode eilends bis ins letzte Dorf aufgenommen wurde, wo noch das spießigste Einfamilienhaus mit einem gebrochenen Giebel und einem bunten Säulenportal verschönert wurde. Doch auch die Meisterwerke der großartigen postmodernen Architekten muten mit ihrer Widersprüchlichkeit zwischen moderner Bautechnik und historisierender Steinfassade eigentümlich überholt an.

Überholt wurden sie, zumindest in den Fachzeitschriften und den Feuilletons der Tageszeitungen, von dem in den achtziger Jahren aufgekommenen Dekonstruktivismus. Die Dekonstruktivisten schielten auf die kryptischen Philosophien der Ungewißheit von Jacques Derrida und Jean Baudrillard und stellten nach einem Blick auf ihre Umgebung fest, daß die Welt, in der sie lebten, immer schneller der Selbstzerstörung entgegenzurasen schien. Exakt dies setzten sie, nicht ohne es mit tiefsinnigen Selbstexegesen zu versehen, in Gebautes um. Wie in einem Micado-Spiel von irrlichternden Giganten entstanden schräg und wild zusammengefügte Gebilde, die den Eindruck erweckten, als würden sie kurz vor dem Zusammenbruch stehen.

Das war oft wörtlicher zu nehmen, als die Urheber der transitorischen (De-)Konstruktionen es sich wünschten. Architektur bedeutet in erster Linie das Schaffen von geschützten Räumen, und um solche Räume zu konstruieren, empfiehlt es sich aus ganz simplen (und im übrigen unverrückbaren) statischen Gründen, Wände und Stützen senkrecht zu stellen. Stellt man sie schräg, neigen sie dazu, das zu tun, was sie suggerieren, nämlich zusammenzustürzen. Das gerade taten die dekonstruktivistischen Bauten erfreulich selten; aber um es zu verhindern, mußten sie dermaßen aufwendig ausgesteift werden, daß die meisten von ihnen dort blieben, wo sie weder Kosten noch Gefahr verursachten: auf dem Papier. Hinzu kam, daß ihr philosophischer und ästhetischer Anspruch, das Zusammenbrechen und Zerfließen zur Darstellung zu bringen, im Wildwuchs unserer Städte zunichte gemacht wurde. Auch die virtuoseste Inszenierung der Verwüstung nimmt sich neben ähnlichen, ganz und gar unabsichtlichen Verwüstungen nahezu bieder aus. In einer Welt, die tatsächlich im Chaos untergeht, wirkt artifizielles Chaos eher beruhigend als schockierend.

Solcherlei subversive Absichten sind der dritten großen Strömung der zeitgenössischen Architektur, welche die Klassische Moderne fortschreibt, fremd. Ihre Vertreter blicken sehnsuchtsvoll zurück auf die zwanziger Jahre, die von Heroen wie Le Corbusier, Walter Gropius und Ludwig Mies van der Rohe beherrscht waren, und muten sich enthusiastisch zu, deren Werk fortzuführen und zu vollenden. Soviel Optimismus macht in einer Zeit wie der unsrigen zumindest mißtrauisch. In der Tat ist das, was von den architektonischen Errungenschaften der Moderne der zwanziger Jahre in die neunziger hinübergerettet werden kann, nicht viel mehr als die Form. Eine Villa von Richard Meier oder ein Hochhaus von Norman Foster mögen wunderschön sein, aber unsere Zeit repräsentieren sie nicht. Dazu sind sie zu elegant, zu glatt, zu luftig, zu fortschrittsgläubig. Eben: zu optimistisch.

Immerhin weist die Rückbesinnung auf die Moderne einen Weg aus der unerträglichen Alternative zwischen Postmoderne und Dekonstruktivismus, zwischen populistischer Bedürfniserfüllung und arrogantem ‚épatez le bourgeois‘, zwischen Betulichkeit und Horrorkabinett. Es ist der Weg der Neutralität. Sie versagt sich sowohl der Zumutung der künstlichen Lebensnähe der Postmoderne als auch jener der permanenten Irritation des Dekonstruktivismus. Überhaupt hört sie auf, mit enervierendem Nachdruck das zu tun, was Architektur ohnehin nie ganz vermeiden kann: durch ihre Präsenz zu belehren. Sie reduziert diese Belehrung auf ein Mindestmaß. Dadurch wird sie, zumindest im Ansatz, menschenfreundlich.

Mit diesen drei großen Strömungen ist freilich nur die grobe Triangulation einer kulturellen Landschaft angedeutet, die sich unendlich komplex darstellt und Dutzende anderer dazwischen liegender Tendenzen aufweist. Sie zergliedern das, was bis etwa zur Mitte des 18. Jahrhunderts eine weitgehend monolithische Disziplin gewesen ist, in eine verwirrende Vielfalt von Scheinalternativen, die angeblich einen ominösen demokratischen Pluralismus und in Wahrheit die Diktatur der Beliebigkeit verkörpern. Ihr setzt immerhin die Neomoderne eine Sicherheit entgegen, die Ihren Nachdruck aus der jüngsten Geschichte schöpft.

Und doch ist auch dies für eine Epochenwende nicht ausreichend. Mit ihr muß ein Paradigmawechsel einhergehen.

Das erste, was dieser Wechsel beinhalten muß, ist die Rückkehr zur Einheit. Sie wurde bereits gefordert. Die Gründe dafür sind vielfältig. Sie sind ideologisch: in einer Welt, die unter einer gigantisch anwachsenden Zahl von Menschen möglichst gerecht verteilt werden sollte, kann und darf es keinen Platz für Überfluß geben. Sie sind technisch: wenn man die Produktionsverfahren vereinfachen will, um Güter (also auch Häuser) massenweise und damit billiger zu produzieren, muß auf alles verzichtet werden, was diese Güter verkompliziert und damit deren Herstellung erschwert. Sie sind schließlich ästhetisch: denn seit dem Einbruch der industriellen Revolution ist die Vereinfachung, die von den neuen gesellschaftlichen und technischen Bedürfnissen erzwungen wurde, durch die fortschrittliche Kultur geadelt und zu einem künstlerischen Prinzip erhoben worden. Anders ausgedrückt: wir sind nicht mehr in der Lage, Protz und Überschwang schön zu finden, sondern nur das Klare, Reduzierte, Schlichte. Auch die artifizielle Vielfalt, die im kleinbürgerlichen Sprachgebrauch Synonym für Menschlichkeit geworden ist, können wir nicht mehr ertragen. Warum sollten die Fenster, hinter denen gleiche Büros aneinandergereiht sind, nicht ebenfalls gleich sein? Monotonie ist oft ehrlicher und angemessener als zwanghafte Variation, die Unterschiede auch dort vorgaukelt, wo sie nicht existieren.

Es darf aber, zweitens, das Einfache und Gleichförmige nicht lineares Ergebnis tumber Sparsamkeit sein. Es muß im Gegenteil die Verdichtung von Reichtum sein, die Sublimierung von Komplexität. Architektur hängt von vielem ab: von Ideologie, von Politik, von Geld, von Technik. Auch von den Normen der Baupolizei, den Launen des Bauherrn oder der Bauherrin, den Schwierigkeiten der Materiallieferung. Und natürlich von der Benutzung und ihren Veränderungen. All dies muß in einem Gebäude verarbeitet werden, und zwar entsprechend dem Selbstverständnis desjenigen, der letztlich dafür verantwortlich zeichnet. Die Handschrift ist gefragt. Zum Schluß muß allerdings alles so erscheinen, als sei es leicht von der Hand gegangen. Wie Michelangelo es für die Skulptur forderte: es muß so aussehen, als habe man die Mühe, die man in das Werk investiert hat, ihm wieder entzogen.

Drittens. Eines der verheerendsten Übel unserer Zeit ist im weitesten Sinn der Lärm. Wir werden unentwegt mit Geräuschen und Bildern bombardiert. Diesem Bombardement muß sich die Architektur widersetzen: als Ort, wo wir unsere Augen ausruhen können, als Sinnbild von

Kontemplation, als Materialisierung von Schweigen. Wieder heißt das: Einfachheit, Klarheit, Einheitlichkeit. Aber es heißt auch, auf unnötig vielschichtige Fassadenaufbauten verzichten, auf kalt spiegelnde Glasflächen, auf flimmernde Medienwände, und statt dessen nüchterne Putz- oder Steinmauern wählen, die Solidität versinnbildlichen und Ruhe ausstrahlen.

Viertens. Unsere Welt ist, es kann kein Zweifel darüber bestehen, eine Welt des zunehmenden Chaos. Dieses Chaos darf nicht einfach zur Darstellung gebracht oder gar fortgeschrieben, sondern muß aufgehalten und eingedämmt werden. Chaos macht die Welt nicht heimisch: der Mensch braucht, um sich wohl zu fühlen, die gleiche geometrische Ordnung, die sein Körper vorgibt und sein Geist abstrahiert und weiterentwickelt. Auf Grund ihrer Exponiertheit und Dauerhaftigkeit ist die Architektur dafür prädestiniert, als Insel der Ordnung im Strom der Verwirrung zu stehen. Ein Schriftsteller schreibt nicht ein Buch, um das Leben zu zeigen, wie es ist, sondern um – über welche Umwege auch immer – zu suggerieren, wie es sein sollte. Ein Architekt, der mehr ist als willfähriger Erfüllungsgehilfe von Politikern oder Bauspekulanten, baut ein Haus nicht, um es der Welt anzupassen, sondern um eine Instanz zu schaffen. Und damit auch Werte, an die er glaubt und die er vertritt.

Fünftens. Architektur muß sich nicht ständig von Grund auf erneuern. Die Begeisterung für das Neue um des Neuen willen ist eine der verhängnisvollsten Erbschaften aus der Epoche der Avantgarden. Damals, vor dem Hintergrund des schwerfälligen Akademismus des 19. Jahrhunderts, galt: was nicht neu ist, ist nichts wert. Heute haben wir den genau umgekehrten Fall: es ist viel zu vieles neu. Und viel zu viel ist es ohne Grund. Die unentwegte Veränderung aber verhindert das geduldige Aufbauen auf das, was die Vorgänger erarbeitet haben, und das gründliche Vertiefen dessen, was man selber erreicht hat. Bis zum 18. Jahrhundert bestand Architektur darin, winzige, nahezu unmerkliche Verbesserungen an dem Vorgefundenen anzubringen. Heute scheint sie darin zu bestehen, das Vorgefundene radikal zu verändern – egal, ob es dadurch besser wird oder nicht. Wir müssen den Mythos der Innovation als eigenständigen Wert aufgeben und sie nur dort einsetzen, wo sie wirklich vonnöten ist. Das scheint resignativ, ist jedoch die größte, gegenwärtig denkbare Herausforderung. In einer Zeit wie der unsrigen benötigt man ungleich mehr Mut, Talent und Energie, um etwas Konventionelles durchzusetzen als etwas Ausgefallenes. Das Naheliegende ist die größte Provokation.

Sechstens. Eine Architektur die nicht, wie es Mies van der Rohe höhnisch ausdrückte, „jeden Montagmorgen neu erfunden wird", ist auch eine Architektur der Dauer: also das Gegenteil von einem modischen Kleid, das man ein- oder zweimal anzieht und nach nur wenigen Wochen mit Überdruß ablegt. Zwar fördern die Abschreibungsmechanismen in den großen Städten des Kapitalismus die rasche Folge von Abriß und Neubau. Doch dies ist volkswirtschaftlich inakzeptabel und wird bald auch privatökonomisch nicht bestehen können. Jedes Gebäude stellt nicht nur einen gewaltigen Wert dar, sondern auch eine potentielle Schuttdeponie. Unsere Epoche der stetig knapper werdenden Ressourcen und der zunehmend verschmutzten Umwelt wird sich auch diesen Müll nicht länger leisten können.

Etwas muß hinzukommen, ein Siebtes. Eine Architektur der Einfachheit, der Dichte, des Schweigens, der Ordnung, der Konvention und der Dauer braucht noch etwas, um nicht banal zu geraten: Präzision. Wenn man der großen Geste frönt, wenn man ein Feuerwerk von Formen und Farben versprüht, wenn man mit kurzlebiger Ausdrucksvielfalt auftrumpft, kommt es auf das Detail nicht an. Wenn man hingegen reduziert, verdichtet, ausläßt und vereinfacht, tut Präzision not. Im Getümmel des Grotesken gehen Ungenauigkeiten unter: die Zurückgenommenheit macht sie unerbittlich sichtbar. Die Architektur der neuen Einfachheit stellt wieder die kleinen Dinge in den Vordergrund: wie ist der Stein beschaffen und geschnitten, der Putz gemischt und angebracht, das Fenster profiliert? Kleine Dinge, aber mitnichten nebensächliche oder gar mindere. Von diesen kleinen Dingen hat große Architektur, vom Parthenon von Iktinos, Kallikrates und Phidias bis zur Berliner Neuen Nationalgalerie von Ludwig Mies van der Rohe, seit jeher gelebt.

Sieben Punkte zu einer neuen Architektur: sind sie überhaupt notwendig? Offensichtlich. Denn ohne Übertreibung und ohne Nostalgie läßt sich feststellen, daß wir im Jahrhundert, das nun zur Neige geht, verlernt haben, vernünftige Häuser zu bauen. Wer es sich leisten kann, wohnt in einem renovierten Altbau. Das ist keineswegs Sentimentalität: es ist die ganz und gar verständliche Flucht vor den schäbigen und unpersönlichen Eingängen mit der unvermeidlichen vergilbten Grünpflanze, den engen Treppenhäusern aus poliertem Kunststein, den schwachbrüstigen Türen mit dem zu leichten Aluminiumgriff, den rauhfasertapetenbedeckten niedrigen Decken und dünnen Wänden, den schlecht proportionierten Fenstern mit den klobigen Profilen (aber dafür kann man sie nach Herzenslust drehen und kippen), den lieblos verlegten Billigböden. Es ist die Flucht vor dem Kunststoffputz, dem gestrichenen Betonsockel, den Silikonfugen. Es ist die Flucht vor der schlechten Bauqualität der zeitgenössischen Häuser.

Sie sind so, heißt es, weil sie zeitgenössisch sind. Unsere Bauindustrie, unser Normensystem, unsere Ökonomie lassen nichts anderes zu. Sie zwingen zur Schäbigkeit. Und die sich verschlechternde wirtschaftliche Situation wird eher mehr als weniger Schäbigkeit hervorbringen.

Es ist richtig, daß die wirtschaftliche Situation nicht besser wird, und es ist richtig, daß auch für das Bauen weniger Geld zur Verfügung stehen dürfte. Es ist ebenfalls richtig, daß wir eher mehr als weniger werden bauen müssen – nämlich Wohnungen. Man wird, es ist nicht zu vermeiden, die Standards senken müssen. Das bedeutet nicht, daß man auch die Qualität mindern muß. Man kann die Standards senken und die Qualität erhöhen. Das demonstriert auf eindrucksvolle Art und Weise jedes alte Bauernhaus. Natürlich ist Architektur jeweils in einem politischen, einem normativen, einem wirtschaftlichen Zusammenhang eingebunden. Doch innerhalb dieses Zusammenhangs kann und muß sie sich zur Instanz erheben, die eigene Prioritäten setzt und eine neue Entwicklung präfiguriert.

Ansätze einer solchen Entwicklung gibt es bereits. Auch Namen vermag man zu nennen; viele sind in diesem Jahrbuch vertreten. Alle aber stehen sie für eine neue Einfachheit, die sich bereits in der Architektur vor der Jahrtausendwende artikuliert und den Weg einer Erneuerung zeigt, die bar jeder spektakulären Dimension ist, allein auf die Substanz schaut und deswegen zuversichtlich stimmt.

Wolfgang Pehnt

Einfach sein ist schwierig.
Über eine gegenwärtige Zeitstimmung in der Architektur

Die Forderung nach einer neuen Einfachheit oder gar: einer Neuen Einfachheit ertönt von Zeit zu Zeit wie der Ruf des Muezzin vom Minarett. Einen „Anfang der Bescheidenheit" wünschte sich der Autor dieses Aufsatzes zu Beginn der achtziger Jahre. Ein paar Jahre später glaubte ein Wiener Symposium bereits feststellen zu können: „Das Einfache kehrt zurück". Die Titel der allerjüngsten Jahrbücher für Architektur zeigen trotz aller Konkurrenz einträchtig Abbildungen von Bauwerken, die als Signale der Um- und Einkehr zu lesen sind. Der bündige Fassadenausschnitt eines Wohngebäudes von Hans Kollhoff (der am Berliner Alexanderplatz alles andere als bescheiden plant) ziert den Umschlag des Jahrbuches *Centrum.* Die parallele Publikation des Deutschen Architekturmuseums in Frankfurt präsentiert als Blickfang das traditionsgerechte Backsteinmauerwerk des rheinischen Architekten Heinz Bienefeld, das freilich zu einem Haus mit anspruchsvollem Bauprogramm und großem Design-Aufwand gehört.
Was hinter dem Wunsch nach dem einfachen Architekturleben steckt, geht aus mehreren Plädoyers hervor, die der Direktor des Frankfurter Architekturmuseums Vittorio Magnago Lampugnani kürzlich gehalten hat, auf dem Magdeburger Architektenforum, im Jahrbuch seines Instituts und im *Spiegel,* der das Thema für publikumswirksam genug erachtete, dem Mahner seine Spalten zu öffnen. Alles sei, so Lampugnani, zu kompliziert geworden. Die Philosophie habe ihre Autorität verloren, die Religion ihre Verbindlichkeit, die Ideologie ihre Anhängerschaft. Und so herrsche auch in der Architektur das Chaos der Stile und der Formen. Die Verwerter dieser Beliebigkeiten, die zitatenfrohen Postmodernen und die hurtigen Katastrophendesigner, hätten gleichermaßen abgewirtschaf-

28

tet. Aber auch die zeitgleiche Neuauflage der Architekturmoderne stimmt den Chronisten bedenklich.

Einer Reihe von Argumenten, die Lampugnani – nicht als einziger – anführt, wird man sich nicht verschließen können. Ja, der optische Lärm des großen und kleinen Designs ist schwer erträglich geworden. Ja, der ästhetische Verschleiß steht in keinem Verhältnis zu einer Lebensdauer der Gebäude, die volkswirtschaftlich vernünftig wäre; es bedarf nicht alljährlich einer neuen Architektur. Ja, die Opulenz der gebauten Bilder kontrastiert seltsam mit der Schäbigkeit ihrer Ausführungsdetails. Ja, die Wohnungsnot hierzulande und in aller Welt wäre nur mit billigen, auf unnötige Komplikationen verzichtenden Produktionsmethoden zu lindern. Die Kapriolen der architektonischen Trendsetter passen schlecht dazu.

Werden die Vaganten auf dem Jahrmarkt der Eitelkeiten nun von asketischen Bettelmönchen vertrieben? Die härenen Bußgewänder liegen bereit. Doch in der begleitenden Rhetorik sind auch ungute Töne unüberhörbar. Da ist der Ausschließlichkeitsanspruch, mit dem der Ruf zur Ordnung erhoben wird. Dem Ernst der Lage sollen Rigorosität, Purismus und Gleichförmigkeit entsprechen. „Demokratischer Pluralismus" gilt als „ominös". Die Verbraucher werden angewiesen, wieder einmal, in der Monotonie ästhetische Qualitäten zu erblicken.

Aber war das mittelalterliche Siena, das ob seiner strengen Bauvorschriften als Beispiel typologischen Bauens herangezogen wird, waren noch Bruno Tauts mit Recht gerühmte Siedlungen der zwanziger Jahre monoton? Konventionen, die Grund- und Aufriß regelten, lagen der historischen Stadt, lagen noch den Siedlungen der Wohnungsreformer zugrunde, überliefert eher durch altes Wissen als durch Vorschrift und Theorie. Aber in der Ausführung ließ die Typologie Ermessensspielräume, Varianten, Metamorphosen zu. Sie schloß Individualität nicht aus, sondern ermöglichte sie, indem sie ihr Ort und Grenzen zuwies und auch die Bandbreite für Eingriffe der Bauherren und Bewohner bestimmte.

Dagegen wird von manchen zeitgenössischen Architekturproduzenten, vor allem in der italienischen Rekonstruktions- und Baupraxis, der Typus mit der erscheinenden Realität gleichgesetzt. Ungefiltert durch Empirie wird die Kategorie des Typischen umstandslos auf das Gebäude und auf Teile der Stadt übertragen. Was Aldo Rossi oder Giorgio Grassi bauen, sind Ideen, die ihre Faszination aus dem befremdenden Abstraktionsgrad beziehen. Gegen die Zumutungen, Störungen und Zufälle der Wirklichkeit schotten sie sich ab. Die Individualität der Nachbarschaft oder gar der Bewohner hat gegen solchen Rigorismus keine Chance. Dagegen konnte und kann der Bauwirtschaft Prinzipienstrenge bei Detailarmut nur gelegen kommen: Die rationalen Lösungen erweisen sich als die rationellen Lösungen.

Die Konventionen des alten Bauens, die nun so oft wieder beschworen werden, waren toleranter. Für alle Zwecke, die sich nicht wiederholten und nicht vom lokalen Bauhandwerk nach dessen eigenen Regeln übernommen wurden, ließen sie ohnehin die Ausnahme zu. Mochten die Statuten Sienas wie die anderer Kommunen auch um der praktischen Brauchbarkeit und der größeren Schönheit willen Fluchtlinien und Fensterformen festlegen, die Stadt war durchsetzt und überformt durch die grandiosen Abweichungen von der Norm, durch die abenteuerliche Lage, die Straßen und Plätze zu Steigungen und Krümmungen zwang, durch zahlreiche Sonderbauten wie Brunnenhäuser, Stadtloggien, Pfarr- und Bettelordenskirchen und durch den aberwitzig ehrgeizigen Kathedralbau, den schließlich Pest und Finanznot zur Planungsruine machten.

Die Neue Einfachheit unserer Tage hat es nicht mit toskanischen Hügelstädten, auch nicht mit hugenottischen Planquadraten von acht oder zwölf Baublöcken oder mit Vorortsiedlungen im Grünen zu tun, sondern mit den Ausmaßen moderner Stadtregionen. Mit der Akkumulation des Kapitals haben sich Frontlängen und Parzellen um ein Vielfaches vergrößert. Die Investoren, Verwaltungen, Kaufhauskonzerne und Hotelketten, die heute in den Innenstädten bauen, verfügen in aller Regel über Grundstücke nicht von fünf oder sieben Fensterachsen, sondern von vielen Dutzenden, wenn nicht Hunderten Metern, sofern es nicht gleich ganze Stadtquartiere sind. Man vergleiche die berühmte „Lindenrolle", die Fassadenabwicklung des Berliner Boulevards, die um 1820 als Touristenartikel verkauft wurde, mit dem betreffenden Grundbuchauszug des Jahres 1994.

Unter den zeitgenössischen Umständen nimmt das Einfachheitsgebot einen anderen, rigoristischen Zug an. Was im Maßstab des einzelnen Hauses und seiner Addition als wohltuende Ordnung erscheint, kann im Maßstab der Stadt zwanghafte Wirkung erzeugen. Es hilft wenig, wenn das geforderte Heilmittel strikter Geometrie anthropologisch begründet wird. Im Bauen sei die geometrische Ordnung gesucht, die der Körper des Menschen vorgebe, heißt es bei Lampugnani. Aber selbst wenn man die Annahme akzeptierte, das steinerne, gläserne oder metallene Gehäuse müsse sich aus der Gestalt (und nicht aus den Lebensvorgängen) seines Benutzers und Bewohners ableiten, gibt es in der menschlichen Leibesarchitektur und der Anordnung ihrer Organe da nicht doch ein paar systemwidrige, aber lebenswichtige Abweichungen von der geometrischen Regel – Hand aufs linke Herz?

In einer Zeit, die gleichfalls extremen Wohnungsmangel kannte, in den Jahren unmittelbar nach dem Ersten Weltkrieg, dachte die heute so geschmähte Avantgarde noch beides zusammen, die Not und den Reichtum. Den alten Luxus der großen Häuser zu vergessen, weil er zur Utopie geworden sei, und das Notwendige und Wirtschaftliche zu tun, war damals der Rat von Walter Gropius oder Bruno Taut. Aber die Lust an Farben und Formen sei zu ermutigen, weil sie „als freudiger Protest gegen die äußere Sparsamkeit und Armut" wirke. Freilich, die Revolutionäre von damals konnten von genossenschaftlicher Solidarität und wechselseitiger Hilfe der Siedler ausgehen und glaubten an das „urwüchsig heitere Volksgemüt". Beides ist dem Massen- und Medienzeitalter abhanden gekommen.

Die Mitwirkung derer, für die gebaut wird, ist in den letzten Jahrzehnten aus den Schlagzeilen geraten. Partizipation hat keine Presse mehr. Doch erst die Rücksicht auf die wohlverstandenen materiellen, psychischen und mentalen Bedürfnisse, auf die zahlreichen, miteinander in Konflikt liegenden Parameter zwischen Ökonomie und Ökologie, auf die Veränderungen, denen jede fertige Lösung später sowieso unterliegt, macht das Bauen reich. Nicht das von vornherein formulierte Bild, ob es aus dem Kopf oder aus dem Computer kommt, hilft die Architektur zu differenzieren, sondern die Auseinandersetzung mit komplexen und konkreten Bedingungen, die den bewährten Typus auf Ort und Bewohner bezieht.

Solche Prozesse dürfen das Lernen aus der Geschichte nicht ausschließen und sie müssen nicht in chaotische Bildlosigkeit einmünden. Aber die Bilder würden nun in aller Regel nicht am Beginn, sondern am Ende der Architektenarbeit stehen. Die Anhänger der Vereinfachung um jeden Preis hielten es umgekehrt. Für den Karlsruher Architekten und Hochschullehrer Friedrich Ostendorf, dessen *Bücher vom Bauen* eine Fundgrube für heutige Puristen darstellen, war die Reihenfolge klar. Noch vor der Fixierung des Entwurfs „schwebt die Erscheinung des Bauwerks dem Baukünstler bereits vor der Seele" – und es war immer die „einfachste Erscheinungsform".

Die neue Reduktionsästhetik ist in allererster Linie: eine Ästhetik. Auf die Geschwätzigkeit der Postmoderne folgt eine Architektur der zusammengebissenen Zähne. Oft trennt sie von der Banalität nur eine knappe

Zäsur. Auch karge Putzflächen, Wände, die Mauern sein wollen, stehende Fensterformate, Wellblech-, Holz-, Zementplatten- oder Zinkverkleidungen, opake Glasschürzen und kistenförmige Baukörper können als Baukunstwerke befriedigen, wenn sie von Meistern ihres Faches wie den Baseler Architekten Michael Alder, Roger Diener, Jacques Herzog oder Pierre de Meuron gehandhabt werden. Manchmal, im besten Fall, erreicht der kühle Realismus ihrer Arbeiten den asketischen Reiz exquisiter Einzeldinge. In ihrer wohlproportionierten Kargheit erinnern sie an die Proletarierhemden, die Brecht beim Herrenschneider in Auftrag gegeben haben soll – nur daß sie manchmal tatsächlich nicht teurer als die Konfektion kommen.

Eine andere Frage ist, ob sich aus der Nobilitierung der Normalität konstruieren läßt, was ihre Fürsprecher sich erhoffen, ein Stil jenseits aller Stile, eine Haltung und nicht ein Formenrepertoire. Alle Erfahrung spricht dagegen. Denn auch die Verweigerung der Novitätensucht dient der Novitätensucht, die alle drei bis fünf Jahre nach einer neuen Formel verlangt. Schon haben sich die PR-Büros der Neuen Einfachheit angenommen. Ein Hersteller von Sanitärobjekten wirbt mit ihr in den Fachzeitschriften, ohne daß seinen Whirlpools und Urinoirs der geforderte „Paradigmenwechsel" anzusehen wäre.

Die Bewährungsprobe steht der reduktionistischen Architektur bevor, wenn sie nicht mehr nur in Lückenbebauungen auf die Nachbarschaft reflektieren und vom Kontrast profitieren kann, sondern aus eigenem Vermögen Stadtteile und Wohnquartiere bestreiten muß. Der Rekurs auf vergangene und vermeintlich intakte Zeiten wird da wenig helfen. Spitzdachidylliker wie Paul Schmitthenner oder Paul Schultze-Naumburg sind nicht nur wegen ihres fatalen Paktes mit dem NS-Regime ungeeignet als aktuelle Bezugsfiguren, sondern weil sie längst überholte Maßstäbe der vorindustriellen Welt anlegten.

Auch der redliche und verehrungswürdige Heinrich Tessenow, in den zehner und zwanziger Jahren einer der Stillen im Lande, wird heute von den Kollegen aus dem Süden zelebriert, als sei er hierorts bisher vollkommen unbekannt gewesen und von ihm die Rettung aus gegenwärtiger Not zu erwarten. Dabei hat Tessenow durchaus gewußt, daß Ordnung als Selbstzweck armselig sei und schon vor dem unvermeidlich nächsten Neuen versage. Wiederholung fand er nicht um ihrer selbst willen lobenswert; es komme darauf an, daß „wir ein Wesentlich-Richtiges wiederholen". So einfach wie möglich zu bauen, ist in den meisten Fällen gut. Einen Stil daraus zu machen, ist es nicht.

In schwierigen Epochen liegt die Sehnsucht nach scheinbar einfacheren Zeiten nahe. Niemand wird sich aus dem Geschäft der Kompromisse, die das Bauen wie jedes menschliche Tun darstellt, in das gelobte Land empfehlen können, wo das Selbstverständliche sich von selbst versteht, wo das Einfache das Wahre und das Wahre das Einfache ist. Viel wäre schon gewonnen, wenn die widerstreitenden Bedürfnisse, Empfindungen und Erfahrungen derer, die bauen, und derer, für die gebaut wird, öfter als bisher in die realisierte Architektur eingingen. Wenn Widersprüche und Konflikte nicht hinter postmodern-schwatzhaften, aber auch nicht hinter neu-einfach verschlossenen Fassaden kaschiert würden. Wenn das Imponiergehabe der Großinvestoren auf den Spott mündiger Bürger statt auf die Willenlosigkeit eingeschüchterter Konsumenten stieße. Wenn der Gedanke an die Endlichkeit aller Ressourcen zu einem Urteilskriterium über Architektur würde. Wenn der Streit nicht nur um Formen ginge, sondern um den Gebrauch und die Nutzung der Stadt. Einfach einfach zu sein, reicht nicht.

Die folgenden beiden Beiträge vom März und Mai 1994 bezogen Lampugnanis „Neue Einfachheit" auf die konkrete Situation in Berlin. Damit wurde die architekturtheoretische Debatte zu einer, bei der es zumindest auch um Aufträge auf der größten Baustelle der kommenden Jahre ging. Also geriet zwangsläufig auch die Baupolitik Berlins in der Person des Senatsbaudirektors Hans Stimmann in die Schußlinie, obwohl dieser zunächst wenig direkt angegriffen wurde.

Daniel Libeskind

Die Banalität der Ordnung

Was hört man heute in Deutschland über Architektur und Stadtplanung? Immer wieder einen besonders deprimierenden Satz: „Es ist vorbei." Was ist vorbei? Da gibt es Leute, die dir einreden wollen, die Zeit, als es auf Visionen und Träume ankam, sei vorbei, eine Zeit, in der das Verhängnis der Vergangenheit durch den Mut zum Bauen in etwas Neues transformiert wurde. Bauen ist ja wahrscheinlich die einzige Kunst, die von Grund auf optimistisch ist. Niemand kann eine Stadt mit ihren Häusern errichten, ohne zu glauben, daß diese Bauwerke eine bessere Zukunft einleiten. Heute blockieren Pessimismus und Mutlosigkeit den Wunsch, weiter voranzukommen und die Zukunft als Herausforderung anzunehmen. Die Meister der Vergangenheit werden beschworen; eine autoritäre Grundstimmung zielt darauf, die außerordentlichen Leistungen Deutschlands nach dem Krieg hinfällig zu machen.

Seit Ende des Zweiten Weltkrieges gehört Deutschland zu den führenden Nationen in der Architektur und Stadtplanung. Es war bestrebt, durch das Bauen eine frische, andere Umwelt und technisch innovative Lebensbedingungen zu schaffen. Diese Tradition, Träume zu verwirklichen und damit neue Möglichkeiten zu demonstrieren, ist schon seit den großartigen Experimenten des Werkbundes, des Bauhauses und der großen Siedlungsprojekte immer mit Deutschland verbunden worden und setzte sich in den Bauausstellungen der Nachkriegszeit fort. Poetische Vernunft, wie sie Josef Paul Kleihues unlängst in den IBA-Projekten in Berlin vorstellte, beweist, daß Planung vielfältig sein kann und die besten Elemente aus aller Welt zu einem bunten Stadtmosaik zu fügen vermag.

Geht dieses Vermächtnis nun zu Ende? Es machen sich gegenwärtig Kräfte bemerkbar, die darauf aus sind, die herausragende Rolle Deutschlands für eine innovative Architektur und Stadtplanung, die sich auch als Inspiration für die übrige Welt erwiesen hat, zu leugnen. Den Fortbestand dieser Tradition der Hoffnung bedrohen heute, meine ich, reaktionäre Tendenzen, die das Bewußtsein von Deutschland als Ort der Verwirklichung wahrhaft großer Visionen, Bauwerke und Städte auslöschen wollen. Eines Landes und einer Energie, die die Grundpositionen europäischer Kultur verkörpern.

Vor ein paar Monaten hörte ich in Magdeburg auf einer Tagung über Planen und Bauen in den neuen Ländern Vittorio Lampugnani den Planern und Architekten aus dem Osten das neue ABC des Erfolges im wiedervereinten Deutschland diktieren. Das von ihm vorgeschlagene Regelwerk forderte eine rigide und reaktionäre Ordnung – eine Ordnung von verführerischer Einfachheit für die Bewältigung komplexer Probleme und eine Ver-Ordnung eiserner Disziplin für eine Zeit des Übergangs. Er unterwies die Teilnehmer in den verschiedenen Punkten dieser neuen Ordnung: Man brauche heute in Architektur und Stadtplanung keine neuen Ideen, keine Träume, keine Gedanken, keine Vision: nur Ruhe und Konformität. Als ich da zwischen den Architekten und Planern der einstigen DDR saß und mit wachsendem Unbehagen zuhörte, spürte ich, was sicher auch andere an jenem Tag in Magdeburg gespürt haben – Empörung über dieses Plädoyer für Law and Order: Verhaltet euch ruhig, verabschiedet euch von Träumen, Visionen, individueller Kreativität, haltet euch an die Spielregeln, wenn ihr bauen wollt.

Dieses dogmatische und anti-demokratische Gesellschaftsbild hat sich auf das architektonische Klima in Berlin und Deutschland auszuwirken begonnen und es allmählich verändert. Man täusche sich nicht: Lampugnanis Rede mag unter der Überschrift Architektur und Stadtplanung gestanden haben, zum Vorschein kam aber ein gefährliches und autoritäres Verständnis von Politik. Wichtig ist ja nicht so sehr, was Lampugnani in Magdeburg und in seinem *Spiegel*-Essay vom 20. Dezember ausgeführt hat, wichtig ist, daß er das repräsentiert, was in Berlin gerade geschieht. Nicht nur im theoretischen Diskurs, sondern auch in der Baupraxis.

Die Architektur ist heute in Berlin einem unwahrscheinlichen Grad von Reglementierung und Kontrolle unterworfen. Einer Kontrolle, die sich natürlich hinter einer Rhetorik der Ordnung verschanzt. Als „Vernunft" verkleiden sich willkürliche Vorschriften, die selbst so fähige und erfahrene Architekten wie Philip Johnson, Arata Isozaki und Richard Meier nicht überwinden können. Vor etwa sechs Monaten verteidigte Philip Johnson öffentlich sein geplantes Geschäftszentrum am Checkpoint Charlie und ließ erkennen, daß keine andere moderne Stadt ihn je hätte zwingen können, einen derart langweiligen und mittelmäßigen Entwurf zu liefern. Ohne die Ästhetik dieser Architekten zu kommentieren – der Fall ist klar: Wenn es schon führenden und erfolgreichen Architekten unmöglich ist, eine Architektur zu schaffen, die dem großen architektonischen Erbe Berlins gerecht wird, was hat dann erst die jüngere Generation zu erwarten? Es reicht, sich die Wettbewerbe der letzten drei Jahre in Berlin anzusehen und was daraus zum Bauen ausgewählt wurde, um zu erkennen, wie die neuen Regeln die faszinierende Vielfalt Berlins in banale Gleichförmigkeit verkehren. Was ausgewählt wurde und stadtweit tatsächlich gebaut wird, ist – mit einigen kleinen Ausnahmen – ein unter dem Image „Rationalismus" subsumiertes phantasieloses Wiederkäuen bürokratisch-administrativer Formeln. Dieser Stil enthält angeblich alles, was ein Durchschnittsbürger verstehen kann. Er ist schlicht, schnell und steril und duldet keine Ausnahme bei Form oder Material. Er bildet den perfekten Hintergrund für die Entstehung des „eindimensionalen Menschen", für den „Mann ohne Eigenschaften".

Keine Architektur darf gebaut werden, wenn sie nicht der Primitiv-Definition von Stadt als willkürlichem Raster von Grund- und Aufriß gehorcht. In Wirklichkeit ist Berlin eine faszinierende Montage widersprüchlicher Geschichte, widersprüchlicher Maßstäbe, Formen und Räume: ein buntes Gemisch aus Phantasie und Materie. Die aktuellen Kriterien der Senatsbauverwaltung in Berlin sind nicht bloße Richtlinien, wie sie jede Stadt natürlich braucht, um künftig eine verantwortungsvolle Entwicklung zu garantieren, sondern sind autoritäre und repressive Edikte. Die Planungsvorgaben beschränken sich nicht mehr nur auf Maße oder Parameter für das konkrete Bauen, sondern mischen sich tatsächlich in die Architektur ein, in ihre Materialien, ihre Formen, ihren Ausdruck und schließlich in ihre Botschaft. Mit Steinfassaden, Satteldächern, Lochfassaden, gleichbleibenden Rastern, unerbittlichen Symmetrien und geschlossenen Häuserblöcken sollen sich Gebäude und Straßen nach den Vorstellungen eines Bürokraten von dem, was gut ist, richten. Es ist so weit gekommen, daß der letzte Gewinner des Alexanderplatz-Wettbewerbes erklärte, die Stadt könne nicht mehr aus Glas, Beton und Stahl gebaut werden: Zeit, wieder mit den tausendjährigen Materialien einer granitenen Solidität zu bauen.

Zum Leben einer pluralistischen Gesellschaft gehören eine enorme Vitalität und die unentbehrliche Vielfalt von Erfahrungen und Weltanschauungen. Was mir unter anderem das Gefühl gegeben hat, im demokratischen Deutschland willkommen zu sein, war gerade diese Art Offenheit, die dafür sorgte, daß es bei der Auseinandersetzung um Ideen, wenn einmal der Streit vorbei und die Diskussion zu Ende war, eine grundlegende Achtung vor dem Individuum, vor der Initiative, dem Andersartigen, dem Anderen gab. Während ich heute diesen Artikel schreibe, glaube ich allerdings, daß dieser kostbare Zustand nicht mehr besteht. In die gegenwärtige Auseinandersetzung um Architektur und Städtebau haben sich wahrlich eine destruktive Intoleranz, Fundamentalismus und Feindseligkeit gegen Neues eingeschlichen. Eine auf Macht und Kontrolle gestützte Polarisierung wird dazu genutzt, durch Aussperrung die Illusion von Einmütigkeit zu nähren.

In gewissen Kreisen in Berlin und anderswo herrscht eine häßliche Atmosphäre. Sie erinnert an die Pathologie einer Zeit, die den Begriff „entartete Kunst" geboren hat. Es ist eine Atmosphäre der Verleumdung, in der Architekten und Planer, die sich nicht an die vorgeschriebenen Parameter halten, ausgesperrt und mißachtet werden, indem man sie weder zu Wettbewerben einlädt noch bauen läßt. Unzählige Architekten, die nicht in Reih und Glied antreten wollen, stehen auf der Schwarzen Liste und sind ausgeschlossen.

Lampugnanis Überzeugung, die heutige Architektur sei in falsche Hände geraten – die von kapitalistischen Investoren, Medien, Künstler-Architekten und Ignoranten –, ist selbst Teil der Krise, die er bejammert. Die von ihm vertretene Ansicht fordert und erwartet die endgültige Verwandlung der Stadt aus einer allzu menschlichen Einrichtung in ein gleichgeschaltetes Einheitsimage. Ein derart nihilistisches Geschichtsbild degradiert die Komplexität und das Mysterium der Stadt zu einem leblosen Diagramm.

Bei der Planung Berlins als Hauptstadt Deutschlands sieht man, wie im langsam mahlenden Räderwerk einer von Bürokraten beherrschten Verwaltung zu deprimierender Mittelmäßigkeit stumpfgeschmirgelt wird, was eine beherzte und inspirierte Entwicklung hätte sein können. Ihre Entscheidungen sind weit von einer in hundert Jahren einmaligen Gelegenheit entfernt: der Chance, eine sprühende, in die Zukunft greifende Stadt zu schaffen.

Die Stadt ist eine große geistige Schöpfung der Menschheit, ein kollektives Werk, in dem die Ausdrucksformen der Kultur, der Gesellschaft und des Individuums in Zeit und Raum zur Entfaltung kommen. Sie ist in sich komplex strukturiert und entwickelt sich mehr wie ein Traum als ein Einrichtungsgegenstand. Das Gewicht des Geistigen und Individuellen kann nicht einer überholten Vergangenheit geopfert werden. Solange es

Menschen gibt, wird es möglich sein, vom Unmöglichen zu träumen, um das Mögliche zu erreichen: Das ist das Wesen des Menschlichen.

Diese Dimension von Stadt ist keineswegs die „Orgie des Tiefsinns", über die sich Lampugnani lustig macht, sondern eine Grund-Struktur. Wie der große Architekt Peter Behrens sagte: „Auch die Architektur strebt nach Ewigkeit; doch mehr als jede andere Kunst ist sie die Kunst, die durch ihre Techniken und Zwecke greifbaren Materialien verhaftet bleibt. [...] Sie ist erdverbunden und sucht doch nach einer geistigen Verbindung mit dem Universum."

Wenn der schöpferische Spielraum von Architektur auf die abstrakte Formel „einfache, lesbare Grundrisse und starke Fassaden" reduziert wird, dann bleiben von der Architektur nur noch Kritiker, die Häuser entziffern und Texte bauen. Sollen diese herzlosen Materialisten und geistlosen Technokraten die Stadt zu Null und Nichts verkümmern lassen?

Einfältige Analysen von Gesellschaft, Ökonomie, Politik und Architektur kommen mit Problemen wie Dichte, Ökologie und Wiederaufbau der Städte nicht zurecht. Im Schutt der Geschichte zu wühlen, um die Karikatur eines einzelnen Moments daraus zur Wiederverwertung herauszusuchen, führt zu nichts. Lampugnani und seinesgleichen tun so, als könne man sich seine Geschichte aussuchen wie sein Frühstücksmüsli aus dem Supermarktregal, und greifen für Berlin und die neuen Länder bestimmte Stellen der Geschichte des 19. Jahrhunderts, des Art Deco oder gar des ‚Dritten Reichs' heraus.

Jeder Architekt oder Historiker mag seine Lieblingsgeschichte im Kopf haben, doch das ist etwas ganz anderes, als Geschichte zur Unterdrückung und politischen Ächtung anderer Geschichtslinien und der Gegenwart zu mißbrauchen. In einer offenen Gesellschaft hat der Architekt die Verantwortung, sich mit den widersprüchlichen Interpretationen von Geschichte auseinanderzusetzen, die in der Stadt zum Ausdruck kommen. Bedeutsame Architektur zu schaffen heißt nicht, Geschichte zu parodieren, sondern sie zu artikulieren, heißt nicht, Geschichte auszulöschen, sondern sich mit ihr auseinanderzusetzen. Man muß zum Beispiel den bestehenden Kontext in der DDR ernst nehmen, nicht etwa, weil einem die mißratenen Bauten gefallen, sondern weil ihre Geschichte und die dort lebenden Menschen respektiert werden müssen.

Die Reichhaltigkeit und das historische Erbe der deutschen Architektur können nicht von allem gesäubert werden, was als Verunreinigung gilt. Der architektonische „Wahn" des Dekonstruktivismus und jede andere Architektur, die Herr Lampugnani nicht mag, wird verdammt als Gift für den unschuldigen „Kleinbürger", der vor solchem Übel bewahrt werden müsse. Doch diese Ideologie schießt über die Architektur hinaus, um das Denken selbst zu verdammen und nicht nur Architekten, sondern auch Autoren anzugreifen. Bedeutende Denker wie Jacques Derrida oder Jean Baudrillard „kryptisch, subversiv und nihilistisch destruktiv" zu nennen, ist einfach unüberlegt und unangemessen.

Die ausdrückliche Herabsetzung und Ablehnung der Baukunst (oder, wie Lampugnani es nennt, des Künstler-Architekten) leugnet radikal die Tradition, die vor Schinkel und Behrens anfängt und weit über Mies hinausgeht. Sie schließt so bedeutende Architekten ein wie Scharoun, Taut, Mendelsohn und Poelzig und viele andere weltberühmte Namen. Die Politik der Antimoderne ist eine Politik gegen die Kultur selbst. Schon die Wörter „Kunst" und „Kultur" werden abwertend gebraucht, um bestimmte Ansätze in Architektur und Stadtplanung zu diskreditieren. Der Ruf nach „Solidem" und das Lob, das Lampugnani dabei der Architektur bis ins Jahr 1945 angedeihen läßt, ist außerordentlich beängstigend. Man kann unmöglich die Nazi-Ideologie von dem trennen, was sie hervorgebracht hat. Als ob man Technik von ihrem Zweck oder ein Huhn von seinem Ei trennen könnte! Anders als die kurzlebige Weimarer Republik mit ihrer Offenheit und Transparenz, baute die Ideologie des deutschen Faschismus das Solide in ihre Politik ein. Das „1000jährige Reich" sollte sich in den Mitteln einer repressiven Architektur ausdrücken, um die Menschen einzuschüchtern und ihnen vorzumachen, Städte bestünden nicht aus Bürgern, sondern aus dicken Mauern. Der Totalitarismus, der zur Errichtung der Berliner Mauer führte, lieferte eine sehr solide, gut detaillierte und konstruierte Betonmauer, was sie für jene, die hinter ihr gefangen waren, allerdings nicht erträglicher machte.

Eine Architektur ohne Moral, ob politisch oder ökonomisch motiviert, ist unakzeptabel und schrecklich, weil sie zutiefst unmenschlich ist, das verkörperte Ideal des Massenkonformismus. Der alte Trick, die Menschheit im Namen einer alleinseligmachenden Wahrheit zu einer einzigen Masse unterwürfiger Verbraucher zu machen, ist bösartig und gefährlich.

Wer über den Mangel an Ordnung klagt („Chaos und Konfusion überall in unserer Kultur"), beweist damit nur, wie konfus und unbegabt er selber ist. Schon der Ton von Lampugnanis Ausdruck vom „Mythos der Innovation" erinnert an Leute, für die die humanistische Grundlage des 20. Jahrhunderts insgesamt nur ein Mythos war, den es zu entlarven galt. Wenn Architektur nur noch als eine Technik begriffen wird, um die „Kleinbürger" so vollkommen auf die Zeit abzurichten, daß ihnen jedes andere Bedürfnis als das nach Ruhe vergeht, dann stimmt etwas nicht. Solcherart Denken und Bauen wird zum Instrument, die Menschen an der Erkenntnis zu hindern, die sie zu echten Fragen an Architektur und Stadtplanung befähigen würde. Jeder, der Siena und St. Petersburg kennt, kann nur lachen, wenn Lampugnani diese Städte als Beispiele für Monotonie und Wiederholung nennt, ihre Einheitlichkeit beruht ja nicht auf technokratischen Verordnungen, sondern auf geistigem Konsens.

Die Sehnsucht nach einem allgemeingültigen nationalen Stil, gepaart mit der Mentalität des Handwerklichen, ist heutzutage keine Veredelung der Architektur, sondern eine Sackgasse. Niemand, der mit Architektur zu tun hat, kann sich im Ernst einbilden, moderne Industrie und Technik könnten plötzlich Platz machen, und Steinmetze folgsam nach klaren Vorlagen Steine behauen. Die gegenwärtige Umweltkrise macht es erforderlich, das Bauen im Hinblick auf Material und Funktion ernstlich zu überdenken. Weder braucht sie die oberflächliche Kosmetik der Kommerzarchitektur noch den banalen Formalismus von 22 Meter hohen Blöcken mit Hof und etwas begrüntem Innenraum. Es stellt sich die Frage nach der architektonischen und menschlichen Qualität von Bauwerken. Der berühmte Ausspruch Mies van der Rohes, „Gott steckt im Detail", wurde vorsätzlich falsch ausgelegt. Technik und Details sind jetzt selber zu Göttern geworden.

Was wäre Europa ohne die kulturelle Kraft Deutschlands? Viele reden von der starken deutschen Wirtschaft, dem berühmten „Motor" des europäischen Wirtschaftswachstums. Doch selten wird erkannt, daß ohne die enormen kulturellen Entwicklungen, die im Nachkriegsdeutschland stattgefunden haben, Europa wirklich sehr viel ärmer wäre. Diese kulturellen Entwicklungen betreffen jede Kunst. In diesen ökonomisch schwierigen Zeiten jedoch gibt es eine natürliche Abkehr von Träumen und Hoffnungen.

In Deutschland sind viele komplexe Probleme zu lösen, und es ist richtig, offensichtlich krasse Geschäftemacherei, die Anmaßung und die Auswüchse der 70er und 80er Jahre in Frage zu stellen und zu kritisieren. Die Antwort aber ist gewiß nicht, fünfzig Jahre in die Vergangenheit zurückzublicken oder für die Zukunft einförmige Anonymität zu verschreiben. Die Antwort ist gewiß auch nicht, individuelle Kreativität zu unterdrücken oder Toleranz und Vielfalt aufzugeben.

Die universelle Unantastbarkeit des Denkens und seines Ausdrucks darf man niemals vergessen oder preisgeben. Der Architekt muß mehr sein als nur ein Sprachrohr vorherrschender Meinungen. Der Architekt braucht eine Seele für den schöpferischen Kampf. Auch sollte man die Menschen in Deutschland nicht unterschätzen, in ihrer Intelligenz und ihrem ehrgeizigen Wunsch, die Herausforderungen der Gegenwart zu meistern.

Dieter Hoffmann-Axthelm

Die Provokation des Gestrigen

Die Provokation des Alltäglichen, so war Ende vergangenen Jahres ein Artikel von V.M. Lampugnani im „Spiegel" überschrieben. Eine bisher auf Fachkreise begrenzte Architekturdiskussion erreichte damit eine ungewöhnliche Öffentlichkeit. Die Irritation des Normalbürgers angesichts der wachsenden Verbreitung von Glaspalästen und Obdachlosigkeit in den Städten bei der Hand nehmend, kombinierte Lampugnani den Amoklauf gegen fast alles, was heute gebaut wird, mit der Predigt von Handwerk, Beständigkeit und einer kommenden Architektur. Der nicht eingearbeitete Leser konnte ihn vermutlich großenteils mit Zustimmung lesen: keine Experimente mehr, die Städte, die uns die Nachkriegsmoderne hinterlassen hat, sind häßlich genug, zurück zu Tradition und Qualität.

Wer mit den angesprochenen Verhältnissen und den beteiligten Personen etwas näher zu tun hat, dem allerdings sträubten sich die Haare. Lampugnani ist kein Unbekannter. Zu Zeiten der Berliner IBA war er der Barde von J.P. Kleihues' Neubau-IBA. Als Direktor des Frankfurter Architekturmuseums setzte er zwei Akzente: 1990 veranstaltete er, zusammen mit der „FAZ", den Architektursketch „Berlin morgen", in dem er alles das versammelte, was er heuer kritisiert. In einer programmatischen Ausstellung setzte er sich 1992 für die konservative Architektur der zwanziger Jahre ein. Nunmehr wendet er die zugehörige konservative Rhetorik in seiner „Spiegel"-Polemik gegen so gut wie alle heutigen Architekturtendenzen.

Warum die Peinlichkeit? Lampugnani ist weder praktizierender Architekt, noch will er Weltanschauung an sich verbreiten, er will etwas Bestimmtes. Aber was? Man muß seinen Essay da etwas genauer abhorchen. Die populistische Architektenschelte ist nur der erste Schritt. Damit mobilisiert er erst einmal das gesunde Volksempfinden im Leser zu seinen Gunsten, die Rede ist von allem, was den überforderten Zeitgenossen freut: kryptischen Philosophen, Kulissenarchitektur, Bauschäden und ungewohnten Konstruktionen. Soweit bewegt er sich noch im Mainstream.

In einem zweiten Schritt wird er dann zum Historiker und behauptet Befremdliches: 1945 sei, mit dem Nazireich, die dank Ästhetik und Handwerk „extrem hohe Qualität" der deutschen Architektur abrupt abgebrochen, danach käme nur noch billige Massenware. Das ist, angesichts der wahrlich ausreichend erforschten Baukultur des Nazireichs, so extremer Unsinn, daß man sich eigentlich nicht vorstellen kann, er meine das ernst. Vielmehr meldet sich Verdacht.

Und siehe, im dritten Teil der Polemik erfährt man, worum es geht: Wer heute noch ehrlich und solide in Stein und Holz baue, werde als Faschist diffamiert, während alles, was schräg sei und Bauschäden programmiere, als demokratisch gelte. Fast ist klar, wo wir sind: auf der einen Seite Behnisch, auf der anderen, ja wer wohl, da muß man noch etwas weiterhorchen, aber wenigstens die solide steinerne Architektur. Bevor wir aber wirklich erfahren, wie diese Architektur denn nun heißt und aussieht, stiehlt Lampugnani sich davon. Das geht so: Er stellt die Frage selber, was für eine Architektur das sei – aber nur, um sie sofort umzudrehen in die andere, wie denn angesichts der Zukunft Architektur beschaffen sein müßte.

Das interessiert einen natürlich fast ebenso, und ob man da mit 3 mm Granitverkleidung auf Wärmedämmung und Betonrohbau auskommt, also mit dem, was heute in praxi Steinarchitektur ist, dazu könnte er ja nun etwas sagen. Statt dessen stürzt er sich in den nächsten Akt: die drängenden Probleme der Stadt. Da fühle ich mich zu Hause, ja geradezu ertappt – er stellt sich, es ist nicht zu glauben, voll und ganz hinter meine Thesen aus dem grünen Suhrkamp-Bändchen, Flächensparsamkeit, Verdichtung, Ökologie, Block usw. Nebenbei schlägt er auch noch uns allen, die wir uns 15 Jahre lang im Kreuzberger Abrißstaub abgemüht haben, auf die Schulter: es war nicht umsonst. Er vergißt leider wieder nur, uns zu erwähnen, und auch, daß er, damals, auf der anderen Seite war.

Aber dann, am Schluß der Proklamation, ist man wieder bei der Architektur, wie sie sein sollte. Im Vorbeigehen macht Lampugnani sich schnell noch den Topos der Bilderskepsis zu eigen, an dem ich mich jahrelang abgerackert habe, und erklärt ganz locker, worum es geht: nicht Investorenarchitektur und nicht künstlerische Extravaganz, sondern das Gewöhnliche: traditionelle Architektur, das anständige Haus mit dem ordentlichen Grundriß.

Irgend jemand muß also gemeint sein. Die Vermutung, es sei, wie früher auch, der Berliner Architekt J.P. Kleihues, der ihn an einem seiner Berliner Investoren-Großprojekte mit entwerfen läßt, mag manchem kleinkariert scheinen. Aber auffällig ähnliche Botschaften kennt man auch von letzterem. [...]

Kleihues' Hang zu Überhöhungen ist nicht neu, man denke an seinen Anspruch, mit seiner Architektur – insbesondere dem Kant-Dreieck in Berlin, das mit Josephine Baker zu tun haben soll – einen poetischen Realismus zu verfolgen. Mit seiner Kontrafaktur der Stüler-Bauten am Brandenburger Tor, einer mißglückten, doch bemühten Etüde in Maßstäblichkeit, hat sich Kleihues in letzter Zeit ähnlich um maßgebliche Maßstäblichkeit bemüht.

Es kann nun überhaupt nicht darum gehen, gegen Kleihues' Architektur zu polemisieren. Kleihues hat seine großen Verdienste für eine städtebauliche Wende in der Bauproduktion, er hat zumindest in Berlin mit der IBA so etwas wie einen neuen Anstand durchgesetzt, ästhetische Mindeststandards. Daß Kleihues heute einer der am meisten beschäftigten Architekten der Welt ist, in Berlin eine ganze Architekturfabrik betreibt und in dieser Stadt mindestens 13 Großbaustellen am Laufen hat, macht ihm so leicht keiner nach und ist erst einmal sein privates Problem.

Worum es hier geht, ist die darauf aufbauende Fabrikation von Überhöhungen und Propagandaoden, die mit dem normalen Geschäft eines Erfolgsarchitekten nichts zu tun haben. Kleihues' Selbstinszenierung als Architekt menschlichen Maßes und Lampugnanis zugehörige Beschwörung der ästhetischen Dauer stellen eine Strategie dar, und da wir uns unter Architekten befinden, eine zur Sicherung von Marktanteilen. Der Versuch sei ihnen unbenommen. Nicht hinnehmbar aber ist, daß dadurch die ganze Ebene der Architekturdiskussion in Mitleidenschaft gezogen wird. Die Anbiederung einerseits an die Nazizeit, anderseits an die linken Vokabeln von gestern droht Jahre der mühsamen Herstellung von Diskussionsfähigkeit im populistischen Strohfeuer zu verbrennen.

Typisch für das, was Lampugnani hier betreibt, ist der Titel seines Essays. Alltäglichkeit war ja einmal die Parole der Gegenkultur in den siebziger Jahren. Unter Architekten war das der Versuch, gegen die Hochglanzarchitektur der offiziellen Architekturszene die Bedürfnisse der normalen Menschen zu stellen, das Umbauen, die kleinen Sensationen des Lebenspraktischen, Einfachheit, billiges Bauen, Gebrauchsräume, den Charme des Provisorischen. Dafür standen zum Beispiel Lucien Kroll und Ralph Erskine, in der Bundesrepublik etwa das Münchner Büro Thut, die Baufrösche Kassel und anderes.

Lampugnani hat zu solcher ernstgenommenen Alltäglichkeit nie ein Verhältnis gehabt und denkt auch heute nicht daran, sich um Alltagspraxis zu kümmern. Was er meint, wenn er den linksalternativen Kampfbegriff kapert und für seine Zwecke umdreht, ist der Passepartout-Charakter der Kleihuesschen Architektur – etwas Abweichung vom Würfel, aber keine Dekonstruktion, etwas Hochhaus, aber kein High-Tech, etwas Bewegung, aber kein Jahn, etwas Materialität und gemusterten Stein, aber kein Rossi, quadratisch, aber nicht so monoman wie Ungers, kurz, allseitig handhabbar.

Lampugnani erreicht jedenfalls eines: Er verschüttet die Finalität der Begriffe, die er kapert. Sie zielen, ob Ökologie, Gewöhnlichkeit oder Bilderskepsis, auf Verhältnisse außerhalb der Architektur, auf gesellschaftliche Kooperation. Was Lampugnani daraus macht, sind Codewörter eines Angebots, das auf alle Probleme eine Antwort weiß: Traditionsarchitektur. Aber darum geht es nicht. Es geht darum, daß nicht eine bestimmte Architekturauffassung, sei es die des Stadtchaos oder die der steinernen Blöcke, den Rahmen abgeben kann, innerhalb dessen die materielle Stadt gebaut ist. Der Rahmen muß woanders her kommen, und er muß so liberal beschaffen sein, daß er, wenn es zum Bauen kommt, für jegliche Architektur Platz hat.

Insofern muß man von der Stadtgesellschaft reden – davon, wie und unter welchen Bedingungen sie als Bauherr der Stadt auftritt. Mithin muß man vorgängig von den Investoren, und mit ihnen, über die Spielregeln reden, die die gesellschaftliche Bauherrenschaft und ihren vielfältigen Ausdruck sicherstellen könnten. Darüber in der Form von Architekturkritik zu reden (ganz egal welcher), ist von vornherein fehl am Platz. Deutlicher gesagt: Wir müssen die gesellschaftlichen Qualitäten – Dauer, Alltäglichkeit, Schönheit, Brauchbarkeit usw. –, die wir von Stadt und Architektur fordern, auch als gesellschaftliche herstellen – und dann die Architekten an die Arbeit setzen.

Man muß sich also die Mühe machen, die Umdrehung, die Lampugnani und Kleihues vollziehen, auch wieder Punkt für Punkt rückgängig zu machen. Es kommt nicht auf normale Architektur an, sondern auf normale Stadt, auf eine solide tragende Stadtstruktur. Stadtstruktur ist verletzlich, sie besteht nicht aus natursteinverkleidetem Beton oder Blockformen, sondern aus sozialen Regeln und vielen Gelegenheiten für unterschiedliche

46

Interessen. Der klassische planerische Ausdruck dafür ist die Parzelle, auf der einst der herkömmliche Bauherr sein Haus baute, billig oder teuer, klein oder groß, Fabrik oder Mietshaus, Kino, Villa, oder auch alles zusammen. Hat man eine solche Grundeinheit, dann verträgt die Stadt jedwede Architektur, die extravaganteste wie die traditionellste. Die ganze Rhetorik des heilenden traditionellen Bauens ist also obsolet. Hat man sich von dem Aberglauben frei gemacht, alles hänge von der Architektur ab, dann geht es gerade um das Gegenteil von dem, was Lampugnani und Kleihues uns verordnen wollen: nicht um Normalarchitektur, sondern gerade umgekehrt um die Freisetzung unterschiedlichster Antworten und Kreativitäten – oder auch Dummheiten, je nach Auftragslage. Jedenfalls geht es nicht darum zu bestimmen, wie Architektur sein solle.

An diesem Punkt muß man auf Kleihues' Durchsetzungspraxis eingehen, um zu wissen, was einem da verordnet wird. Die zweckfreie Normalqualität, die er sich und anderen verordnet, ist bei ihm so gut wie bei allen anderen Großarchitekten nur die ästhetische Deckschicht für eine monofunktionale Nutzungsballung, wie wir sie in allen Innenstädten haben, das menschliche Maß ändert nichts an Tiefgaragen und sandwichartig übereinanderliegenden Schichten des gewünschten Branchenmixes unter Ausschluß allen wirklichen städtischen Lebens. Was Kleihues unterscheidet, ist, daß er offenbar seine Parole von der ordnenden Normalarchitektur als Führungsauftrag versteht.

Das ist nun nicht nur ein ästhetisches, sondern auch ein politisches Faktum, was man deutlicher in Berlin oder Hamburg sieht als in Frankfurt. Diese Architekturauffassung ist lagerbildend. Die Folgen werden inzwischen in Fachkreisen kopfschüttelnd oder mit knirschenden Zähnen debattiert. In Berlin erreichen sie inzwischen ein Ausmaß, daß man darüber öffentlich reden muß. Wer als Architekt in den oberen Etagen des Berufs etwas werden oder zu tun haben will, muß sich schon ein bißchen einordnen, sonst hat er bei Wettbewerben und Direktaufträgen wenig Chancen. Kleihues ist der greifbarste Pol in einem machtdynamisch zementierten Feld, das man das Berliner Kartell nennen kann.

Architekten, auch die mächtigsten, sind freilich immer nur indirekte Machtfaktoren. Die Macht ist woanders, sie borgen sich davon und müssen sich dafür nützlich machen. Ihre interne Marktkontrolle reitet also auf den großen Machtverdichtungen und entsprechend verzerrten Entscheidungsstrukturen, die sich in großen Städten fast regelmäßig herstellen. Wie man das nennt, ist egal; worauf es ankommt, ist die Struktur einer großen, öffentlich-privaten Koalition. Den realen Kern (weil die Geld-quelle) bilden stets einige Baufirmen. Politik – der viel berufene Berliner Knauthe-Komplex, die spezifische Öffnung des CDU-Bürgermeisters auf die Investoreninteressen – und zentralistisch planende Verwaltung bilden, unter dem doppelten Druck, politisch überleben und zugleich die jeweilige Parteibasis zufriedenstellen zu müssen, den komplexen institutionellen Mantel. Private Medien (in Berlin spielt diese Rolle Radio 100,6, be-kanntlich im Besitz des führenden Berliner Unternehmens, der Kling-beil-Gruppe) stützen das öffentliche Gefühlsklima, den Bauimperativ der Wähler. Läßt man das direkte Eindringen von Geld und Flinten ins politische Milieu etwas beiseite, ist das in Berlin nicht viel anders als in Mailand.

Architektur ist dabei genretypisches Zubehör (aus Macht, Geld und Ein-verständnis müssen irgendwann auch Gebäude werden). Sie lagert sich als subsidiäres Machtsystem eigener Finalität an und borgt sich vom herrschenden Komplex bewußt oder unbewußt das Quantum Macht, das sie braucht, um im eigenen Feld dominant zu sein. Architekturdiskurse und Personen, die, als Verwaltung oder als beteiligte Architekten, Ge-staltungsparolen ausgeben, übersetzen also freiwillig-unfreiwillig die po-litikspezifischen Kontrollstrukturen in fachliche.

In Berlin haben wir zudem in der Person des Senatsbaudirektors einen Verwaltungskommissar für Architektur, der von der Konstruktion seines Jobs her zusehen muß, wie er zwischen den Mühlsteinen Baukapital, Politik und Architekten am Leben bleibt (dem Vorgänger ging's bekannt-lich ans selbige). Wie hilft er sich? Er ist ein Bündnis eingegangen. Dessen Stiftshütte ist die Berliner steinerne Architektur, ein ideologisches Kon-strukt aus unterschiedlichen Quellen. Ein Architektentriumvirat, Kleihues an der Spitze, Sawade als Associé, Kollhoff als Juniorpartner, hat sich unter diesem Dach zu Stimmann gestellt. Über das Architekturbündnis läuft nun aber auch der Burgfrieden mit den großen Investoren, deren Ansprüche sonst als politischer Druck von oben unangenehm würden.

Was Lampugnani verfaßt und im „Spiegel" plakatiert hat, ist also nichts anderes als das Manifest dieses Architekturkartells. Es geht nicht um Kultur und Politik, sondern um Marktanteile. So ist auch die – anders in ihrer Peinlichkeit gar nicht verständliche – Architekturpolemik zu lesen. Wenn Lampugnani den armen Moore (er starb gerade) als Kasperle abfertigt, dann ist das eine Finte. Moore kam durch Kleihues nach Berlin und war nie eine Gefahr. Lampugnani braucht Moore aber, um seine rhetorische Figur aufzubauen: links der Kasper, rechts die modernistischen

Eskapaden, in der Mitte wir, die Menschlichen, die Leute fürs Normale und für den Mann auf der Straße. Die Eskapisten, das ist's, wovor ihm bange ist.

Das ist das ganze breite Spektrum aller derer, die, so uneins untereinander auch immer, anders sind. Das sind Rogers und Foster so gut wie Koolhaas und Zaha Hadid, das sind Jahn oder Kohn/Pedersen/Fox (was immer man von ihnen halten mag) so gut wie Nouvel oder Perrault. Das betrifft, um etwas hausnäher zu bleiben, die Behnisch-Schule und Coop Himmelblau, Jacques Herzog wie Thomas Herzog, Steidle wie die Baufrösche, es betrifft sogar Schultes, es betrifft im Grunde alles, was sich noch rührt und nicht in der bloßen Affirmation von Standardqualität stecken bleibt.

Fragt man umgekehrt, wen es nicht betrifft (die gesunde Mitte), wären es in Berlin nur das benannte Triumvirat plus Grassi – und die vielen kommerziellen Mitläufer. Daß Lampugnani bei seiner Traditionsarchitektur an sie denkt, beweist, wie er die, die er nicht nennt, gegen den Faschismusvorwurf verteidigt. Den Vorwurf halte ich in der Form für Unsinn. Daß die steinernen Architekten aber generell den damaligen Zeitstil nachahmen, ist unverkennbar und zugegeben. Man muß nur Entwürfe der dreißiger Jahre mit heutigen vergleichen – näher kann man sich über den Abstand von zwei Generationen kaum kommen. Es sind die autoritären Architekturtendenzen Anfang der dreißiger Jahre – der späte Poelzig, der gewöhnliche Wohnungsbau im Nazireich, Asplund in Schweden, die klassizistische Wende in der Sowjetunion, Perret in Frankreich, die Mailänder Metaphysiker um Muzio –, die heute wiederkehren, als ginge es noch darum, Gesellschaftsschicksale zu bauen statt der Wärmedämmungsverordnung zu genügen.

Wir haben hier eine architektonische Sehnsucht ohne rechte Grundlage in der Politik. Dieser ästhetische Korporatismus begnügt sich in der Tat mit seiner geschäftlichen Seite – er errichtet ein Quasimonopol auf Investorenaufträge. Die Wettbewerbs- und Auftragsdominanz hat aber politische Konsequenzen. Das Quasimonopol der Architekturpartei führte, würde es weiter durchgesetzt, zur Anhäufung einer bestimmten Sorte Architektur in den norddeutschen Großstädten und damit zur Herstellung eines kulturell wie politisch gleich bedenklichen Bildes – das der formierten Stadt.

Dieses Bild ist mehr als bloße Ästhetik. Hier soll eine Allgemeinarchitektur kreiert werden, ein gesellschaftsverbindliches Architekturbild. Damit verlassen wir den Bereich der innerarchitektonischen Diskussion. Das ist der kritische Punkt. Zu protestieren ist nicht gegen diese Sorte Architektur, und nicht als Verteidigung der anderen, von ihr attackierten Architekturströmungen. Nicht hinnehmbar ist die Verklebung eines Anspruches auf Markthegemonie mit Argumenten gesellschaftlichen Konsenses und städtischer Kultur.

Das weist natürlich auch auf die Schwäche der neuen Korporatisten hin: Ihnen fehlt die kommandierende Massenbasis. Deshalb die Idealisierungsoffensive, das Geraune von menschlichem Maß, Alltäglichkeit und bewohnbarer Stadt. Wölfe im Schafspelz? Da tut man, glaube ich, den Leuten zu viel Ehre an. Es sind Nostalgiker uniformierter Zeiten, und im übrigen scharen sie sich um einen exzellenten Geschäftsmann. Kein Grund, Wiederkehr zu orakeln. Aber wer über Stadt und Architektur weiter öffentlich nachdenken will, tut gut, gezinkte Karten beizeiten aufzudecken. Die Provokation des Alltäglichen ist eine solche Karte – und im übrigen Müll.

Vittorio Magnago Lampugnani

Diskutieren statt diskreditieren

Lieber Dieter Hoffmann-Axthelm,

auf Polemiken, deren Gegenstand man selbst ist, reagiert man nicht. Ich kenne diese Regel und breche sie doch. Denn das, was Sie unter dem Titel „Die Provokation des Gestrigen" in der „Zeit" vom 1. April 1994 geschrieben haben, geht über ein persönliches Zerwürfnis zwischen Ihnen und mir hinaus. Ich sehe von den unzähligen überflüssigen kleinen Infamien ab, mit denen Ihr Text durchsetzt ist, und versuche, die drei Vorwürfe herauszudestillieren, die Sie mir entgegenschleudern zu müssen glauben.

Vorwurf Nr. 1: ich vertrete eine Architekturauffassung, die mit ihren Maximen der Einfachheit, Konventionalität, Dauerhaftigkeit und Angemessenheit von gestern ist. Und nicht nur das: Weil sie von gestern ist und damit Sicherheit vermittelt, kommt sie opportunistisch den Wünschen der Bauherren entgegen und erschmeichelt sich das Wohlwollen des sogenannten Normalbürgers.

Nichts von alledem dürfte zutreffen. Denn abgesehen davon, daß ich gar nicht weiß, was ein Normalbürger ist: die konventionelle Architektur, die ich mir und unseren Städten wünsche, steht fest in der Tradition der Moderne, die sie eigenständig fortführt; und ihre Sprödigkeit, die auf den ersten Blick fast schroff anmutet, findet mitnichten die Begeisterung des Publikums. Letztere wird eher dem Bunten, Schrägen, Beredten zuteil: Eine glatte Fassade mit vielen Reihen von gleichen rechteckigen Fenstern gilt als langweilig. Aber, lieber Dieter, haben Sie einmal versucht, eine solche Fassade zu entwerfen? Ich meine: gut zu entwerfen? Wissen Sie, wie schwierig es ist, das Verhältnis von offener zu geschlossener Fläche richtig auszubalancieren, die Proportionen schön zu machen, die

Details vernünftig und elegant? Können Sie sich vorstellen, wieviel Arbeit das ist? Und wieviel Kreativität das erfordert? Viel mehr, als ein paar pastellfarbene Halbsäulen aus Stuck malerisch zu arrangieren oder zwei Stahlträger schräg aneinander zu schweißen.

Letzteres macht freilich für den oberflächlichen Betrachter mehr her. Und auch für die meisten Bauherren. Sie wollen in erster Linie auffallen: und zwar nicht durch substantielle Qualität (die übrigens auch die Abschreibungsgesetze nicht honorieren), sondern durch Spektakuläres. Schauen Sie sich doch Städte wie Hongkong oder Tokio an, wo jeder, der baut, sich weitgehend frei produzieren darf: er tut es mit entsprechend marktschreierischer Architektur. Einfachheit, Konvention, Dauerhaftigkeit und Angemessenheit gehen gegen unsere Zeit. Sie sind das Gegenteil dessen, was Sie ihnen unterstellen: eine Utopie, die es gegen den Zeitgeist, die ökonomischen Verhältnisse und das von Ihnen beschworene gesunde Volksempfinden zu vertreten gilt.

Vorwurf Nr. 2: ich vertrete meine Architekturauffassung einseitig und versuche sie zu verordnen. Das hört sich schlimm an und ist nur albern. Wie sollte ich irgend etwas verordnen können, selbst wenn ich es wollte? Eine Auffassung von Architektur habe ich durch einen Essay in einem Nachrichtenmagazin öffentlich zu erklären versucht. Ein Essay kann allenfalls überzeugen; verordnen kann er nichts.

Bleibt die Einseitigkeit. Hier bitte ich Sie zu unterscheiden. Selbst Sie werden bei aller Voreingenommenheit einräumen müssen, daß man meiner Arbeit für das Deutsche Architektur-Museum alles mögliche nachsagen kann, nur keine Einseitigkeit. Zur Ausstellung „Berlin morgen", die Sie zwar einen Architektur-Sketch nennen, die aber immerhin die Diskussion um die Neuordnung Berlins frühzeitig in Gang gebracht hat und sich im Katalog und bei einer der ausländischen Ausstellungsstationen sogar Ihres werten Beitrags rühmen durfte, waren ausgesprochen unterschiedliche Architekten eingeladen: von Aldo Rossi bis Norman Foster, von Robert Venturi und Denise Scott-Brown bis Daniel Libeskind, von Oswald Mathias Ungers bis Coop Himmelblau, von Jean Nouvel bis Manuel de Sola-Morales. Für die visionäre Wasserstadt am Frankfurter Osthafen haben Jacques Herzog und Pierre de Meuron ebenso einen Entwurf für uns erarbeitet wie Hans Kollhoff, Andreas Keller ebenso wie Enric Miralles. Dem Frankfurter Rebstockgelände-Projekt von Peter Eisenman und Albert Speer habe ich ebenfalls eine Schau gewidmet. Im übrigen gebe ich, wenn ich für meine Publikationen ebenso zart Werbung machen darf wie Sie für die Ihren, eine Architekturzeitschrift heraus: *domus*, per Abonnement oder in jeder besseren Fachbuchhandlung erhältlich, die sich, wie ich hoffe, durch eine Linie, aber nicht durch Tendenziosität auszeichnet. So gut wie alle Namen der Architekten, die Sie als die von mir verachteten aufzählen, sind dort regelmäßig vertreten: Richard Rogers und Norman Foster, Rem Koolhaas und Zaha Hadid, Jean Nouvel und Dominique Perrault, Günter Behnisch und Thomas Herzog. Und daneben eine Reihe noch weitgehend unbekannter junger Leute.

Doch all dies ist ja, wie Sie dem aufmerksamen *Zeit*-Leser bedeutungsvoll mitgeteilt haben, nur eine Finte. Eine von vielen. Denn in Wahrheit dient all das, was ich tue, einem anderen Zweck als jenem, den man zunächst vermuten könnte. Das ist der dritte Vorwurf: ich würde meine Architekturauffassung in den Dienst eines Machtkartells stellen.

Hier wird es wirklich abenteuerlich. Mit einem kriminalistischen Eifer, der einer besseren Sache würdig gewesen wäre, spüren Sie meinen geheimen Zielen nach. Das Ergebnis dieser Ermittlung, die immerhin über drei Monate beansprucht hat (soviel Zeit ist seit Erscheinen des *Spiegel*-Essays vergangen): ich hätte „nichts anderes als das Manifest dieses Architekturkartells" verfaßt. Dabei verdächtigen Sie nicht nur mich dunkler Machenschaften, sondern auch respektable und talentierte Kollegen: allen voran Josef Paul Kleihues.

Sie schreiben dies am 1. April; als schlechter Scherz könnte es gerade noch angehen. Mehr aber auch nicht. Ihre Behauptungen, völlig aus der Luft gegriffen und durch keinerlei Wirklichkeitsbezug getrübt, sind nicht einmal als Fiktion amüsant. Allenfalls zeigen sie, daß Sie nicht viel von den realen Verhältnissen im Bauen verstehen.

Der Verdacht drängt sich auf, daß Sie von sich auf andere schließen. Und damit nicht auf das Naheliegende kommen: daß ich nichts anderes wollte als, wie Sie es so nett formulieren, „Weltanschauung an sich verbreiten". Besser gesagt: meine theoretische Position artikulieren und zur Diskussion stellen.

Anlaß dazu gibt es in der Tat. Die architektonische Kultur der Jahrtausendwende steht vor gewaltigen, teilweise ganz und gar neuen Aufgaben und ist dementsprechend verunsichert. Die Theorie ist es nicht minder. Die Diskussion ist, vielleicht aus Ratlosigkeit, verstummt. Unzählige Fragen sind offen. Antworten können nur im Diskurs gefunden werden. Deswegen habe ich mich zu Wort gemeldet.

Es ging gut an. Wolfgang Pehnt erwiderte, kritisch und nachdenklich und dennoch konstruktiv wie immer. Er differenzierte den Begriff der Einfachheit, machte auf den hohen künstlerischen Anspruch einer vermeintlichen Banalität aufmerksam, die sich in Wahrheit aristokratisch gebärde, und warnte vor ihrer Trivialisierung. Dann griff Daniel Libeskind ein: wütend und konfus, ein Architekt, der sich (übrigens die Situation verkennend und meinen Text mißverstehend) angegriffen fühlte. Und dann Sie.

Pehnt bin ich dankbar: Er hat zugehört, protestiert, weitergedacht. Libeskind kann ich verstehen: er ist durch und durch Architekt und erwartet von dem Kritiker Elogen oder allenfalls Unverbindliches. Sie verstehe ich nicht: denn Sie sind Kritiker und wissen, daß unsere Aufgabe darin besteht, einen Standpunkt einzunehmen. Sie haben es auch hier und dort getan. Ich habe Ihre Meinung selten verstanden, nie geteilt, aber immer respektiert.

Letzteres erwarte ich auch von Ihnen. Um so entsetzter bin ich von einer Invektive, die mit Polizeidiktion anhebt und eine Beleidigung an die andere reiht. Denkt man sich die letzteren weg, bleibt, wie so oft, von der Sache nicht viel übrig. Das ist betrüblich. Denn es gibt in der Tat Themen, über die ich mich mit Ihnen gern auseinandergesetzt hätte. Zum Beispiel: genügt wirklich die Parzelle als stadtprägendes Element, um eine brauchbare Stadt zu erzeugen? Gaukelt sie nicht eine Kleinteiligkeit vor, welche die zeitgenössischen Eigentumsverhältnisse Lügen strafen? Und selbst wenn man sie als artifizielles Hilfsmittel akzeptiert: droht nicht, wenn sie mit freier, bindungsloser „Kreativität" gefüllt wird, der Jahrmarkt der Eitelkeiten der Frankfurter Saalgasse oder mancher IBA-Hauszeile in Berlin? Ist es nicht letztlich doch besser, den großen Block als solchen zu akzeptieren und durch Feinheit und Eleganz so zu gestalten, daß er nicht erdrückend wirkt?

Das, lieber Dieter, nehme ich Ihnen wirklich übel: Daß Sie eine Diskussion, die im Keim am Entstehen war, brutal abgebrochen haben. Was gibt es noch zu sagen? Die meisten Worte darf man, wie Sie mir empört kundtun, nicht antasten: „Alltäglichkeit" beispielsweise ist Eigentum der sogenannten alternativen Kultur und jede weitere Verwendung ist Mißbrauch oder Fälschung (aber wollen Sie mich wirklich glauben machen, daß Sie nicht die wunderbaren Passagen kennen, die Massimo Bontempelli in den zwanziger Jahren der Ästhetik des Alltags gewidmet hat?). Die meisten Argumente gehören Ihnen (aus dem offenbar weltberühmten „grünen Suhrkamp-Bändchen"); wenn nicht, sind sie, wie Sie so liebenswürdig und gleichzeitig differenziert formulieren, Müll. Und die Motive der anderen sind, das ist doch klar, immer nur Macht oder Geld (aber die Planungsgutachten in Berlin machen trotzdem immer noch Sie).

Die böswillige Diskreditierung von Andersdenkenden hat Tradition. Daß sie ausgerechnet jemand übt, der sich ansonsten demonstrativ demokratisch gibt, zeigt nur, wie sehr sich die Fronten in unserem Metier verkehrt haben. Die Selbstgerechtigkeit, die sie offenbart, macht mir jenseits der persönlichen Betroffenheit bange: weil sie keine sachliche Auseinandersetzung mehr zuläßt.

Leben Sie wohl.

Dieter Hoffmann-Axthelm

Die Stadt braucht Regeln, die Architektur Phantasie.

Es hat der Anfang einer Diskussion stattgefunden. Die großen Medien sind mit dieser Diskussion überfordert bzw. fürchten, ihr Publikum zu überfordern. Die Fachmedien sind also gefordert. Die Aufforderung in der Bauwelt, den Säbel einzustecken und das Florett zu ziehen, ist allerdings kein guter Anfang – als wenn es um Taktfragen ginge. Man sollte wenigstens zugeben, daß die diskutierten Themen intellektuell und politisch höchst brisant sind und in einem Maße an den Rand des Berufsverständnisses der Architekten stoßen, wie das m.E. seit der Wiederaufbaudiskussion Schwarz-Gropius keine Architekturdiskussion mehr getan hat. Ich versuche also, noch einmal auf die fünf Hauptpunkte zurückzukommen, um die es bei meiner Attacke gegen Lampugnani ging.

1. Der „Berliner Architektenstreit" ist ein typisches Architektenmißverständnis – der zur modernen Architektur unverbrüchlich zugehörige Reflex, Gesellschaftsfragen mit Designantworten zu verwechseln. Es geht gerade nicht um die soundsovielte querelle des anciens et des modernes. Die Alternative: Klassik oder Moderne. Steinarchitektur oder HighTech, ist, auf den Erscheinungsreichtum heutiger Architektur gesehen, geradezu fahrlässig, lenkt aber gut von der eigentlichen Problemebene ab. In einer Situation, wo das soziale Instrument Stadt nach allen Himmelsrichtungen auseinanderfliegt, kann es nicht bloß darum gehen, wie die rücksichtslosen Einzelteile architektonisch dekoriert werden, mit Glas oder Stein. In diesem Streit habe ich mich folglich geweigert, Partei zu ergreifen. Ist das so schwer zu begreifen?
Statt dessen plädiere ich für städtebauliche Ordnungsfiguren, die die auseinanderfliegenden Teile und Interessen auf ein gemeinsames Zentrum rückorientieren könnten, und halte es demgegenüber für sekundär und

jedenfalls nicht öffentlich normierbar, mit welcher Architektur die Teilinteressen sich in der Stadt bemerkbar machen. Daß ganze Stadtbereiche mit Büroraum vollgestopft werden und andererseits immer mehr städtische Funktionen in Standorte draußen auf der grünen Wiese ausweichen, das ist das Problem. An dieser Doppelbewegung sterben unsere Städte. Die Frage, ob ein Entwickler seiner stadtzerstörenden Investition eine klimaaktive HighTech-Fassade oder eine hinterlüftete Steinfassade vorblendet, kann man demgegenüber vernachlässigen.

2. Der zweite Grund, warum diese Diskussion geführt werden muß, ist genau der Machtaspekt. Lampugnani geht es nur um die Theorie? Ich habe hinreichend oft die Erfahrung gemacht, daß Leute, die Macht akkumulieren, peinlich berührt sind, wenn von Machtfragen die Rede ist. Aber die Architektur ist kein Feuilleton. Mit ihr kann man, anders als mit dem Schreiben, Geld verdienen (ich weiß, wovon ich rede), und wer von Amts wegen oder als Museumsdirektor oder als Professor, Juror, Gutachter usw. mit der Normierung und Auswahl von Architektur zu tun hat, hat folglich ein interessantes Stück Macht in Händen.
Es geht also weniger um Fassaden als um Aufträge, Professuren und Meinungsführerschaft. Um beim Nächstliegenden zu bleiben: Eine Professur an der ETH Zürich ist, so wie unsere Welt beschaffen ist, ebenso eine Bastion wie das Direktorat des Frankfurter DAM, und daß das eine zum anderen führt, auch das ist strategisch nicht bedeutungslos. Nicht, weil der Geist in unserer Welt so mächtig wäre. Vielmehr war es ja gerade der Kern meines Protestes, darauf hinzuweisen, daß die Legitimierung der konservativen Architektur der zwanziger bis vierziger Jahre einschließlich NS keine akademische Debatte ist, sondern auf eine fatal nützliche Weise eingeht in die Ausscheidungskämpfe, die in Berlin unter Architekten, Verwaltungen und Investoren ausgetragen werden.
Es ist der besondere Gebrauchszusammenhang, der diese bestimmte architekturtheoretische Position zur Zeit mächtig macht. Es wird scheinbar nur über Ästhetik diskutiert – aber darüber wird real die Scheidelinie hergestellt, an der sich ergibt, wer in Berlin (oder Hamburg) bauen darf und wer nicht. Ist das so abwegig?

3. Lampugnani glaubt, es reiche demgegenüber aus, seine übrigen Kritiker zu umarmen und mich isoliert vom Platz zu weisen. Der rhetorische Trick ist überdeutlich: hier der konstruktive Kritiker Pehnt, dort der –

als Architekt! – unverantwortliche Libeskind, und dahinten, nicht recy-kelbar, ich, der Undemokratische.

Da ist dann doch immerhin daran zu erinnern, daß der Protest von Libeskind nicht minder schroff ausgefallen ist als der meine – mit dem bedeutsamen Unterschied, daß Libeskind zugleich implizit auch mich kritisiert.

Denn Libeskind argumentiert gegen Regelhaftigkeit und Alltäglichkeit überhaupt. Ich dagegen halte ein starkes städtebauliches Regelwerk für unumgänglich – aber eben nicht als Architekturprogramm, sondern als städtebauliche Vorgabe: Mischung und Differenziertheit der Nutzungen, klare Obergrenzen, hochdifferenzierte Dichte.

Haben Lampugnani und ich scheinbar das Insistieren auf einem gesell-schaftlichen Regelwerk gemeinsam, so haben nun aber Lampugnani und Libeskind in der Tat gemeinsam, daß sie als Architekten reden und zwi-schen Architektur und Städtebau nicht unterscheiden. Nur meint jeder, seine Architekturauffassung sei die richtige. Man sieht, die Dinge sind nicht gerade einfach, und mit der Parole ‚Einfachheit und Tradition‘ ist dagegen wenig auszurichten.

Im übrigen halte ich es für wenig hilfreich, wenn Libeskind einmal mehr in einer Auseinandersetzung, die um Architekturauffassungen und Markt-anteile geht, gleich wieder die Nazi-Keule bemüht: Das heutige Berlin ist ganz gewiß nicht das von 1940, dessen architektonischer Qualität Lampugnani im *Spiegel* nachtrauerte, und der Senatsbaudirektor Stimm-ann ist von seinen Zielen und politischen Zusammenhängen her nun wahrhaftig mit Albert Speer nicht zu vergleichen.

4. Es ist rhetorischer Kitsch, wenn Lampugnani mit frommem Augen-aufschlag fragt, ob ich denn wüßte, wieviel Schweiß es koste, eine gute Fassade zu entwerfen. Ich wäre immerhin bereit, ihm zu zeigen, wie es geht – ein traditionelles Haus entwirft sich auf der Basis der Arbeit der Väter und Vorväter quasi von selbst, nur ist das leichte Einfache halt nicht jedem gegeben.

Die Frage ist vielmehr, was das wichtigtuerische Reden von Fassaden überhaupt soll. Denn nicht nur ist das, was in Berlin prämiert und gebaut wird, ästhetisch von einmaliger Armut, vor allem ist, wie immer man das ästhetische Debakel einschätzen mag, das Thema Fassade im hier vorgetragenen Sinne von gestern. Die Trennung von technischer Gebäudehülle und auswechselbarem Design für das, was von dieser Um-hüllung sichtbar wird, ist nicht mehr rückdrehbar. Was sichtbar wird, sagt nicht nur zu wenig über die Hülle, es sagt noch viel weniger über das Gesamtgebäude. Wenn ein Großteil der Kubatur unter der Erde liegt, wenn die eigentlich modernen Leistungen gar nicht mehr sichtbar werden und großenteils nicht einmal mehr im Gebäude stecken, sondern in der Optimierung seiner Herstellung, dann ist die altmeisterliche Rede vom Fassadenzeichnen entweder Finte oder, in dubio pro reo, Elfenbeinturm.

5. Schließlich: Kein Beifall von der falschen Seite. Es wäre nicht das geringste damit gewonnen, die augenblickliche Berliner Architektur durch eine andere, experimentellere zu ersetzen. Das Problem ist nicht die Architektur, sondern die Fähigkeit einer Stadt, städtebauliche Ordnungsvorstellungen zu entwickeln.

Es gibt in Berlin noch einen weiteren Grund, warum es schwerfällt, eine Alternative zur Arbeit des Stadtbaudirektors Stimmann zu sehen. Gäbe es ihn nicht, würde das nämlich keineswegs den Weg für planerische Vernunft freimachen, sondern nur für die übliche Stadtzerstörung. In vielen Stadtbereichen gerade der Peripherie hängt es allein an Stimmann, wenn dort überhaupt noch von Städtebau die Rede ist und nicht von bloßem Marketing oder Wohnungsbauquantitäten.

Man kommt sowieso keinen Schritt weiter, wenn man der Welt diese oder jene oder noch eine andere Architektur empfiehlt. Die Splitterstadt, die Rem Koolhaas oder Daniel Libeskind vorschwebt, ist so bodenlos wie die Stadt der Steine. Beides sind ästhetische Strategien. Es kommt aber darauf an, die Stadt als soziale Form zu retten, als Willen zum Zusammenleben. Wo es diesen Willen nicht mehr gibt, ist für Architektur sowieso die Zeit vorüber.

Wir müssen uns also erst einmal darüber streiten, wofür die Architektur gebraucht wird. Sind das weiter Stadtzentren aus Büroetagen, Kaufhäusern, Diskos und Pornoläden, dann kann man das Thema Stadtzentrum, überhaupt das Thema Stadt, abschreiben. Welche Architektur gerade die Dekoration besorgt, ist dann für Außenstehende, Theoretiker oder die normale kulturelle Öffentlichkeit kein Grund, um sich mit irgend jemandem in die Haare zu geraten. Also: Entweder wir machen uns an die Grundlagenarbeit (und respektieren einstweilen jedwede Architektur, Hauptsache, sie baut mit am neuen Konsens), oder die weitere Diskussion über Stadt wie Architektur erübrigt sich in der Tat.

Fritz Neumeyer

Die Architekturkontroverse in Berlin:
Rückfall in den kalten Krieg

Noch ehe sie überhaupt gebaut dasteht, macht die neue Berliner Architektur schon Schlagzeilen. Philip Johnson, der große alte Mann und Trendsetter der Architektur, der die wichtigsten Strömungen der letzten 60 Jahre vom International Style über Postmoderne und Dekonstruktivismus nacheinander ins Leben rief und auch wieder beerdigte, äußerte in seiner „Berlin Lecture" 1993 die Befürchtung, die derzeitige Berliner Baupolitik zwinge alle Architekten, mehr oder minder dasselbe zu bauen. Die Stimmen mehren sich, die von banalem Formalismus und einer belanglosen Normalarchitektur sprechen und sich aufgerufen fühlen, die Freiheit des künstlerischen Ausdrucks in der Architektur mit allen Mitteln zu verteidigen.

Die „Kritische Rekonstruktion", das amtliche Leitbild des Berliner Städtebaus, ist zum roten Tuch für die Architekturkritik geworden. Die Baupolitik verabschiedete Spielregeln, um das Bauen per Erlaß auf eine Berlinische Linie zu bringen. Senatsbaudirektor Hans Stimmann erklärte die strukturelle Logik des Berliner Baublocks und seine auf 22 m festgelegte Traufhöhe samt Straßenwand mit Lochfassade für das neue Bauen im alten Zentrum von Berlin für verbindlich. Nicht die offene Bebauung im modernen Zeilenbau, sondern der geschlossene städtische Block in den Dimensionen des 19. Jahrhunderts wurde für die über weite Bereiche zerstörte Innenstadt zum bindenden Maßstab.

Hinter dem Versuch, auf diesem Weg dem Wildwuchs der Stadt und den Selbstinszenierungsgelüsten von Architekten und Investoren einen Riegel vorzuschieben, wittert man inzwischen Kunstdiktatur und andere üble Machenschaften. Die Politisierung des Ästhetischen und die Ästhetisierung der Politik sind inzwischen soweit fortgeschritten, daß bestimm-

60

ten Architekturen ganz bestimmte politische Haltungen unterstellt werden und der Politik die Absicht, bestimmte Architekturhaltungen auszusperren.

Der Standort Berlin stellt die auf Individualität und Expressivität eingeschworene Architektur des späten 20. Jahrhunderts auf eine harte Probe. Der vernichtenden Kritik nach zu urteilen, die sich allerorts in den Feuilletons breit gemacht hat, darf man von der heutigen Architektur offensichtlich nicht mehr verlangen, unter derart einschränkenden Bedingungen noch Kreativität und Phantasie zu entfalten. Die Zeiten, als man die Architektur noch mit Schelling, als „Kunst der Notwendigkeit" betrachtete, die gerade aus der Not ihrer Bindung an Zwecke und unumstößliche Gesetze der Schwerkraft eine Tugend machte, scheinen endgültig der Vergangenheit anzugehören. Die an die Freiheit von Regeln gewöhnte künstlerische Phantasie von heute tut sich schwer mit der Vorstellung, noch einmal in die Pflicht genommen zu werden. Gerade dieses allgemeine Defizit an Phantasie für die städtebauliche Disziplin tritt in Berlin im besonderen zutage, denn hier soll nun die an das Bauen auf der grünen Wiese oder in der Peripherie gewöhnte moderne Architektur plötzlich dort wieder großflächig antreten, wo es in anderen europäischen Städten außer Baulücken schon längst nichts mehr zu bauen gibt: in der Mitte einer historisch gewachsenen Großstadt.

Aber gerade diese besondere Aufgabe macht Berlin zu einer Herausforderung. Berlin wirft Fragen auf, die das Selbstverständnis unserer Profession am Ende dieses Jahrtausends betreffen: Was bedeutet uns heute eigentlich noch „Stadt"? Was konstituiert heute die „Architektur der Stadt"? Welche Architektur ist in der Lage, eine wirklich „städtische" Haltung zu entwickeln und an den Tag zu legen, die Urbanität auch noch bis ins Detail vermittelt und erlebbar macht? Genügt zur Architektur der Stadt die individuelle Selbstdarstellung der großen künstlerischen Begabung oder bedarf es daneben nicht auch – und vielleicht: sogar – vor allem auch eines bestimmten Sinns für Form, nämlich die Verbindlichkeit eines überindividuellen Gedankens?

Die Stadt braucht Regeln wie die Gesellschaft eine Verfassung. Stadt ist als bauliche und soziale Form im Grunde nichts anderes als von einem Willen zur Verbindlichkeit getragene Verabredung. Aber die Hoffnung, daß die politische Vorgabe von Konventionen für das Bauen in absehbarer Zeit zu irgendeinem geistigen Konsens führen könnte, diese Aussicht scheint in Berlin, dem publizistischen Getöse nach zu urteilen, inzwischen in eine weite Ferne gerückt. Was ist eigentlich geschehen?

Ganz offensichtlich hat der *Spiegel* das Faß der schon seit geraumer Zeit vor sich hinbrodelnden Berliner Architekturkontroverse erst richtig zum Überlaufen gebracht. Unter dem Titel „Die Provokation des Alltäglichen" veröffentlichte der noch amtierende Direktor des Deutschen Architekturmuseums in Frankfurt, V.M. Lampugnani, im Dezember 1993 einen Essay. In dem streitbaren und auch angreifbaren Rundumschlag gegen alle zeitgenössischen Architekturmoden plädierte Lampugnani für die Rückkehr zur Normalität im Bauen. Eine neue Bescheidenheit und Besinnung auf die Tradition sei für Architektur und Städtebau am Ende des 2. Jahrtausends die angemessene Haltung. Die Gemüter erregte besonders, daß Lampugnani der Zeit des Nationalsozialismus, abgesehen von ihrem megalomanen Klassizismus, „ausgesprochen solide detaillierte Bauten" attestierte, da man – im Gegensatz zur heutigen architektonischen Kultur, die mehr an Bildern als an Substanz interessiert ist – noch großen Wert auf Handwerklichkeit und sorgfältiges Bauen legte.

Die Reaktion auf die „Provokation des Gestrigen" blieb nicht aus, ließ aber auf sich warten. In der *Zeit* vom 1. April 1994 meldete sich unter dieser Überschrift Dieter Hoffmann-Axthelm ungestüm zu Wort. Auf die „seltsame Beschwörung des Bewährten in der Architektur" antwortete er nach dem bewährtem Muster einer seltsamen Verschwörungstheorie. Danach deckt sich der geheime Berlin-Bezug von Lampugnanis Architekturschelte wie folgt auf: als „Barde" des ehemaligen IBA-Direktors und Architekten J.P. Kleihues, dem jetzigem Pol eines „Berliner Kartells", mit dem die Politik ein Bündnis eingegangen sei, fungiere Lampugnani nun als dessen Sprachrohr: der *Spiegel*-Essay „also nichts anderes als das Manifest dieses Architekturkartells. Es geht nicht um Kultur und Politik, sondern um Marktanteile."

Der Schlagabtausch der Slogans setzte die Debatte fort. Unter dem Titel „Die Banalität der Ordnung" rechnete Daniel Libeskind, zweiter Preisträger im städtebaulichen Ideenwettbewerb Alexanderplatz, mit Lampugnani öffentlich ab. Libeskind, dem dekonstruktivistischen Architekturlager zuzurechnen, fühlte sich, die gegenwärtige Atmosphäre der Auseinandersetzung um Architektur und Städtebau betreffend, an die „Pathologie einer Zeit" erinnert, „die den Begriff ‚entartete Kunst' geboren hat". Diese Erinnerung hinderte ihn allerdings nicht, seinen Artikel in dem auf Ruppigkeit und Ideologismen abonnierten Architekturmagazin *Arch+* mit einer diffamierenden Bildgegenüberstellung nachzurüsten: hier wurde zum besseren Verständnis der „Berliner Einfalt" die von den Nazis

errichtete Reichsbank samt Hakenkreuzfahne neben einen Geschäfshaus-
entwurf des Berliner Architekten J. Sawade gerückt.

In der *Zeit* wiederum verabschiedete sich Lampugnani mit einem lako-
nischen „Ende der Diskussion" öffentlich von seinem Kritiker Hoffmann-
Axthelm. Der scheidende Museumsdirektor, der im Herbst eine Professur
an der ETH-Zürich übernimmt, fühlte sich an eine Tradition der böswilligen Diskreditierung Andersdenkender erinnert, die keine sachliche
Auseinandersetzung mehr zuließe, wenn man Sachargumente mit persönlichen Angriffen verwechsle.

Es ist also erreicht: Berlin ist wieder Frontstadt und hat, jedenfalls auf
dem Schauplatz der Architekturkontroverse, einen neuen kalten Krieg.
Ein Verlierer in diesem ideologischen Grabenkampf steht dabei schon
von vornherein fest. Die Diskussionskultur in Sachen Architektur, und
somit die architektonische Kultur selbst, bleiben auf der Strecke.

Böswilligen Etiketten zufolge, mit denen die sprichwörtliche „Berliner
Schnauze" die Parteien auseinanderhält, stehen sich „Blockwarte" und
„Chaoten" an der neuen Mauer gegenüber. Die einen wollen das Raster
des städtischen Blocks, die Planfigur von Grundriß und Aufriß als Grundlage des europäischen Städtebaus nicht noch einmal preisgeben und fordern deshalb eine Reorientierung an traditionellen städtischen Konventionen. Die andere Seite idealisiert den Maßstabsbruch, das fragmenta-
rische, bunte Gemisch von widersprüchlichen Elementen, das die heutigen
Metropolen der Welt kennzeichnet, und sieht darin ihr Planungsmodell
für die zukünftige Stadt.

Im Ritual der Berliner Dauerdiskussion sind längst schon alle vernünftigen
Argumente, die sich von beiden Seiten vorbringen lassen, verschlissen.
Jede Art von Architektur ist in den Tribunalen mit Berliner Publikum
schon einmal öffentlich hingerichtet worden. Kostproben derber Architekturkritik, bei der man das Gefühl hat, Architektur habe sich in dieser
Stadt längst grundsätzlich unbeliebt gemacht, bietet die aufs Kleinbür-
gerliche ausgerichtete Berliner Presse fast täglich. Inzwischen legen auch
überregionale Feuilletons allwöchentlich kräftig nach, vorzüglich um der
Berliner Architektur bei jeder sich bietenden Gelegenheit ihre Vorge-
strigkeit zu bescheinigen.

Verbale Keulenschläge werden kräftig ausgeteilt. Man darf nur froh sein,
daß es ein „Ausländer", ein Gastarbeiter war, der für die Qualität der
Tradition und die Tradition der Qualität das Wort erhoben hat. Ansonsten
hätte Lampugnani, der gebürtige Italiener, sich von der Berliner Tagespresse mit ziemlicher Sicherheit den Vorwurf eines „Skinhead mit Kra-

watte" eingehandelt. So jedenfalls schmähte dieser Tage die *taz* den konservativen Kritiker und Verleger Wolf Jobst Siedler, der es wagte, die künstlerische Qualität eines geplanten Holocaust-Denkmals in Gestalt einer Spiegelwand in Frage zu stellen.

Das bedrückende Klima im wiedervereinigten Deutschland, in dem Städtenamen – man nehme Rostock, Mölln, Solingen, Magdeburg u.a. – zu Synonymen des Entsetzens geworden sind, hat auf indirektem Wege inzwischen auch die Diskussion um Architektur und Städtebau erreicht. In der fatalen Gleichsetzung von Kunst und Politik, von Architektur und Gesellschaft schlägt sich dies nieder.

Das Wiederaufleben des Rechtsradikalismus im wiedervereinten Deutschland läßt mehr als nur unangenehme Erinnerungen an die Vergangenheit wach werden. Aber anders als in Politik und Gesellschaft, wo es im Gegensatz zur Kunst einen Fortschritt gibt und geben sollte, bedeutet in der Architektur ein Zurück zu den Wurzeln und ein Wiederanknüpfen an Traditionen nicht automatisch den Rückfall in den Konservativismus. Renaissance ist nicht gleich Reaktion. Aufklärung und Antikenbegeisterung gingen im 18. Jahrhundert Hand in Hand. Daran ändert auch die Tatsache nichts, daß ein Napoleon oder Hitler oder Stalin sich ebenfalls des klassizistischen Erbes bemächtigten. Man bedenke, daß es gerade die jungen Architekten und späteren Heroen der Moderne waren, wie ein Walter Gropius oder Mies van der Rohe, die sich um 1910 an der Schlichtheit und Geradlinigkeit der Zeit „Um 1800" inspirierten.

Die „Neue Sachlichkeit" der zwanziger Jahre fand wiederum nicht nur unter den Vertretern der Weimarer Republik ihre Protagonisten, sondern avancierte, wie in Italien und anders als hierzulande, zur offiziellen Architektur des Faschismus. Noch immer gilt uns „Transparenz" als der eigentliche Schlüssel zur Architektur, deren Bauherr die Demokratie ist. Wer möchte schon daran erinnert werden, daß auch ein Mussolini gerade in der Transparenz das geeignete Instrument erblickte, die Volksverbundenheit des faschistischen Parteiapparates nach außen hin sichtbar zu belegen?

Schon einmal, in der Nachkriegszeit, hat die Architektur im Eifer der Selbstreinigung alles Traditionelle wie eine verseuchte Altlast über Bord gekippt, um auf diesem Wege ihr Scherflein zur politischen Vergangenheitsbewältigung beizutragen. Offenbar zwangsläufig setzt nach politischen Umbrüchen ein ritueller Akt der Bestrafung von Architektur ein, die stellvertretend für die politischen Machthaber, derer man selten habhaft wird, den Kopf hinhalten muß. Nach 1945 führte Berlin einen mit öffentlichen Mitteln geförderten Säuberungsfeldzug gegen das 19. Jahrhundert und dessen verlogene Gipsfassaden durch. Erst hieß es „Abbruch für den Wiederaufbau", später wurden im Namen einer „Sanierung" ganze Gründerzeitviertel niedergelegt. Die meisten Scheußlichkeiten der Nachkriegszeit vermitteln in der Tat eher den Eindruck einer Selbstbestrafung durch Architektur als den eines echten kulturellen Neubeginns.

Das neue Berlin fand seit den zwanziger Jahren im wesentlichen auf der grünen Wiese statt. Die moderne Architektur baute bewußt *gegen* die damals noch vorhandene traditionelle Stadt. Die lieferte nur den düsteren Hintergrund, gegen den sich das Neue Bauen strahlend absetzte. Scharouns Berlin-Plan von 1958, der ganz Berlin zu einem Teppich von Bauten im Grünen auflöste, zog in dieser Hinsicht die wohl radikalste Konsequenz. Das alte Berlin, die steinerne Stadt des 19. Jahrhunderts, deren Gemäuer die Zentrale eines verbrecherischen Systems beherbergten, das vor keiner Zerstörung der Welt zurückschreckte, mußte zerschlagen werden. Raster, Block, Achse: für die Nachkriegszeit waren dies nicht städtebauliche Begriffe, sondern Symbole gerade abgeworfener Gewaltherrschaft. Freier Plan, lockere Gruppierung, Asymmetrie, Transparenz – diese Begriffe gingen schwanger mit dem Erlösungsversprechen einer modernen, von der eigenen Tradition und dem schlechten Gewissen befreiten, geschichtsleeren „demokratischen" Architektur.

Offensichtlich läßt sich mit einer solchen Architekturtheorie für den Hausgebrauch aus den Tagen des kalten Krieges heute in öffentlicher Auseinandersetzung immer noch gut Stimmung machen. So wird der unschuldige Baustoff Stein wieder zum „tausendjährigen Material" und kommt mit einem entsprechenden Geist daher. Wer heute die Überschrift „Aus dem Geist von Block und Stein" wählt – so Rudolf Stegers in der *Zeit* vom 11. März 1994 über den preisgekrönten Entwurf des Gewinners im städtebaulichen Ideenwettbewerb für den Alexanderplatz, Hans Kollhoff –, dem geht es nicht mehr nur um Architekturkritik, sondern auch um eine ideologische Abrechnung. Nicht die architektonische Haftung zählt, mit der sich ein Architekt bemüht, nach den Erfahrungen mit der aufgelockerten Stadt und der Architektur auf der Wiese, wieder an noch großstädtischen Baustrukturen des frühen 20. Jahrhunderts anzuknüpfen. Man meint nicht einen „Geist von Block und Stein", auf den man stolz sein könnte, weil er in der Berliner Architekturgeschichte der letzten Jahrhunderte mit ganz erstklassige Namen vertreten ist. Man meint vielmehr den Ungeist des „biederen Konservativismus" und „falsch verstandener Tradition", der in Block und Stein offenbar das exklusive Hausrecht hat.

Wer, wie Kollhoff, das „Steinerne Haus" in der Tradition des modernen, großstädtischen Berliner Geschäftshauses des frühen 20. Jahrhunderts als seinen Anknüpfungspunkt sieht, um daraus Blöcke mit integrierten Hochhäusern zu entwickeln, der hat damit auch sein menschenverachtendes Architektenherz im Grunde schon offenbart, denn, so Stegers: „Wo aber die Klassizität und Monumentalität eines Peter Behrens als Vorbild gilt, da wird der Alex zur Phantasmagorie einer Zitadelle" und die „Platzwände strotzen und klirren". Selbst in den Kollhoffschen Springbrunnen, der vorerst nur in der Phantasie plätschert, hat der Kritiker für uns schon prüfend seinen Zeh vorausgestreckt und sich entsetzt, der Wasserstrahl „könnte kälter und härter nicht sein".

Anders liegen die Dinge für Stegers bei dem Entwurf des 2. Preisträgers Daniel Libeskind, der am Alex einen, bezogen auf die dekonstruktivistischen Vorlieben für Chaos-Theorie und fraktale Geometrien, eigentlich überraschend diszipliniert ausgefallenen Splitter-Urbanismus praktiziert. In diesem Fall fügen sich für den Kritiker die Straßen frei nach Alfred Döblin „organisch wie die Linien einer linken Hand" in die Stadt ein. Im Gegensatz zu den typologisch strenggebundenen und gestalterisch an die kurze Leine gelegten Kollhoff-Blöcken, stellt Libeskind durch „teils expressionistisch, teils konstruktivistisch anmutende ausdrucksstarke Einzelgebäude" seine Freiheitsliebe unter Beweis. Schließlich gesellen sich zu den beiden grundverschiedenen, unvergleichbaren architektonischen Haltungen Kategorienpaare, wie „Simplizität, Homogenität und Totalität" hüben, „Komplexität, Heterogenität, Pluralität" drüben. Und als gehöre dies nun einmal zur wesensgemäßen Natur der Sache, lassen sich zur Stereotypie der Polarisierung „mühelos" auch die „Modelle einer repressiven Gesellschaft bei Kollhoff, einer liberalen Gesellschaft bei Libeskind vorstellen".

„Steinhäuser machen Steinherzen" – auf diese Faustformel einer materialistischen Architekturkritik für schlichte Gemüter brachte Bruno Taut 1920 seine ablehnende Haltung gegenüber der Architektur der Großstadt. Der Berliner Architekt, Pazifist und Sozialutopist blies mit dem verbalmilitanten Schlachtruf „Laßt sie einstürzen, die gebauten Gemeinheiten!" zur „Auflösung der Städte". Von jetzt an wurde der Sturm auf die Bastille zum städtebaulichen Programm. Architektur und Städtebau hatten die Aufgabe, die Menschheit aus den dunklen Kerkern der steinernen Großstadt, der Macht des Staates und der Geißel des rechten Winkels zu befreien und ans Licht zu führen.

Eine neue, eine ganz andere Architektur mußte her: eine, wie sie sich Paul Scheerbart, der eigentliche Visionär der Glasarchitektur, wünschte, der übrigens nicht nur der Architektur zu Liebe tief ins Glas geschaut haben soll. Die neue Glasarchitektur würde unseren Räumen das Geschlossene nehmen und dadurch aus dem verschlossenen Europäer endlich einen Menschen machen. In Tauts Utopie der Auflösung aller Grenzen mutierte das steinerne Berlin der Mietshausblöcke und Geschäftshäuser zu einer gleichmäßig mit Bauten berieselten, sich auf natürliche Weise entfaltenden freien Siedlungslandschaft, in der man „überall hingestreut" wohnte. Wie Blumen auf der Wiese sprossen leichte, leuchtende, bunte Glasarchitekturen als Symbole neuer Kollektivität. Der urbanistische Paradiesgarten würde sich gleichmäßig und allmählich über die ganze Erdoberfläche ausbreiten und so ganz von selbst eine neue, nach sozialistischen Idealen lebende, friedliche Menschheit in die Welt setzen.

Mit diesem Märchenglauben an die magischen Kräfte der Architektur, Herz und Seele des Menschen, ja die gesamte Gesellschaft zu revolutionieren, beginnt im 20. Jahrhundert die Geschichte der Überfrachtung der Architektur mit Erlösungsphantasien des Fortschritts. Seither geht es nicht mehr ums Bauen, sondern um das Schaffen von Symbolen. Auch nicht mehr darum zu erforschen, wie eine Stadt tatsächlich funktioniert, wie mit welcher Art von Architektur und Typologie welcher urbanistische Eingriff präzise durchgeführt werden kann. Wichtiger wird, mit möglichst spektakulären Bildern der Gesellschaft Heilserwartungen eines freundlicheren und gefälligeren Lebens zu verkaufen.

Von Architektur und Städtebau dieses Jahrhundert haben wir lernen müssen, daß die Architektur nicht nur traditionsanfällig, sondern ebenso auch aufbruchsanfällig sein kann. Das Abschneiden von Wurzeln bedeutet nicht schon zwangsläufig einen Freiheitsgewinn. Auf den blumigen Architekturtraum von der „Auflösung der Städte", den die edelsten Absichten einer friedlichen, sozial gerechteren Welt beflügelten, folgte der Absturz in den Alptraum: die tatsächliche Auflösung der Städte in der Realität durch einen Städtebau, der im Zeichen der Auflockerung das über Jahrhunderte ausdifferenzierte, kollektive Kunstwerk Stadt dem Fortschrittsmythos opferte. Die Landschaft fiel diesem Städtebau gleich mit zum Opfer.

Es gehört zu den Ironien der Architekturgeschichte, daß die utopische Glasarchitektur des „Frühlicht" ausgerechnet in den spätkapitalistischen

Kathedralen des Kommerzes ihre Fortsetzung gefunden hat. In der Arena der Warenwelt zählt berauschende Vielfalt und das, was verheißungsvoll glitzert. Die traditionelle Stadt kann mit den Maßstäben des Sensationellen im Medienzeitalter längst nicht mehr mithalten. Stadt wird folglich auf neuem Niveau, als Konsumspektakel der City simuliert: im körperlosen Flimmern transparenter High-Tech-Architekturen, mit glasüberdachten Plazas und Shopping Malls, deren Raumwunder meist nur zu Büro- und Geschäftszeiten zugänglich sind.

Wer gegen solche Modernität ist, sieht sich rasch als konservativer Banause angeprangert. Aber wer wollte gegen das zeitgemäße „urban entertainment" noch die Stimme erheben für eine ganz alltägliche, dafür aber jederzeit öffentlich zugängliche, traditionelle städtische Straße mit unspektakulären Häusern, die sich auf die Tugend verabredet haben, Wurzeln zu schlagen anstatt aus der Reihe zu tanzen? Solche Architektur der Stadt wird in Berlin inzwischen offenbar als reaktionäre Bedrohung empfunden. Stadt aber ist mehr als die freiheitliche Versammlung ambitiöser, mit großer individueller Kreativität gestalteter Bauindividuen, die aber keine gemeinsame Sprache mehr finden. Stadt heißt, in den Dialog treten und sich mit Blick auf Geschichte und Gegenwart auf einen Raum des Gemeinsamen zu verständigen. Dafür braucht es Phantasie, aber auch den Willen. Genau daran mangelt es derzeitig der einseitig politisierten Berliner Architekturkontroverse, in der offensichtlich der moralische Alleinvertretungsanspruch auf Vergangenheitsbewältigung die auf neuem Niveau nötige Auseinandersetzung mit der Architekturgeschichte längst von der Tagesordnung verdrängt hat.

Teil II

Es folgen mehrere Beiträge, die die Frage nach der Tektonik heutigen Bauens stellen. Die muß man sicherlich im Zusammenhang mit der Diskussion um die jüngste Berliner Architektur sehen, in der – etwa von Hans Kollhoff – das ‚steinerne Haus' zur Grundlage einer Ästhetik gemacht wird, die auch in konstruktiver Hinsicht wieder so etwas wie ‚architektonischen Anstand' sucht. Kollhoffs Beitrag, für eine Tageszeitung geschrieben, scheint fortzusetzen, was Julius Posener schon 1970 in einem Aufsatz (übrigens für dieselbe Zeitung) geschrieben hatte: „Ich stamme aus einer Zeit, als sich reelle Bedienung – um einen kaufmännischen Ausdruck eben jener Zeit zu gebrauchen – bei Architekten von selbst verstand. Der Architekt, dem der Bauherr oder der Benutzer Kunstfehler nachweisen konnte, Nachlässigkeit oder gar schäbige, billigste Ausführung, damit der Profit größer werde: dieser Architekt hätte sich unmöglich gemacht." („Stoßseufzer über das Häuserbauen", Der Tagesspiegel, 4.1.1970).

Das Entscheidende der Beiträge ist nun, daß die Themen „Sorgfalt des Details", „Steinernes Haus" (oder eben nicht) und „Berlinische Architektur" miteinander in einen Zusammenhang gebracht werden als drei Seiten einer Medaille, die eigentlich nur zwei hat. Den Veröffentlichungsdaten kann man im übrigen entnehmen, daß die Diskussion schon vor Lampugnanis Spiegel-Artikel begonnen hat.

Dieter Hoffmann-Axthelm

High-Tech oder Stein-Zeit?

Es ist eine Grundsatzkrise im Gange. Es geht nicht mehr darum, in welchem Stile wir bauen sollen, und auch nicht mehr um Fragen des Verhältnisses von Bauaufgabe, industriellem Material und Form. Es geht um einen Grundzweifel an der Aufgabe Architektur. Die modernen Materialien und die modernen Konstruktionstechniken haben sich am Ende als das früh geahnte, aber stets tapfer geleugnete Schicksal herausgestellt: die Destruktion des Architektonischen.

Der Grundsatzkrise entspricht eine aussichtslose Kontroverse: High-Tech gegen steinerne Architektur. Behnisch gegen Ungers, Koolhaas gegen Kollhoff, Fortschritt gegen Rückwärtsgewandtheit, ja, Hinneigung zur NS-Architektur. Dieser Streit führt zu nichts. High-Tech ist auch nur ein Segment: technisch ein Sonderfall (die Städte werden niemals mehrheitlich aus teuren Bürogebäuden bestehen), im übrigen nur *eine* Ästhetik unter anderen. Die steinerne Architektur wiederum ist erst einmal Graphik oder Computerbild, eine gegenteilige Ästhetik, deren technische Koordinaten offen sind, also nicht der Stand Schinkels oder der der zwanziger Jahre. Polemik, die davon ausgeht (wie zuletzt Rudolf Stegers in der *Arch+* Nr. 117), eine Seite sei die richtige, erübrigt sich, da nicht nur alle Seiten gleichzeitig am Ertrinken sind, sondern der Gegenstand selber. Die Rückwendung zum steinernen Bauen hat zunächst einmal für sich, daß sie die Krise zugibt und öffentlich macht. Sie ist offensichtlich ein verzweifelter Rettungsversuch. Dieser Versuch ist einleuchtend und überzeugend und doch ebenso eindeutig zum Scheitern verurteilt, solange er auf diesem Standpunkt einer Rettung des bereits Verlorenen stehen bleibt. Die Evidenz steinerner Architektur kann man nur akzeptieren oder leugnen. Die Sehnsucht nach steinernem Gebautem ist im Berufsherzen unausrottbar. Es ist die Sehnsucht nach den Anfängen. Daß die Anfänge gar nicht steinern waren – die ornamentalen Strukturen der Zikkurate zeigen z.B., daß die frühesten, formgebenden Materialien Schilf und Lehm waren, der steinerne griechische Tempel stammt bekanntlich vom hölzernen ab –, ändert daran nichts. Alle großen Bilder, über die die Architekturerinnerung verfügt, sind steinerne Bilder, Bilder schwerer Form, durch und durch steinern, wie immer das Material beschaffen gewesen sein mag.

Die Ablösung des Bildes vom Material ist allerdings in der Neuzeit durchweg ausgemachte Sache gewesen. Über Palladio war kaum hinauszugehen: Architekturformen werden vom jeweiligen Material nur noch gemimt. Die Säule ist gemauert und verputzt, die Architrave und Friese sind halb Holz, halb Stein, die Wände sind z.T. nicht gemauert, sondern verputztes Fachwerk. Bei Schinkel sind die Steinfassungen mit ihrem ornamentalen Besatz in Zinkguß hergestellt, der Bauschmuck der Backsteinfassaden stammt aus der Ofenfabrik.

Trotzdem waren die Bilder von Palladio und Schinkel glaubwürdig. Sie sahen steinerner aus, als sie waren, sie waren edler, als es das bloße sparsame Material hergeben konnte. Im Überschuß des Bildes an Glaubwürdigkeit triumphierte die Form über das blöde Material. Das Steinerne, Schwere war damit natürlich zu gesehenem Steinernen, zu gesehener Schwere geworden. Das war die Voraussetzung, unter der der klassische Kanon zum Regulativ moderner Bau- und Nutzungsverhältnisse gemacht werden konnte.

Nun ist aber jede Auseinandersetzung mit dem Idol des Steinernen fruchtlos, die sich nicht dem entscheidenden Bruch stellt, der alle heutige Verwendung von Bausteinen von der Tradition des steinernen Bauens trennt. Diesen Bruch markiert die Einführung des armierten Betons. Die Entmythologisierung des Steins ist nur eine Sache: seine industrielle Reproduktion, die Reduktion auf Haltbarkeit, Farbe, Dämmeigenschaften, Verarbeitungsfreundlichkeit usw. Was der Betonbau in Frage stellt, ist ohnehin weniger das Material selber. Vor allem löst er die Bindung zwischen Stein und erscheinender Schwere auf.

Der Beton eröffnet also inmitten der modernen Architektur ein Paradoxon, für das emblematisch das Werk Le Corbusiers stehen kann. Die steinerne Architektur ist eine aufgeklärte Architektur. Sie schafft archaische Dichte und Masse additiv, durch Aufhäufung von Einzelelementen, ob Feldstein, gehauener Quader oder gebrannter Stein. Mit der Kombination von stählerner Armierung und geschüttetem Beton wird einerseits technisch ein gewaltiger Schritt über die konstruktiven Möglichkeiten des Steinbaus hinaus getan. Andererseits kehrt man in die Archaik diffuser Massen zurück, technisch gesehen zur Verbindung von Schilf und Lehm, ästhetisch gesehen zu Metaphern einer vor den Menschen liegenden Natur, vielleicht auch steinerner, vor allem aber körperlicher – organischer – Höhlen.

Das Betonhaus ist begehbare Schale, Ei, Mutterleib, Panzer, jedenfalls Bau aus einem Guß. Das Betongebäude ist eher Gebilde als Gebäude im Sinne von gebautem Haus. Das Kontinuum des Materials behauptet es für Wahrnehmung und Empfindung als ungebaut, außerhalb der Reichweite des Nutzers, da er sich den Bau weder als von ihm Stein auf Stein errichtet vorstellen kann noch als ebenso Stein für Stein wieder abbaubar. Mächtigkeit und Unantastbarkeit des Betons sind bei Le Corbusier auch ästhetisch gewollt, sie sind, wie die Pfeiler, die waagrechten Fenster, die schwebenden Dächer, Teil seiner Entrückungsstrategie. Die Schwere des neuen Materials hat die Aufgabe, die Erhabenheit des Entwerfers zu beschreiben, die Leichtigkeit seiner Hand, die die Formen vorschrieb, in die sich das schwere Material ergoß. Das ist, in der Person des hybriden autoritären Männerarchitekten, der alte babylonische Schöpfungsmythos. Zur Familiengeschichte des Betons gehört natürlich ebenso die Westwall-Moderne. Da ist der Höhlenbau perfekt. Die Maschine, die Träume von Flug und Schiff sind aus dem mythologischen Gerät ausgeschieden, es bleibt nur noch der archaischste Rest, die bloße Höhle. Sie ist nach außen organisch oder gar anthroposophisch, abgerundet, liegt wie ein riesiges schlafendes Tier in den Dünen der Normandie oder des Lido. Die Botschaft des Betons, daß allein das Innen zählt, ist hier blutiger Ernst, wie im U-Boot. Das Wesentliche, was man von außen sieht, ist die Vermutung der innen möglichen Geborgenheit. Aber dieses Sichverstecken im Mutterleib ist so ambivalent wie in den Phantasien des klassischen Neurotikers jener Zeit: der sichere Ort ist immer auch der des größten Schreckens, des ausweglosen Eingeschlossenseins.

Erst nach dem Durchgang durch die Maschinenphantasie und den Bunker kam der Beton in der Normalität an und füllte die Städte und ihre Trabanten. Der gewöhnliche, durch Form nicht mehr gebändigte Beton ist bloß noch viel und schwer und öde. Dieser Vorstadt-, Brücken-, Turnhallen- und Garagenbeton wurde zum Inbegriff der verwalteten Welt, der geschlossenen Horizonte, der verbauten Köpfe und der eingesargten Lebenshoffnungen – nicht zuletzt zum Inbegriff der gescheiterten Moderne. Der Faszination des Betons als Bunkermaterial entspricht daher heute die Aggression derer, die sich nur als Eingesperrte empfinden können: der handfeste Vandalismus der Vorstädte und die in den besseren Gegenden gängige Rede von den Betonburgen.

Was ist heute noch steinern? Die hinterlüftbare Granitfassade ist es sicherlich nicht. Der gesamte Boom des Steinernen, der sich nicht zuletzt in eigenen, von der Stein-Industrie gesponsorten Zeitschriften niederschlägt (*Materia, Steintime*), beruht auf einem planmäßigen Mißverständnis. Verwendung von Naturstein ist das beste Indiz für Ferne zum Steinernen als Architekturkern und -idee, für Architektur, die, kommerziell oder nicht, nicht mehr weiß, was sie tut. Leichtigkeit des Steins und schwere Form schließen sich wechselseitig aus. Man muß sich für das eine oder das andere entscheiden, die leichte, doch reale Materialrealität Stein, oder die gesehene Schwere, die als Form auftritt. Vom Steinernen kann nur als Bild geredet werden.

Weil die Sache nur noch als Bild thematisierbar ist, stimmt die Unterstellung von NS-Nostalgie nicht. Daß es eine Nähe gibt, ist unvermeidlich, aber darum unter Umständen heilsam. Denn wenn man die Bedingung der Bildproduktion begriffen hat, dann ist die Nabelschnur zur Steinindustrie, d.i. zur steinernen Realisierung des Bildes 1:1, durchschnitten. Nicht umsonst bevorzugen die Vertreter steinerner Architektur Ziegel- und Putzverkleidungen. Keiner denkt daran, Gebäude aus durchgehenden Quadern zu errichten.

Gerade weil das Steinerne nur noch Wahrnehmungsfigur ist, nicht mehr wörtlich zu bauen, werden nun die Züge unvermeidlich, die die steinerne Architektur mit der Tradition verbinden: der Kanon der Öffnungen, die Erkennbarkeit der Glieder, die notwendigen Proportionen, die gestischen Charaktere des Liegens, Lastens, Sichaufstützens und Hochragens. Das ist die Linie von Rossi und Grassi einerseits, von Ungers und Kollhoff andererseits.

Oder man geht den reinen Weg der Schwere. Das ist die Betonarchitektur. Damit verzichtet man sowohl auf das Steinerne im emphatischen Sinne, als Bild. Man nutzt das reale Steinmaterial als Verkleidung des gegossenen Betons und braucht dann natürlich den klassischen Kanon der Formbildung, der menschlichen Analogie und der tektonischen Lesbarkeit nicht mehr. Die Rettung der Architektur erfolgt durch zweckfreie Formen, die konstruktiv eo ipso nur aus Beton sein können. Diese Wahl haben wir in exemplarischer Deutlichkeit bei Schultes und de Portzamparc. Was am Bonner Kunstmuseum oder am Pariser Konservatorium steinern ist, ist ein durch das Auge leicht ablösbarer Schuppenpanzer. Darunter verbirgt sich eine Architektur der monolithischen Schalen und Wandschichten.

Wie sie bautechnisch gegossen sind, so erscheinen sie für das abtastende Auge gewachsen, ohne Teile, nicht zerlegbar. Sie sind nicht Stein auf Stein erbaut. Sie sind immer schon da: schwere Gegenstände, die wie verschlossene Raumschiffe im Stadtraum liegen, sich wie Muscheln hier und da öffnen.

Das Bild des Steinernen verwickelt uns in die schwierigste, zerstörendste Auseinandersetzung der neueren Architekturgeschichte überhaupt, den unmittelbaren historischen Auftritt der Architektur im Massenritual der faschistischen Diktaturen und der stalinistischen Despotien. Die Nazis und Stalin waren die letzten, die ohne schlechtes Gewissen mit der Enttäuschungsunfähigkeit des Diktator gewordenen Kleinbürgers versucht haben, den Bildverlust der demokratisch, d.h. bauökonomisch gewordenen Architektur zu leugnen und das Gewünschte, die archaische Bildlichkeit von Macht und Massenausdruck, eben auch zu bauen.

Was wir heute noch haben, sind die verschiedenen Exorzisierungsversuche auf halbem Wege. Man sehe sich daraufhin irgendeinen Bau von Ungers an. Vom Grundriß über die Volumina bis zu den Öffnungen und dem Detail des Verkleidungsmauerwerks haben wir eine durchgehende Logik, die sich auf Vernünftigkeit der Formen und Proportionen beruft. Alle anderen Bezeichnungen sind gekappt. Die Abstraktion ist so weit, daß nicht nur der NS-Verdacht getilgt ist, sondern jede gesellschaftliche Erinnerung und Leidenschaft überhaupt: Wieviel Blut im Namen eben dieser Formen geflossen ist, wird unerklärbar. In der Autonomie der Entwurfslogik verschwinden aber auch alle Verweise auf den Ort, die Lage, die Nutzung. Alle städtebaulichen und praktischen Bezüge sind so abstrahiert, daß sie sich in ihr Gegenteil verkehren. So wie die Gebäude starr und tot sind, so sind sie ort- und richtungslos. Das Bauen ist zum Stillstand gebracht, der ästhetische Gewinn plus minus null. Ungers exekutiert nur einmal mehr die geometrische Abstraktion. Damit ist er voll im Mainstream der traditionellen Entwicklung. Der einzige Unterschied zu seinen zahllosen Vorgängern ist der, daß der Gegenstand inzwischen wirklich tot und erledigt ist. Ungers bewegt nur noch das Messer selbst, die Geometrisierung, mit dem in der bisherigen Geschichte der Architektur am beunruhigenden Rohzustand von Räumen und Formen geschnitzt wurde. Die Abstraktionsanweisung ist nun das einzige Greifbare, das übrig ist. So haben wir bei Ungers das zusammenhanglose Nebeneinander von irgendwie funktionierenden Gebäuden, an denen ohne Grund – es gibt nichts mehr zu abstrahieren – der alte Text der geometrischen Flucht weiter abgetragen wird.

Das ist der hergebrachte Aberglaube, die Essenz des Architektonischen stecke im Besteck. Sie steckt in der Anwendung auf einen noch vorhandenen unaufgeklärten Stoff, einen Rest Mythos und Natur. Zwar ist dann die Gegenbehauptung auch nicht viel aussichtsreicher, aber sie redet wenigstens vom Verlust.

Die umgekehrte Strategie verfolgt Kollhoff. Er versucht, die in der konservativen Wende der dreißiger Jahre, in Faschismus, Nationalismus und Stalinismus erstarrte gesellschaftliche Bildlichkeit wieder in Bewegung zu bringen, die Seite der Anthropomorphie als Gegenbild zur Geometrie: daher setzt er endliche Formen hin, Körper, die oben und unten haben, notwendige Proportionen und notwendige Verhältnisse, Raum- und Sichtbeziehungen zueinander.

Aber woher nimmt man die Bewegung? Man muß sie als Bild erzeugen, als Bild eines noch bildfähigen – also untergegangenen – gesellschaftlichen Lebens. Da tritt die Arkade auf, die Palazzofassade, die Grundform des Hauses. Das Bewußtsein, Untergegangenes zu spiegeln, läßt sich allerdings nicht abtöten und geht in den Entwurf ein – und wie denn anders denn als Abstraktion? So geraten Hausform, Tür, Arkade usw. eben wiederum zu toten Dingen, scharfgeschnitten, aber blutleer. Damit rettet er zwar einen Erinnerungsrest von Bildlichkeit, aber Bilder erzeugen kein Leben. Es gibt in einer fast unübersehbar fragmentierten Gesellschaft auch keine gesellschaftliche Kraft, die eine solche Architektur als Stadtidee tragen könnte. Kollhoff hat Mercedes ein solches Angebot gemacht. Was passiert, ist das Naheliegende: Jeder Architekt aus der internationalen Wettbewerbsspitzengruppe erhält ein Gebäude, man reagiert weder auf den Grundplan noch auf die Situation vor Ort noch auf den Nachbarn, die Einheitlichkeit interessiert nicht. Keine politische Macht kann diese Gleichzeitigkeit und Einstimmigkeit der Platzarchitektur garantieren. Real ist, daß große Developer und Kapitalgeber um Anteile am Kuchen kämpfen und jeder seinen Hochhauskomplex für sich hinsetzen will. Ästhetische Regulative, wie sie Kollhoff bräuchte, wird es angesichts der anderen Sorgen nicht geben.

Die Rettung des Architektonischen ist auf diese Weise nur als Programm da. Kollhoffs Überschuß von italienischem Rationalismus ist unfreiwillig: Aufgrund des Nationalsozialismus hegt er weniger Vertrauen in die Hierarchie der Öffnungen und mehr Vertrauen in die optische Sensation von Räumen. In seinen neuesten Entwürfen stirbt nun auch das Räumliche ab, zugunsten eines Autismus des Tektonischen. Da geht es nicht weiter. Der neue Schloßentwurf erweckt in mir Angst, und der Alternative, einzubrechen (das bislang Entworfene wird für die nächsten 20 Jahre zu gebauter Routine: groß, trocken, langweilig) oder den befreienden Durchbruch zu neuen Eigenschaften zu schaffen, ist wohl kaum noch auszuweichen.

Alles das heißt nicht, daß andere Architekturästhetiken mehr anzubieten hätten. Die ästhetische Strategie von Koolhaas produziert ihrem Feld analoge Engpässe, sie ist stadtplanerisch inkonsistent, sie ist städtebaulich ein Trugschluß, und sie ist architektonisch kurzatmig. Ähnliches ist, in gebotener Abstufung und Differenzierung, zu der durch Rogers und Foster vertretenen Entwurfsstrategie zu sagen. Es muß und wird ganz anders weitergehen, als die augenblicklichen Parteilichkeiten zu wissen meinen. Keine löst das Grundproblem. Der gesellschaftliche Bilderverlust ist nicht verwunden, aber auch nicht zu beheben. Es ist nicht zukunftsträchtig, sozusagen die Weimarer Variante des klassizistischen Kanons herzustellen. Ebenso wenig bringt es etwas, auf die Französische Revolution zurückzugehen und auf die allein seligmachende Gewalt der Vernunftfiguren zu bauen, im besonderen Fall also des Quadrats. Die alte Straße der Abstraktion kann nicht weiter begangen werden. Nur wer über alle Schatten hinausgeht, weitergeht, wird bei etwas Brauchbarem ankommen.

Was durch Rückgriffe nicht zu leisten ist, kann deshalb noch lange nicht durch besinnungsloses Weiter- und Vorauslaufen erreicht werden. Vielmehr muß man die Kritik der Moderne am archaischen Text noch radikalisieren, um an den Möglichkeiten anzukommen, die jenseits des Fegefeuers noch übrig sind. Hier steht eine schmerzhafte Sortierungsarbeit an. Mir ist intuitiv klar, wohin es gehen könnte und daß da noch Land liegt. Aber bevor man davon redet, muß man besser benennen können, um welche Ressourcen es geht, sonst ist der Hoffnungsschein schon wieder entwertet. Architekturimmanent ist nicht weiterzukommen.

Man wird beiseite treten und von den Nutzungen her neue Fragen an die Architekten richten müssen. Die beiden Paradigmen, die sich heute streiten, der archaische Block und die wohltemperierte Wohnmaschine, sind beides Sackgassen. Sie sind es, weil sie beide auf sich beharren: Fetische überholter Ideologie. Beide Paradigmen können allerdings nicht einfach weggeworfen werden. Man muß sie sorgfältig auseinandernehmen und sehen, was man anders wieder einbauen kann, in ein Fachwerk, das nicht das dieser fruchtlosen Entwurfsfiguren ist.

Rudolf Stegers

„Daß ihr euch selbst geregelt fühlen sollt"

1

Der „Turmbau zu Babel" von Pieter Brueghel dem Älteren gehört zum Bestand jener Bilder, die Schulbücher und Postkarten längst zur Drucksache für jedermann gemacht haben. Doch wer die biblische Botschaft der flämischen Ikone einen Moment außer acht läßt, dem erzählt das tonige Gemälde aus dem Wiener Kunsthistorischen Museum noch eine andere Geschichte. Der zwischen Seehafen und Stadtmauer situierte, aus dem Wasser steigende und an die Wolken kratzende Rundturm verrät das Prozedere seiner Konstruktion, wie es im 15. Jahrhundert kein „palazzo" eines Piero della Francesca und im 18. Jahrhundert kein „duomo" eines Bernardo Canaletto tat. Mit größter Sorgfalt malte Brueghel nicht allein Kräne und Winden, Bohlen und Seile, Hämmer und Meißel, sondern auch das Gewimmel und Gewusel von Bauleuten bei der Bauarbeit. Die Sonne scheint. Und von der Höhe eines Hügels gegenüber der Baustelle sieht der König auf das Grand Projet seiner Zeit.
Hätte der fromme Brueghel sein mächtiges Gemälde aus Liebe zur Heimat „Turmbaulust von Antwerpen" genannt, hätten wir es schwer, auf der Leinwand von 1563 die Warnung vor Hochmut zu sehen. Denn die teleskopische Architektur scheint vor Stabilität zu strotzen. Erst ein Blick auf die Module der Fassade lehrt, daß die Bauweise der Stockwerke vom Frühromanischen zum Spätgotischen sich wandelt, bis das Innere und das Äußere im sechsten und siebten Geschoß einander kaum mehr berühren. Unter den Schwaden der Wolken stehen die roten Ziegel und die gelben Quader wie nackt. Fleisch und Haut liegen bloß. Der Bau ist tot. Weil die Handwerker unten keine Steine mehr stapeln und oben

keine Fugen mehr füllen wollen? Weil die Bauleute Innovation statt Konvention suchen? Weil der Renaissance die Katastrophe folgt?

2

Die Revolution der Industrie brachte die Revolution der Tektonik. Unter dem Eindruck der Reise nach England und Schottland, unter dem Schock der durch das Kapital geschaffenen Wohn- und Arbeitsstätten, notierte Karl Friedrich Schinkel sein ängstliches „Wehe der Zeit, wo alles beweglich wird, selbst, was am dauerndsten sein sollte, die Kunst zu bauen". Doch bei aller Sehnsucht nach Ruhe hat Schinkel mit dem Feilnerhaus 1829 und der Bauakademie 1836 so experimentell wie damals in Preußen möglich auf das „prefab building" aus Großbritannien reagiert. Die Unsicherheit der Zeitgenossen – Eisen widersprach dem gemeinen Verständnis von Tragen und Lasten – suchte die Architekturtheorie zu beseitigen. Parallel zur Debatte um die Priorität antiker oder gotischer Architektur verlief eine jahrzehntelange Auseinandersetzung um die schwieriger werdende Lesbarkeit von Gebäuden. Wer diese Kontroverse nachträglich verfolgen möchte, dem seien die *Grundlagen der Architektur. Studien zur Kultur des Tektonischen* von Kenneth Frampton empfohlen.
Ausführlich referiert der Autor den Umschwung von Karl Friedrich Schinkel zu Gottfried Semper. Verläßt man sich auf das Reden von „Kernform" und „Kunstform" und versucht man, die Meinungen anhand der von Karl Bötticher geprägten Begriffe zu vergleichen, dann wird klar: Der von etwa 1840 bis 1870 geführte Streit ging um Struktur und Dekor als Zweiheit oder Einheit; er ging darum, ob die Kernform bloß statisch fungiert und die Kunstform bloß plastisch fingiert, ob das notwendig Materielle oder das erklärend Visuelle die Architektur dominiert. Mit seiner Schinkel-Festrede 1846 unter dem Titel „Das Prinzip der Hellenischen und Germanischen Bauweise" plädierte Bötticher nicht allein für eine Dialektik – statt einer Mechanik – von Struktur und Dekor, sondern auch für das junge Eisen, weil die „Anwendung des Steines bereits völlig erschöpft" und mit dem alten Material keine neue Konstruktion mehr möglich sei. Zwanzig Jahre später fiel Semper weit hinter den Stand der Dinge zurück. Seine Obsession für das Textile machte ihn gar vom Architekten zum Haute Couturier. Doch die Mimesis der Antike wollte Semper nicht dauernd dulden. Am Schluß seines 1869 in Zürich gehaltenen Vortrags „Über Baustile" wird vielmehr klar, wie stark

sein Historismus aus Resignation sich speiste. Semper schien auf ein neues Ideal und eine neue Epoche nur so zu warten. „Bis es dahin kommt, muß man sich, so gut es gehen will, in das Alte hinein schicken."

Was in Frankreich zu Beginn des 19. Jahrhunderts mit der Gründung von Ecole des Beaux Arts und Ecole Polytechnique Institution wurde – die Opposition von ästhetischer und technischer Kompetenz –, kennzeichnete die Entwicklung der Architektur auch in anderen Ländern. Trotz Crystal Palace 1851 und Galerie des Machines 1889, trotz Arts and Crafts und Art Nouveau, das Repertoire der Historie formte die Masse. Gegen die Fülle der Stile mit der Silbe Neo hatte vor 1914 niemand eine Chance; erst in den zwanziger Jahren folgte mit Werkbund und Bauhaus die Propaganda von Kunst und Technik als neuer Einheit. Doch man orientierte sich an der Ikone statt an der Realität des Technischen; die Technik wurde zum Symbol und die Maschine zur Metapher. In den meisten Fällen – nicht bloß beim Glasvorhang des Bauhauses in Dessau, hinter dessen Transparenz und Eleganz man im Sommer schwitzt und im Winter friert – war der Umgang mit Material und Konstruktion zwar kunstfertig, doch nicht sachgerecht. Was sich trotz aller Differenz zwischen Weißer und Roter Moderne behauptete, war der Konsens, daß die Dreiheit von Material und Konstruktion und Funktion eine Einheit bildet. Auf die Forderung nach Ehrlichkeit und Lesbarkeit hätten sich, trotz Internationalismus hier und Regionalismus da, der Berliner Stadtbaurat Martin Wagner und der Hamburger Oberbaudirektor Fritz Schumacher mühelos einigen können.

Durch die Erfahrung amerikanischer Metropolen bereichert, kehrte die Moderne nach 1945 aus dem Exil zurück. Ihr Selbstverständnis wurde in Westdeutschland zur Leitvorstellung. Kontemporäre Architektur opponierte mit der Rasterfassade gegen Nierentisch und Petticoat. Erst Robert Venturi holte mit seinen Büchern *Complexity and Contradiction in Architecture* 1966 und *Learning from Las Vegas* 1972 zum doppelten Gegenschlag aus. Die Bände waren mehr als nur Spott über das Pathos der Funktion. Sie bliesen zur Attacke auf eine Avantgarde, die das Establishment längst vereinnahmt hatte. Gegen Konstruktion und für Kommunikation, gegen Monotonie und für Paradoxie, gegen Funktion und für Fiktion: Venturis Machtwort fand in Amerika und Europa spitze Ohren. Aufgestachelt von Slogans wie „Main street is almost alright" und „Less is a bore", taumelten die postmodernen Architekten im Dreieck von Historismus und Trivialität und Rationalismus. Nach dem Überdruß am Dauerlauf des „anything goes" gibt es aber kein Zurück zum alten

Konsens. Venturis Kritik der Moderne schöpfte im ersten Buch aus dem Studium des Gebauten zwischen Renaissance und Rokoko, im zweiten Buch aus dem Studium der knallbunten Spielhöllen auf dem Strip. Von Technik sprach Venturi 1966 mit keinem Satz und 1972 nur mit Blick auf den „Machismo" von Archigram. Die Havarie der Experten – Seveso, Harrisburg, Tschernobyl – stand damals noch bevor. Wo früher Euphorismus war, ist heute Katastrophismus. In solcher, von Angst und Wut bestimmten Gefühlslage können Kunst und Technik nach wie vor nicht zueinander finden.

Im Vielerlei der Strömungen genießen seit der Wende von den achtziger zu den neunziger Jahren drei Tendenzen die größte Aufmerksamkeit: die dekonstruktive, die mediale, die technoide Architektur. Doch keine dieser Haltungen dominiert; die Entwürfe stehen vielmehr im Wettbewerb, das heißt nebeneinander und gegeneinander. Allen dreien wirft man vor, daß sie zu viel erzählen, daß sie die Projekte stets zu Symbolen, zu „highlights" und „landmarks" machen. Ja, dekonstruktive, mediale, technoide Architektur hält es oft mit der Fiktion, doch nie mit der Historie. Selbst da, wo eine Zaha Hadid oder ein Jean Nouvel oder ein William Alsop nur Mode und Graphik bieten, setzen ihre Bauten sich kraft- und lustvoll mit der Gegenwart der Gesellschaft auseinander, suchen sie die Widersprüche des Fragmentarischen und Immateriellen auszuhalten und darzustellen.

3

Anders die Berliner Tektoniker. Ihr populäres Manifest – eine von Hans Kollhoff edierte Broschüre unter dem Titel *Über Tektonik in der Baukunst* – mischt Analyse und Agitation. Noch zürnt dabei Fritz Neumeyer nicht über den „Verlust der Mitte". Doch daß er mit dem Gottsucher und Kunstrichter Hans Sedlmayr, dessen Polemik seinem Traktat manchen Topos liefert, über die Kugel als „Symptom der Krise" klagt, ist ein so klares wie dunkles Indiz. Würde ihn, falls er Geometer wäre, das Egale ärgern? Würde ihn, falls er Soziologe wäre, das Egalitäre ärgern? Wer sich im gegenständlichen und im gesellschaftlichen Alltag so heftig nach dem Vorne und Hinten, nach dem Oben und Unten sehnt, dem muß ja die Kugel als Objekt und Symbol ein Greuel sein. Kein Wunder, daß der Mann auf das Newtonkenotaph nur mit Abscheu blickt. Denn das Projekt von Etienne-Louis Boullée war Vision einer dynamischen Archi-

tektur und Vision einer französischen Revolution; die Kugel war Spreng-
satz ohnegleichen. Die deutschen Herren suchen lieber nach Schwere
und Ruhe. Sie wollen das Feste und Harte, weil aus Bewegung nur Un-
frieden rührt. Ihre Ordnung ist ordentlich. Hiergeblieben und stramm-
gestanden, lautet ihre preußische Parole.

Gleich zu Beginn seines Beitrags schreibt Neumeyer, Tektonik handle
vom „Zusammenhang zwischen der Ordnung eines Gebauten und der
Struktur unserer Wahrnehmung". Unserer Wahrnehmung? Nein, Neumeyer meint die Wahrnehmung der Goethezeit. Daß Lokomotiven und
Automobile und Aeroplane alles Sehen und Hören seither ebenso verändert
haben wie Film und Funk, scheint er nicht zu wissen. Cyberspace und
Cybercity im Kopf, wird jeder Physiologe und Psychologe die menschliche
Lernfähigkeit höher schätzen als Neumeyer. Zur Kaiserzeit etwa sorgten
Brücken und Hallen aus Eisen noch für eine Verwirrung der Wahrnehmung, schien es doch, als ob sie den Raum durch Linien und Punkte
nur umschreiben wollten. Aber die Bauten, die Joseph August Lux in
seinem Essay *Ingenieur-Ästhetik* 1910 als „luftige Gebilde" würdigte –
darunter die Hauptbahnhöfe von Antwerpen, Frankfurt und Dresden –,
kommen uns heute so körperhaft vor wie ihre älteren, steinernen Nachbarn. Das Auge ist wachsam und rematerialisiert, was dematerialisiert
war. Auch dem Baustoff Glas, den die Tektoniker zum Teufel wünschen,
wird solche Aneignung widerfahren. Als im Frühjahr das Gehäuse der
Fondation Cartier in Paris eröffnet wurde, mußten Arbeiter die trans-
parente Architektur von Jean Nouvel mit Klebeband schützen, weil die
Besucher wie Vögel mit der Nase gegen die Scheiben prallten. Neumeyer
und Kollhoff würden die Szene als Indiz für die Notwendigkeit einer
Rückkehr zu Tradition und Konvention werten. Pragmatiker wissen es
besser: Akzeptanz ist eine Sache der Gewöhnung. Und Glas ist ein um-
weltfreundlicher Baustoff.

Was die Neotektoniker sturköpfig leugnen, ist ihre Verwandtschaft zu
den Postmodernisten. Gut, Venturi zielt auf den Witz der Pop Art, Kollhoff
auf den Ernst der Klassik. Doch gleich ob man das Guild House in
Philadelphia oder das Atrium am Spreeufer in Berlin betritt, um einen
Container plus Applikat – also um einen „decorated shed" – handelt es
sich hier wie da. Kein Wunder, Venturi und Kollhoff teilen die Verachtung
der Konstruktion. Venturi schreibt: „Die reinste Form des verzierten
Schuppens entstünde dann, wenn ein konventioneller Bau von ornamentalen Elementen überzogen würde." Kollhoff röhrt: „Was interessiert mich
als Betrachter und Benutzer, wie ein Gebäude zusammengehalten und

entsorgt wird!" Um ihre Auffassung von Solidität und Massivität nicht zu beschmutzen, müssen die Tektoniker auf den Bauplätzen alle Baustoffe verstecken, die dort als Mittel der Plastizität und Transparenz gute Dienste leisten. Sie tun es wie der Spießer. Denn seit je bescheinigt der brave Bürger den Baustoffen nicht allein physikalische, sondern auch emotionale Qualitäten. Aber Material ist kein Subjekt. Seine Schuld und sein Unglück, seine Unschuld und sein Glück liegen in der Hand des Architekten. Die monolithische Fassade ist die Nostalgie der Tektonik. Steine ohne Fugen zu errichen ist das Ideal von Neumeyer und Kollhoff. Denn wo Kernform und Kunstform eins werden, muß nichts mit Anstrengung zur Anschauung kommen. Physische Sache und psychische Wirkung fallen in eins. Aus Erfahrung wissen natürlich auch die Tektoniker, daß im Zeitalter verordneter Wärmedämmung mit Stein-auf-Stein sich keine Häuser mehr bauen lassen. Doch an die Stelle kritischen Prüfens und Probens neuer Baustoffe und Bauweisen tritt das Theater von Material und Geometrie. Goethes Diktum „Kunst muß nicht wahr sein, sondern einen Schein des Wahren erzeugen" transformiert Neumeyer zu „Baukunst muß nicht konstruktiv ehrlich sein, sondern einen Schein des ehrlich Konstruierten erzeugen". Und vor die Wahl zwischen der Rolle des Ästhetizisten und der Rolle des Technologen gestellt, spielt Josef Paul Kleihues den Homme de lettres, der im Quattrocento und an Leon Battista Alberti hängt: Das Hinzufügen und Hinwegnehmen, das Eingreifen und Verändern sind bei Kleihues tabu. Der poetische Rationalismus seiner distinguierten Fassaden – das Aluminiumsegel auf dem Kantdreieckturm sei dem Großbaumeister verziehen – negiert alle Erfahrung und Erkenntnis, die das 20. Jahrhundert in stählernen Gewittern mit solcher Schönheit gemacht hat. Um Ordnung zu schaffen, schrieben einst Colin Rowe und Robert Slutzky, habe der Architekt die Alternative zwischen Symmetrie und Transparenz. Symmetrie sei exklusiv und absolut, Transparenz sei inklusiv und relativ. Fällt es da nicht schwer, sich den Kurzschluß zu verkneifen, Symmetrie sei autoritär und Transparenz sei demokratisch?

4

Spätestens seit Tschernobyl, erklären Kleihues und Kollhoff unisono, gehen das Ästhetische und das Technische ihrer Wege. Die Scheidung ist bekannt; sie endet mit dem Joch aus Klassizismus und Technizismus. Wer heute aus Furcht vor dem GAU das Technische vom Ästhetischen und das Ästhetische vom Technischen trennt, führt das Bauen in den Ruin. Und wenn Vittorio Magnago Lampugnani die Geometrie zum Apriori des Humanen stilisiert – Hören Sie den Aufschrei Hugo Härings? –, dann ist es Zeit, an Reyner Banhams Ideal einer aus Energie statt aus Konstruktion definierten Architektur zu erinnern. Auch der Satz von Hans Hollein, minimale Architektur sei der Aufwand zum Erhalt der Körperwärme, hilft dem, der nicht glauben will, daß „core" und „shell" seit dem „curtain wall" keinen Kontakt mehr haben, der seine Häuserhüllen folglich eher nach funktionalen denn nach ästhetischen Kriterien gestaltet.

Das Stichwort heißt Klimafassade. Geboren aus dem High-Tech-Spirit britischer und amerikanischer Architekten, wendet sich die Klimamembran vom Heroischen zum Praktischen. Architekturen wie Athleten oder Reptilien, wie Kathedralen oder Raffinerien? Konstruktion als Dekoration? Aus der Kritik am High-Tech-Design der siebziger und achtziger Jahre folgt heute eine sachlichere Entwurfshaltung, die mit der Installation keinen Firlefanz mehr treibt und Skepsis wahrt, wenn es heißt, ein „intelligent building" müsse sich seines Zustands so bewußt sein wie am Himmel der Jumbo oder die Concorde. Nein, wo immer es künftig um Licht und Luft, um Kühle und Wärme geht, verfährt der ingeniöse Ingenieur nach dem Motto: So viel Technik wie nötig, so wenig Technik wie möglich.

Diesem Leitsatz gehorcht die Zweischalenhaut. Einen halben oder ganzen Meter tief, absorbiert und transformiert und reflektiert sie Energie, immer unter der Maßgabe, vorhandenes Licht und vorhandene Luft zu verwenden. Als Mittler zwischen innen und außen und außen und innen ist die Klimafassade – mit Markisen und Lamellen – das genaue Gegenteil der von Tektonikern à la Kollhoff und Neumeyer favorisierten Lochwand aus Beton und Klinker oder Beton und Granit. Die Klimamembran braucht kein Baustoffverbot; sie kommt mit Stein und Holz, mit Stahl und Glas gleich gut zurecht. Sie zeigt, was sie tut, ist also eine Offerte zur Konkordanz des Funktionalen und Ästhetischen wie des Materiellen und Visuellen. Neue Dogmen folgen nicht. Nur wer da hofft, bald würde es „form follows energy" statt „form follows function" heißen und bald würde die von der Moderne gewollte Sicherheit des Entwerfens auf dem Umweg über technologische und ökologische Parameter wiederkehren, wird enttäuscht sein zu hören, daß sich temperierte Architektur mit „Stil" verträgt. Das von Alan Short und Brian Ford entworfene Engineering Building der De Montfort University in Leicester ist moderat viktorianisch;

das von Michael Hopkins entworfene Inland Revenue Building in Nottingham ist sensibel modernistisch. Allein das Green Building von Jan Kapplicky – ein Glasei auf drei Beinen – würde die preußischen Tektoniker schockieren.

5

Am Frühabend des 26. Mai 1821 versammelte sich eine festliche Gemeinde, eingeschlossen die Repräsentanten der Hohenzollern, im Schauspielhaus am Gendarmenmarkt. Das Land der Griechen mit der Seele suchend, spielte man zur Einweihung des Berliner Theaters „Iphigenie auf Tauris". Langsam wehend öffnete sich der Vorhang; das feudale Publikum sah auf ein prächtiges Panorama des Schauspielhauses am Gendarmenmarkt. Nach heftigem Beifallssturm trat Auguste Stich-Crelinger auf die Bühne: „So schmücket sittlich nun geweihten Saal", sprach voller Anmut die Actrice, „Und fühlt euch groß im herrlichsten Local. Denn euretwegen hat der Architekt, Mit hohem Geist, so edlen Raum bezweckt; Das Ebenmaß bedächtig abgezollt, Daß ihr euch selbst geregelt fühlen sollt."
Die bild- und wortmächtige Ehrung Karl Friedrich Schinkels – den Prolog der Muse hatte Johann Wolfgang von Goethe verfaßt – zeugt von der Achtung eines Architekten und einer Architektur, nach der die preußischen Tektoniker mit heißem Herzen sich sehnen. Denn wortlos sagen auch sie uns: Wir bauen so, daß ihr euch selbst geregelt fühlen sollt. Im Überschwang der Aufklärung durften Goethe und Schinkel straffrei an die Durchgeistigung des Menschengeschlechts glauben. Nach der „Hauptstadt Germania" aber müssen die Herolde der Tektonik noch beweisen, daß die ästhetische Rezeption des klassizistischen Ideals uns befreit und nicht beherrscht. Anders als in London oder Paris – wo der Bezug auf Charles Holden und Auguste Perret allenfalls ein Kuriosum wäre – ist das Interesse am Monumentalismus der späten zwanziger und frühen dreißiger Jahre in Berlin ein Politikum. Nicht allein aus dieser Perspektive wirkt bewußtlos und rücksichtslos, was Josef Paul Kleihues und Hans Kollhoff, Christoph Sattler und Jürgen Sawade e tutti quanti derzeit bauen: Stadtschein! Scheinstadt! Was für ein Ärgernis!

Hans Kollhoff

Stumpfsinn und öffentliche Meinungsbildung

Es kann Ihnen passieren, daß Sie eines Morgens ins Büro kommen und ein Handwerker gerade ein armdickes Loch durch die hochglanzlackierte Decke im Treppenhaus bohrt. Wenig später wird ein Kabel durchgezogen, und auf die Frage, was daraus werden solle, erfahren Sie, daß eine neue Gegensprechanlage im Haus installiert wird. Der Handwerker zeigt Ihnen stolz den weißen Kunststoffapparat, der bald in ihrem Büro montiert werden wird. Keiner hat Sie vorher gefragt oder auch nur vorgewarnt. Sie schlagen Alarm bei der Hausverwaltung und weisen darauf hin, daß man die Verkabelung nicht rücksichtslos durch den Stuck klopfen möge und geben Ihrer Verwunderung Ausdruck, daß Sie ohne vorherige Information in den Genuß einer Gegensprechanlage mit unsäglichem Klingel-, nein Krächzgeräusch gekommen sind. Derweil zieht der Elektriker-Geselle des Hausinstallateurs, den man losgeschickt hatte, beim nächstbesten Baumarkt eine Gegensprechanlage zu kaufen, die Strippen weiter durchs Treppenhaus und montiert schließlich ein stattliches braunes Kunststoffklingeltableau am Hauseingang, der erst vor kurzem denkmalpflegerisch renoviert wurde.

Fazit? Stillosigkeit kennzeichnet unseren Umgang miteinander und mit den Werten, die in der Vergangenheit geschaffen wurden. Dabei sind wir längst nicht mehr in der Lage, solche Werte zu schaffen! Wer macht uns denn den Stucco lustro, der für ein banales Kabel weggeklopft wird, wer baut uns denn die massive, 4 Meter hohe Eingangstür, die für ein neues Schloß einfach aufgestemmt wird, wer schafft denn gleichwertigen Ersatz für das Drückerschild, das der Bohrung eines Zylinderschlosses weichen muß? Ist das Banausentum bei uns so weit fortgeschritten, daß man nicht nur unfähig ist, Werte zu erkennen, sondern auch zu ignorant, sich einzugestehen, daß man Gleichwertiges zu schaffen nicht in der Lage ist?

Ob sich etwas rechnet oder nicht, ist ja immer abhängig davon, wie umfassend kalkuliert wurde. Zu leicht lassen sich die Erzeugnisse einer verfeinerten Handwerklichkeit und einer künstlerischen Stilisierung in den Bereich des Geschmacklichen verbannen, als daß sie ernstzunehmende Faktoren im materialistischen Kalkül werden könnten. Zu komplex müßte unsere Beweisführung ausfallen, als daß man damit Gehör finden würde in unserer ungeduldigen, Bilder verschlingenden Gesellschaft.

Wie soll man jemandem erklären, daß auf Gehrung gestoßene, also im 45-Grad-Winkel gefügte Holzfensterprofile die Einheit des Fensters gewährleisten, während die heute gebräuchlichen, stumpf gestoßenen das Fenster in seinen Bestandteilen zeigen, ihm aber nicht als Ganzes in Erscheinung zu treten gestatten. Die Fensterspezialisten haben sich etwas Einleuchtendes ausgedacht: Bei scharfkantigen Fensterprofilen reißt der Lack über kurz oder lang an der Kante. Deshalb machen wir nun die Kante rund, d. h. wir verzichten auf die ohnehin mühsame Präzision einer Kante. Wie stoße ich nun die solchermaßen aus der europaweit genormten Maschine kommenden Hölzer, wenn die Gehrung in Vergessenheit geraten ist? Unbekümmert produziert die Industrie stumpf gestoßene, auch am Stoß abgerundete Profile, die, zu einem Flügel zusammengesetzt, wie vier Prügel aussehen, die nicht zueinander finden. Diese barbarische Art Fenster herzustellen, entspricht der Norm, erhält alle wünschbaren Gütesiegel, ja, es wird nahezu unmöglich, ein anderes Fenster zu bauen, und versucht es ein Architekt zum Trotz, hält man ihm vor, er verteuere den Bau durch Sonderwünsche. Warum rebellieren weder Architekten noch Bauherrn noch Nutzer, wenn der Markt durch derart einseitig technisch optimierte, dem sehenden Auge und dem wahrnehmenden Verstand jedoch hohnsprechende Produkte unterwandert wird? Doch der Wahnsinn hat Methode. Schenken Sie Ihre Aufmerksamkeit einmal alten, steinverkleideten Häusern. Stein als Baumaterial war in Berlin etwas Besonderes. Man mußte ihn von weither holen, aus der Lausitz, aus Thüringen. Nur der Feldstein, in großen, mittig gespaltenen Blöcken für Siedlerhäuser und Kirchen in der Mark Brandenburg vermauert, war überall verfügbar. Entsprechend sparsam und sorgfältig hat man ihn verarbeitet. Es gab kaum Gebäude, die gänzlich mit Stein verkleidet wurden. Selbst die Schlösser erhielten weitgehend Putzfassaden, und Schinkel verzichtete bald ganz darauf, den tragenden Backstein zu verkleiden: Die Bauakademie machte den gebrannten Stein gesellschaftsfähig. Eine präzise Verarbeitung des kostbaren Materials Stein erforderte keine oder nur sehr schmale Fugen. Selbstverständlich wurden die Fugen vermörtelt und monolithisch mit der tragenden Wand verbunden. Das Fugenraster beschränkte sich nicht auf die Darstellung der konstruktiven Notwendigkeit, sondern ließ diese durch spielerisch ins Ornamentale verfremdete Muster in den Hintergrund treten. Das Gebäude sollte solide in Erscheinung treten, deshalb konnte es nicht darum gehen, den banalen Sachverhalt des konstruktiven Zusammenhalts zur Schau zu stellen. Man wollte ihn vergessen machen.

Die funktionalistische Verrohung ließ nach dem Kriege dem Diktum der konstruktiven Ehrlichkeit zuliebe einen Reichtum jahrhundertelang verfeinerter Gegenstände auf dem Schrottplatz zurück, zugunsten einer „ehrlichen", aber kalten Sammlung von Apparaten, an denen unsere emotionalen Bedürfnisse unbefriedigt abgleiten. Säulen wurden durch Rohre ersetzt, Dächer und Gesimse durch Betonplatten, der Sockel pervertierte zum Spritzwasserschutz aus Blech, gerahmt von einer Kiesdrainage. Man müßte hier nicht so viel Aufhebens darum machen, gehörte dieses Instrumentarium nicht zum Repertoire der „allgemein anerkannten Regeln der Baukunst" und würde es nicht in der deutschesten aller deutschen Errungenschaften, dem DIN-Normenwerk, unumstößlich festgeklopft.

Die Obsession der Wärmedämmung im Bauwesen leistet ein übriges. Nach dem Motto, was gut isoliert ist, kann nicht häßlich sein, schafft es die konzertierte Aktion von Hartschaumindustrie, schnellem Immobiliengeschäft und ökologischem Bewußtsein, die sogenannte Thermohaut zum konkurrenzlosen Fassadenmaterial werden zu lassen. Im Kostendruck des sozialen Wohnungsbaus kann nur noch die Thermohaut bestehen. Das heißt, die Außenwand wird mit 8-12 cm dicken Hartschaumplatten beklebt, auf die ein hauchdünner Kunststoffputz aufgezogen wird. Da dieser zur Haarrißbildung neigt, kommt er nur grobkörnig zur Anwendung. Nicht, daß das grobe Korn Haarrisse verhinderte, man sieht sie nur weniger. Der grobe Putz neigt aber, zumal in der Großstadt, zu schneller Verschmutzung, weshalb Thermohauthäuser in kürzester Zeit sanierungsbedürftig aussehen. Nur die Eck- und Fugenprofile, aus glattem Kunststoff versteht sich, verschmutzen nicht. Deshalb stehen die Thermohauthäuser nach 2 oder 3 Jahren da wie verschmutzte Weihnachtspakete, deren Bindfäden seltsam neu aussehen. Klopfen Sie an diese Pakete, klingen sie hohl. Klopfen Sie aber nicht zu kräftig, Sie könnten die dünne Putzschicht durchstoßen.

Wer genug Geld hat, oder wen diese Billigtechnologie zu sehr an eine Fast-Food-Verpackung erinnert, leistet sich einen Natursteinsockel. Der macht was her. Nur haben wir es nicht mehr mit einer monolithischen Wand zu tun wie noch zu Schinkels, Behrens' oder Mies van der Rohes Zeiten, sondern mit einer mehrschichtigen Konstruktion, wobei zur Wärmedämmung noch eine 4 cm starke Luftschicht hinzukommt, die dafür zu sorgen hat, daß etwa anfallendes Kondenswasser oder von außen eindringende Feuchtigkeit im Luftstrom wegtrocknet. Was liegt also näher als die Fugen einfach offen zu lassen: die bauphysikalisch und wartungsmäßig beste Lösung! Offenbar fällt niemandem auf, daß damit das Wesen des Sockels pervertiert wird, der dem Gebäude ja eine stabile Erscheinungsform sichern soll. Ein Sockel, durch den der Wind pfeift, leistet das mitnichten. Was macht es schon, wenn hie und da die Ankerstifte aus den fingerbreiten Fugen heraushängen!

Woran liegt es, daß uns diese Derbheiten nicht mehr auffallen? Gehen wir durch die Stadt mit einem Fernsehblick, bei dem die geringe Auflösung das Detail verschluckt oder bei dem die Gier nach dem nächsten Bild das gegenwärtige uninteressant werden läßt? Oder ahnen wir schon die Minderwertigkeit der von uns tagtäglich produzierten und konsumierten Umwelt, so daß wir uns angewöhnt haben, nicht zu verweilen, weil das nächste Bild die Verheißung verspricht? Wir sind „Zapper" geworden im Umgang mit unserer Stadt (Zapping = nervöses Hin- und-Herschalten der Fernsehprogramme mit Fernbedienung). Alles wird austauschbar, alles ist gleich wichtig, alles ist nur noch dem Geschmacksurteil und der momentanen Laune unterworfen. Gibt es überhaupt noch Entscheidungskategorien jenseits von „toll" und „öde"?

Man müßte sich solcherart nicht ereifern, säße man ab und zu nicht in einer Wettbewerbsjury. Was draußen bedauernswert sein mag und Anlaß für Zeitkritik, offenbart hier in der Symbiose mit basisdemokratischen Entscheidungsprozessen eine gnadenlose Logik. Hier schließt sich der Kreis. In der Jury sitzen sieben sogenannte Fachpreisrichter und sechs Sachpreisrichter. Sachpreisrichter sind Vertreter des Bauherrn, des Auslobers, der Genehmigungsbehörden, der Bürgerinitiativen usw. Fachpreisrichter sind in der Regel Architekten, damit das Anliegen eines Architekturwettbewerbes gewahrt bleibt, nämlich die beste architektonische Lösung zu gewährleisten. Nun hat sich eingebürgert, daß der Auslober und die politischen Entscheidungsgremien Architekten aus ihren Reihen als Fachpreisrichter aufstellen, was kritisch zu betrachten ist, denn wie entscheidet der bei einer Wohnungsbaugesellschaft oder bei der Verwaltung angestellte Architekt?

Dann sorgen die jeweiligen Berufsverbände dafür, daß nach dem Proporz verfahren wird: ein Architekt vom BDA, einer vom AIV, ein Gartenarchitekt, ein Stadtplaner, ein Innenarchitekt. Nicht zu vergessen der Architekt aus dem Osten und der Hausarchitekt des Bauherrn. Sie können sich vorstellen, auf welch' abenteuerliche Art Wettbewerbsentscheidungen zustande kommen, wenn unter den Architekt/Innen ein Rationalist, ein Dekonstruktivist, ein Scharounschüler und ein Darmstädter sitzen. Zu Recht solidarisieren sich sofort die Sachpreisrichter, geängstigt durch das Kauderwelsch ideologieverdächtiger Architekten. Das Verfahren läuft in der Regel auf den erstbesten Kompromiß hinaus, eine innovative, prägnante oder gar mutige Lösung hat keine Chance. Oberstes Ziel, so scheint es, ist das, was man unter Akzeptanz subsumiert. Jeder Preisrichter hat im Genick Interessengruppen, denen er Rechenschaft schuldig ist: Sein persönliches sinnliches Entscheidungsvermögen wird dabei unterdrückt.

Den Architekten selbst ist das Metier abhanden gekommen. Unversehens sieht sich ein ganzer Berufsstand in der Rolle des PR-Spezialisten und Stage-Set-Designers. Die Architektur ist zu einer Sparte der Unterhaltungsindustrie verkommen. Mit trägen architektonischen Kategorien können sie längst nicht mehr überzeugen im schnellen Tagesgeschäft planerischer Entscheidungsprozesse. Die Hyperventilation kurzer Wahlperioden bei immer länger werdenden Genehmigungszeiträumen läßt es nicht mehr zu, daß der Politiker, der ein Projekt gesät hat, auch die Ernte einfährt. Mit einem solide gebauten, ernsthaft durchdachten Haus läßt sich also keine Politik machen. Wen wundert es, daß deshalb die Projekte und hier vor allem die Wettbewerbe zum Gegenstand heißer Auseinandersetzungen werden – der fertige Bau interessiert nur noch am Rande oder wird als unvermeidliches Übel zur Kenntnis genommen. Politisches Tagesgeschäft verdrängt Sachverstand und Empfindungsvermögen. Wie soll daraus etwas Solides entstehen?

Gut Ding braucht Weil. Wollen wir wegkommen von der Praxis, gerade auch im Wettbewerbswesen, uns immer nur mit dem sofort Verständlichen, dem Harmlosen, dem erstbesten Kompromiß zufrieden zu geben, dann muß zuerst einmal das Fachliche in Architektur und Städtebau sauber vom politischen Entscheidungsprozeß getrennt werden. Es ist in Vergessenheit geraten, daß es bei Architekturwettbewerben – wie bei jedem ernsthaften Wettbewerb – zunächst einmal um die Suche nach der besten

Arbeit geht, um die Auswahl der besten fachlichen Lösung für ein gestelltes Problem. Mit dem Gewicht des in einer Jury konzentrierten Sachverstandes, ließ sich meist das siegreiche Projekt auch politisch durchsetzen. Seit dem selbstverschuldeten Vertrauensschwund gegenüber den Architekten und Planern, die in den fünfziger und sechziger Jahren mit der schieren Masse der Bauaufgaben und in der naiven Überzeugung, es genüge schon, modern zu sein, Kopfgeburten von atemberaubender Abstraktion in die Welt gesetzt haben, gänzlich losgelöst von jedwedem Lebenszusammenhang, wird man damit, zu Recht, nicht mehr rechnen können. Man wird aber andererseits doch nicht allen Ernstes glauben, daß herausragende Architektur und herausragender Städtebau entstehen können, wenn der fachliche Diskurs in Wettbewerbs- und Auswahlverfahren ausgeklammert wird mit dem Ziel, die Lösung größtmöglicher Akzeptanz zu küren.

Gleichzeitig ist Architektur ein Allgemeinplatz geworden. Jeder ist Architekt. Die Zeitschriften walzen kontinuierlich platt, was Architektur sei. Wie läßt sich das Blatt verkaufen, wenn nicht jeweils der neueste Schrei ausposaunt wird? Die Verwirrung ist total und der Laie im Preisgericht ist erst einmal gegen alles, was ihm Angst macht und für alles Gefällige.

Mein Appell geht also zunächst an die Architekten: Wir kommen nicht umhin, uns wieder auf das Metier zu besinnen. Nur dann werden Wettbewerbe wenigstens die Anstrengung sein, eine im öffentlichen Meinungsstreit festgefahrene Situation durch Fachkompetenz zu klären. Das ist aber etwas ganz anderes als die heute gängige Praxis, die Architekten in den Ring zu schicken und ein Dutzend Kontrahenten der öffentlichen Auseinandersetzung zur Jury zu machen und die Welt im Glauben zu lassen, es gehe dabei um die beste architektonische oder städtebauliche Leistung.

Dann appelliere ich an die Bauherrn: Leisten Sie sich das Quentchen Mehraufwand, das aus einer Kommerzkiste ein respektables Stück Architektur macht, auch wenn Sie das Gefühl nicht loswerden, daß dies nur ein marginaler Anteil der Konsumenten zu schätzen weiß. Der Versuch, in Hauseinheiten anstatt in Megastrukturen zu denken, ist ja gekoppelt an die Hoffnung, den Bauherrn wieder aus der GmbH & Co. KG-Anonymität hervortreten zu lassen als Person, die sich mit der Architektur identifiziert.

Wettbewerbe sind zu pluralistischen Ritualen verkommen. Deshalb geht mein Appell auch an die Auslober von Wettbewerbsverfahren. Will Berlin nach der Kriegszerstörung und nach der stadtzerstörerischen Bauwut der Nachkriegszeit sein Gesicht nicht ganz verlieren, muß es sich ausklinken aus dem internationalen Maskenball, zumal wir dazu neigen, immer mit den Ladenhütern der internationalen Architekturproduktion beglückt zu werden. Wir sollten uns auf unsere große und in ihrer Einfachheit und Solidität durchaus zeitgemäße Bautradition besinnen und zu einer Linie, einer Tendenz finden, ohne gleich den Begriff einer Berliner Schule zu strapazieren, von der wir sicher noch weit entfernt sind. Die Verantwortlichen für die Teilnehmerlisten der Wettbewerbsverfahren müßten doch gemerkt haben, daß nach der ausgiebigen Architekturaufklärung durch Heinrich Klotz und nach der Erfahrung der Internationalen Bauausstellung ein Teller Buntes zu wenig ist – nach dem Fall der Mauer, die Hauptstadt vor Augen.

Bezogen auf den Wohnungsbau appelliere ich an den Bausenator und die Wohnungsbaukreditanstalt: Es kann Ihnen beim Festklopfen der förderwürdigen Kostenmiete nicht egal sein, welche Architektur, welche bauliche Qualität Sie für die investierten Steuergelder erhalten. Sie sind aufgefordert, auch wenn die Taschen leer sind, eine qualitative Meßlatte anzulegen und zu differenzieren zwischen einer Bauweise auf der grünen Wiese und einer innerstädtischen Baulücke. Es ist allzu verlockend, ausschließlich die Zahl der Neubauwohnungen anzupeilen und dabei unversehens Schlafstädte im Speckgürtel aus dem Boden zu stampfen, die in 10 Jahren wieder willkommene Thematik soziologischer Betrachtungen und Übungsfeld kostspieliger Wohnumfeldverbesserungsmaßnahmen sein werden. Es ist sträflich, vom Gesamtzusammenhang der Stadt zu abstrahieren. Es geht um Stadt-Bau, nicht um Wohnungs-Bau, und der läßt sich mit den begrenzten Mitteln nur bei drastischer Reduktion des Ausbaustandards erreichen. Sozialer Wohnungsbau ist nicht der Versuch, die großbürgerliche Villa bis zur Groteske zu miniaturisieren, sondern die Anstrengung, bezahlbare Wohnungen für Bedürftige in alten und neuen Stadtteilen zu schaffen. Schauen Sie sich Berlages Amsterdam Süd an und Schumachers Hamburg.

Und schließlich geht mein Appell an den Stadtbürger: Schaut hin, begreift die Stadt mit Euren Sinnen. Aktiviert Eure Sinne und versucht, ihnen zu trauen! Wir merken doch schon noch, daß uns die Augen weh tun bei Niedervoltfunzeln und ich spüre schon noch, wenn mir das Stahlrohr des letzten französischen Design-Stuhls in den Hintern piekt. So gesehen ist jeder Architekt, auf ganze andere Weise als es die bunten Blätter und Flimmerkisten suggerieren. Und je mehr jeder einzelne spürt, daß er so der Architektur näherkommt, desto mehr wird er den Fachmann zu Rate ziehen wollen, weil er in eine Welt gerät, deren Faszination er ahnt, die er aber nicht mehr begreift, weil sie in die Sphäre des Künstlerischen reicht.

Rudolf Stegers

Konversion zur Konvention.
Hans Kollhoffs Rückkehr zur Halbzeit der Moderne

Als die Internationale Bauausstellung sich 1987 feierte, gab es in Berlin zwei enfants terribles, deren Architektur Profis und Laien staunen lehrte, so einfühlsam und auffallend all die Lückenschlüsse an Blockrändern in Kreuzberg, all die bunten Villen in Tiergarten und Tegel auch sein mochten. Eben hatte Daniel Libeskind mit seinem Mikado namens Stadtkante – ein Ensemble schräger Balken südlich von Staatsbibliothek und Landwehrkanal – den letzten Wettbewerb der IBA gewonnen. Und eben hatte Hans Kollhoff seine Wohnbauten am Luisenplatz in Charlottenburg abgeschlossen. Was seither ein Stück östlich von Schloß und Park alle Blicke der Stadtliebhaber fängt, ist die Konfrontation von Textur und Solitär, die Assimilation urbanistischer Ideale, die erst den Block, dann die Zeile, erst die Straße, dann die Schneise wollten. Das bei den Zeitgenossen der achtziger Jahre oft spielerische Nebeneinander von Alt und Neu hatte Kollhoff vis-à-vis dem Schinkelpavillon in ein brutales Drama verwandelt, wo zwei Häuser aufeinanderprallen und ineinanderstoßen und auseinanderlaufen.

Bloß nichts homogenisieren, lautete die Maxime. Während Architektouristen die zwei Wohnhäuser am Luisenplatz noch bewunderten, beschäftigte sich Kollhoff im Rahmen der Berliner Sommerakademie für Architektur 1987 schon mit dem Umbau der Bundesallee zwischen den U-Bahn-Stationen Spichernstraße und Bundesplatz. Die breite Cityachse schießt von Nord nach Süd wie ein Pfeil durch Wilmersdorf. Während der sechziger und siebziger Jahre bekam sie eine für diese Zeit typische Fassung; vulgärfunktionalistische Architektur säumt die Schnellstraße links und rechts. Hier und in Moabit, das im 19. Jahrhundert alles aufnehmen mußte, was nicht zur Schönheit der Großstadt paßte – Gefängnis und Brauerei, Krankenhaus und Müllkippe, Hafenbecken und Gasanstalt –, entdeckte Kollhoff lauter fragmentierte, weil kompromittierte Stadtbaulagen, die durch Reparatur jede Authentizität verloren hätten, ja zur Kulisse verkommen wären. Mit Skizzen und Modellen voluminöser Monolithe suchten 1988 Kollhoffs Studenten an der Eidgenössischen Technischen Hochschule Zürich die Losung des Lehrers umzusetzen, das wüste Moabit also nicht behutsam zu erneuern, sondern großzügig zu verändern, ein ganzes Quartier durch ein einziges Objekt zu beleben, ja zu erhöhen.

Die Idee ist nicht neu. Karl Friedrich Schinkel gilt als ihr Ahnherr. Seine Gebäude auf und an der Spreeinsel dienten Kollhoff als erstes Beispiel einer Dominanz des Architektonischen über das Urbanistische. Der Städtebau, schrieb Kollhoff damals, sei den technologischen und ökonomischen Entwicklungen stets nur nachgelaufen. Heute sei er Camouflage; Kontextualismus sei Affirmation. Starke Worte, gewiß. Immerhin zeigte Kollhoffs Arbeit, daß er das Projektieren so gut wie das Argumentieren verstand. Entwürfe wie das Völkerkundemuseum Frankfurt 1987 und Atlanpole Nantes 1989 folgten der Parole „Architektur kontra Städtebau", die Kollhoff auch als Titel eines Manifests gewählt hatte, das im Jahr der IBA die Väter der IBA traf. Als dann 1989 die Mauer fiel, zürnte er über den rotgrünen Kiezkult und warnte vor dem Bündnis von Bürokraten und Biotopen, das der retardierten Metropole schade. „Wir wollen eine Berliner Architektur", rief Kollhoff in der *Frankfurter Allgemeinen*. „Dazu brauchen wir eine Tendenz. Waren nicht die Neuen Wilden in der Malerei ein Berliner Phänomen, das jetzt nach einem architektonischen Äquivalent sucht?"

Mag sein, daß ein solcher Wunsch bloß letztes Wort jener Wirklichkeitsferne war, unter der das Exterritorium Berlin jahrelang litt. Auch beim Kampf um den Potsdamer Platz, den die Senatsverwaltung für Stadtentwicklung und Umweltschutz – erst unter der Alternativen Michaele Schreyer, dann unter dem Christdemokraten Volker Hassemer – durch einen Städtebaulichen Wettbewerb gewinnen wollte, wurden anfangs Stimmen laut, deren Weltfremdheit nur vom Erfahrungsmangel des neu vereinten Berlin zeugte. Kollhoff aber verband Realität und Vision. Im Oktober 1991 bot er Kapital und Kommune am Potsdamer Platz ein Rendezvous von Skyscrapers. Büromassiv und Stadtkrone zugleich, nahm das Ensemble dennoch Bezug auf sein Ambiente. Im Westen rückte das Tiergartengrün bis an den Landwehrkanal und bettete das scharouneske

Kulturforum in eine Art Central Park; im Osten rückte die Friedrichstadt mit ihrer Traufhöhe bis an den Leipziger Platz.

Kollhoffs Entwurf schied beim zweiten Rundgang des Wettbewerbs aus. Das Stelldichein der Wolkenkratzer wurde gerühmt und geschmäht. Eine Chance hatte es nie. Denn seit April 1991 herrschte in Berlin ein Senatsbaudirektor. Wie jeder fähige Politiker wußte der Sozialdemokrat Hans Stimmann, worauf es ankommt: die Vorgabe und Durchsetzung von Begriffen. Worte wie „Kritische Rekonstruktion der europäischen Metropole", Sätze wie „Die Stadt ist da", Reihen wie „Haus und Block und Straße und Platz" prägten sich, von mancher Zeitung vervielfältigt, den denkenden Köpfen und zeichnenden Händen rasch ein. Heinz Hilmer und Christoph Sattler lieferten das Urmodell. Zwar kostete es Zeit und Druck, bis das mit dem Ersten Preis bedachte Projekt jedermann so sinnvoll erschien wie den zwei Münchener Architekten; aber um die Wende 1991/92 war klar, daß niemand mehr ohne dieses Vorbild rechtwinkliger Raster und dickleibiger Kuben auskommen würde: Am Potsdamer Platz hatte man ein Exempel statuiert.

Mit Folgen. Denn auch Kollhoff lernte die Lektion. Als im September 1992 über die Bebauung des Daimler-Benz-Areals entschieden wurde, bot er dem Preisgericht statt sieben Türmen siebzehn Blöcke. Um zwischen der Orthogonalität des Hilmer-Sattler-Plans und der Diagonalität der alten Potsdamer Straße zu vermitteln, schlug er lauter trapezoide Grundrisse vor, zwar größer als die typische Parzelle, doch kleiner als das typische Quartier. Kollhoff verwarf Passagen und Piazzetten; sein Modell beschwor Kastanienreihen vor Portlandwänden. Daß die Arbeit den Fünften Preis bekam, mochte die Kritik nicht loben noch tadeln. Sie murrte bloß über den Wandel vom Turm zum Block und über die Gediegenheit eines Erläuterungsberichts, der von Solidität und Permanenz, von Raster und Regel schwärmte. War das Ernst? War das Witz?

Zwei Monate später wußte man Bescheid. Mit dem Gutachten Leipziger Straße vom November 1992 setzte Kollhoff drei Konkurrenten matt, weil er mit allem brach, was seine Arbeit bis dahin ausgezeichnet hatte. Von nun an ging es nicht mehr um Architektur kontra Städtebau, sondern um Städtebau kontra Architektur, nicht mehr um Kollision, sondern um Konvention. Wo Rem Koolhaas aus dem plötzlichen Querschnittssprung an der Kreuzung von Leipziger Straße und Friedrichstraße Funken geschlagen hätte – wo er den Bruch zwischen dem schmalen Vorkriegsteil im Westen und dem breiten Nachkriegsteil im Osten wahrscheinlich betont hätte –, erklärte Kollhoff, die Opposition der Profile und die der

Architekturen tauge nicht zur Morphologie. Tatsächlich genügt es nicht, an dieser Achse die Konflikte der Metropole zu inszenieren; tatsächlich genügt es nicht, wie jüngst Kurt W. Forster dem Ostberliner Städtebau die Suggestion der pittura metafisica zu attestieren. Doch was da ist, ist da. Versteckspiele sind Kindersache.

Nun also spielt auch Kollhoff mit. Und wie! Seinem Gutachten zufolge liefe man unter klassischen Arkaden vom Leipziger Platz zum Spittelmarkt, gleich als ob der Münsteraner Prinzipalmarkt in die Möchtegernhauptstadt zöge. Die Leipziger Straße bekäme auf voller Länge ihren alten Querschnitt. Während die Hochhaustürme an der schattigen Südseite – übrigens eine Ostberliner Antwort auf das Westberliner Springerhaus – hier und da durch Riegel verbunden würden, würden die Hochhausscheiben an der sonnigen Nordseite ganz hinter siebengeschossigen Geschäftsbauten mit meterbreiter Straße für Anwohner und Lieferanten verschwinden. Wahrlich eine Berliner Lösung! Endlich schlägt Kollhoff vor, was Kollhoff immer verflucht hat: Bouletten à la Kudammkarree und Europacenter, nicht Fisch, nicht Fleisch, nicht Turm, nicht Block.

„Die Stadt ist tot. Es lebe die Stadt!" lautet der Titel eines Essays, den Kollhoff im Herbst 1992 veröffentlichte. In merkwürdiger Übereinstimmung mit Dieter Hoffmann-Axthelm – bei Kollhoff sonst nur als „Parzellenphilosoph" apostrophiert – heißt es da: „Wenn wir heute wieder über integrative großstädtische Typologien nachzudenken gezwungen sind, setzen wir beim anonymen gründerzeitlichen Haus an, das in der City wandlungsfähig war bis zum reinen Waren- und Bürohaus." Kollhoff spürt die Maschinerie der Stadt und wünscht die Konvention der Stadt. Schwankend zwischen Technik und Gestalt oder zwischen Weißenhof und Kochenhof, hat er sich, sobald das Nachkriegsberlin zur Anschauung kommt, längst entschieden: Weg mit dem Hansaviertel. Her mit der Stalinallee. In Unkenntnis des 17. Juni 1953, der ja auf der Magistrale zwischen Strausberger Platz und Frankfurter Tor begann, singt Kollhoff dem Ostberliner Boulevard ein Lob à la SED, schwätzt von einer „beispiellosen Anstrengung des Wiederaufbaus der Hauptstadt aus Trümmersteinen" und spielt mit kruden Begriffen von Gemeinschaft und Kollektiv. Weiß der Mann nicht, daß er da rechts ein Stück Tönnies, links ein Stück Lenin klaut? Weiß der Mann nicht, daß er so von der Metropole in die Zitadelle flieht?

Gut, ein Architekt ist kein Politiker. Doch die Hymne der Stalinallee klingt nach. Kollhoffs Beitrag zum Städtebaulichen Wettbewerb Alexanderplatz, im April 1993 mit vier anderen Entwürfen ins zweite Rennen des Verfahrens geschickt, greift die Monumentalität der Architektur Hermann Henselmanns auf und setzt sie, unterbrochen bloß durch den Corbusierverschnitt zwischen Strausberger Platz und Alexanderplatz, mitten in der Mitte fort. Dort plaziert er eine Mixtur aus Turm und Block, also eine Mischung seiner zwei früheren Potsdamer-Platz-Projekte. Die Faszination der Homogenität ist die der Utopie; Ideal und Exitus hausen Tür an Tür. Die Stadt ist tot. Macht Kollhoff sie toter?

Schwer zu sagen. Denn bisher ist Kollhoffs Wende nur Sache von Blaupausen in Planrollen. Skizzen und Modelle aber deuten schon jetzt – lange bevor die Arbeit auf dem Bauplatz beginnt – eine andere Sprache an. Kollhoffs Architektur war hart und kalt, schwer und fest, manchmal nah bei Aldo Rossi, immer fern von Günter Behnisch, um bloß zwei Namen zu nennen. Wenn Kollhoff zitierte, dann die reife Moderne. Der Wohnungsbau am Luisenplatz etwa holte von Walter Gropius den Glasvorhang, von Erich Mendelsohn den Klinkerschwung, von Le Corbusier das Flügeldach. Spätere Projekte hatten die Ambition zum Solitär, das Völkerkundemuseum Frankfurt zwischen Faustkeil und Dampfschiff, Atlanpole Nantes zwischen Walhall und Kraftwerk. Auch künftig wird Kollhoff die Botschaft des Klein-ist-schön verachten. Aber die Haltung seiner Bauten wird wohl im Gestern, nicht im Morgen zu finden sein.

Man blicke zurück. Im Juni 1991 fand in Basel ein Symposium „Über Tektonik in der Baukunst" statt, bei dem auch Fritz Neumeyer, seit langem Kollhoffs theoretische Avantgarde, mit einem Vortrag glänzte. Darin bestimmte er Tektonik als Verhältnis von Fügbarkeit und Schaubarkeit des Materials wie der Konstruktion. Erst die Ästhetik des Ingenieurs und der Bauhausglaube an die Objektivität von Funktion und Technik hätten die alte Lehre für überflüssig erachtet. Umsonst. Gerechtigkeit in bezug auf Material und Ehrlichkeit in bezug auf Konstruktion seien zwar notwendige, aber nicht hinreichende Bedingungen architektonischer Qualität; die Fassade dürfe sie nicht einfach erklären, sondern müsse sie kunstvoll erinnern. So engagiert Neumeyer in Basel versuchte, die Tektonik mit Verweis auf das Spiel des Entblößens und Verhüllens der Haut erotisch zu begründen – Wann ist ein Haus echt geil? –, so medioker war das Ergebnis: eine kerndeutsche Bausache, die Mühe hatte, die Transparenz nicht völlig der Gravitas zu opfern. Neumeyer sprach von Wesen und Schein, von Inhalt und Form, von Realität und Repräsentant, als ob die französische Philosophie das hegelianische und marxistische Apriori nie überwunden hätte. Ist das Rhizom für den rechtsrheinischen Architekturprofessor noch immer bloß Aporie?

Während Neumeyer noch zwischen dem Chthonischen und dem Sphärischen gratwandert, lösen Baufachleute die Spannung zwischen Stabilität und Labilität nicht ideologisch, sondern pragmatisch. Das Aufkommen von Verbundwerkstoffen mit der Flexibilität von Textilien macht die Polarität von Material und Konstruktion obsolet. Wo das eine dem andern sich fügt, bedarf es keiner Tektonik, die etwas von innen nach außen trägt, auf daß jedermann ein schönes Aha fühlt. Im Glücksfall ist schon heute die Fassade eine Klimamembran, licht- und luftdurchlässig wie Hemd und Rock. Kollhoff aber sieht überall nur abgehängte Decken und aufgeständerte Böden, überall nur Stützen, Rohre, Kabel. Was High Tech genannt wird, identifiziert er allein mit der Vorstellung populärer Magazine und spekulierender Investoren. So trifft er die Konkurrenz unter Niveau. Soll man ihm raten, sich ihrer Koryphäen statt ihrer Epigonen anzunehmen?

Es lohnt nicht. Anderes zählt ohnehin mehr. Berlin hat vier Jahrzehnte Erfahrung mit Wohnungsbau; von Bürobau hat diese Stadt keine Ahnung. Immobilienspezialisten rechnen unterdes an der Spree mit einer Verdoppelung der Bruttogeschoßfläche für Dienstleistungen auf sechsundzwanzig Millionen Quadratmeter bis zum Jahr 2010. Die Riesenzahl ist kein Hirngespinst; in bezug auf die Menge von Bürofläche pro Einwohner läge Berlin dann zwischen Hamburg und Düsseldorf. Wer angesichts solcher Entwicklung meint, er müsse der technologischen Innovation des Bauwesens Einhalt gebieten, wird nicht nur kein Neues Berlin schaffen; er wird die scheußlichsten Verbindungen von Material und Konstruktion – Isovermatten, Travertinscheiben, Silikonfugen an jeder Straße – durch sein Schweigen dulden. Der Baumarkt braucht Vorbildner und Einmischer; er braucht das Experiment von Architekten und Ingenieuren.

Wann immer die Produktion ihr Paradigma wechselt – vor 1800 durch die Dampfmaschine, vor 1900 durch den Elektromotor, vor 2000 durch den Computer –, steht auch die Architektur vor einer Revolution. Jedesmal trifft Karl Friedrich Schinkel die Stimmung der Profession: „Wehe der Zeit, wo alles beweglich wird, selbst, was am dauerndsten sein sollte, die Kunst zu bauen." Und jedesmal gibt es mit der Angst vor der Zeit auch die Flucht aus der Zeit. Nicht daß Kollhoff nun das Dekorieren von Cyberspaces und Intelligent Buildings empfiehlt; doch ähnelt sein konservativer Habitus der Hilflosigkeit wilhelminischer Baumeister, deren Monolithe kleine Reliefs von Rädern und Flügeln und Blitzen schmücken. Wie jene aus dem Repertoire der Historie schöpften, borgt dieser von der frühen Moderne. Aber mit Hendrik Petrus Berlage aus Amsterdam und Auguste Perret aus Paris, mit Alfred Messel aus Berlin und Otto Wagner aus Wien baut man Comptoirs für das Jahr 1910, nicht Büros für das Jahr 2000.

Wie gesagt, noch ist Kollhoffs Wende nur Sache von Blaupausen in Planrollen. Abschreibungsfähige Ungebäude mit falschem Anschluß zwischen Wand und Dach oder Wand und Tür wird er niemals abnehmen. Doch was ist mit der Trockenheit und Sprödigkeit eines Entwurfs von 1991, mit dem purifizierten Neoklassizismus von Haus J. in Potsdam? Das Projekt bleibt Projekt. So erspart uns der Architekt die Assoziation der Villa Wiegand. Zum Glück. Denn was Peter Behrens 1912 in Zehlendorf baute, war Humus für jene Monster, welche ein Tausendjähriges Reich für die Hauptstadt Germania wollte.

Literatur

Aedes Galerie für Architektur und Raum (Hg.), Eidgenössische Technische Hochschule (ETH) Zürich. Architekturklasse Hans Kollhoff, Berlin 1988

Hans Kollhoff und Fritz Neumeyer (Hg.), Großstadtarchitektur, Berlin 1989

Architektur contra Städtebau. Hans Kollhoff im Gespräch mit Nikolaus Kuhnert und Philipp Oswalt, in: Arch+ 105/6, 1990

Hans Kollhoff, Bürokraten, Breitfüße und die Wächter der Biotope, in: Frankfurter Allgemeine, 26. November 1990

Hans Kollhoff, Einführung von Fritz Neumeyer, Barcelona 1991

Hans Kollhoff, Die Stadt ist tot. Es lebe die Stadt!, in: Peter Neitzke und Carl Steckeweh (Hg.), Centrum. Jahrbuch Architektur und Stadt 1992, Braunschweig und Wiesbaden 1992

Hans Kollhoff, Stumpfsinn und öffentliche Meinungsbildung, in: Der Tagesspiegel, 4. Oktober 1992

Hans Kollhoff (Hg.), Über Tektonik in der Baukunst. Braunschweig und Wiesbaden 1993

Hans Kollhoff (Hg.), Produkte 1. Experimentelles Entwerfen mit Industrieprodukten. Eidgenössische Technische Hochschule (ETH) Zürich, Zürich 1993

Hans Kollhoff

Stadt ohne Tradition?
Anmerkungen zu einer deutschen Erregung

Meine Wohnung liegt im Seitenflügel eines Berliner Mietshauses, Baujahr 1900: Morgens scheint die Sonne nur kurze Zeit durch das Grün eines kräftigen Kastanienbaumes, dessen Krone den engen Hof füllt, in die Fenster der ersten Etage. Den Himmel sieht man nur, wenn man dicht an das Fenster herantritt. Vom Straßenlärm hört man hier nichts, hin und wieder lärmen spielende Kinder, selten streiten sich die Nachbarn geräuschvoll. Die Wohnung ist noch auf einen zweiten Hof orientiert, sie greift um den kürzeren Seitenflügel des Nachbargebäudes, eine frühe Aufweichung der Parzelle: Das Baurecht verlangt hier eine Brandwand, es sei denn, die benachbarten Gebäude stellen eine bauliche Einheit dar. Die Straßenfassade bestätigt die Vermutung: Nur mit Mühe gelang es dem Architekten, die Baumaßnahme auf einer blocklangen Parzelle als Reihe von fünf unterschiedlichen Häusern erfahrbar zu machen. Dennoch wahren die Häuser ihre Einheit, sie sind separat erschlossen, haben eine klare Adresse, die Läden des Erdgeschosses respektieren die Brandwand, jedes Haus hat einen Durchgang zum eigenen Hof.

Hausbau von Spekulanten, könnte man sagen, der sich noch dem Hobrechtschen Stadtentwicklungsschema unterwirft: Straßenraster mit Kanalisation, Block, Parzelle, Hofgröße, Traufhöhe. Der Gehweg gepflastert, an die Hauskante geführt, mittig ein Streifen großformatiger Granitplatten, Bordstein, Asphaltdecke, eine Doppelreihe von Kastanienbäumen, elektrifizierte Gaslaternen. Alles 19. Jahrhundert! Modern sind nur die Autos, die in Doppelreihe parken. Und die Menschen, die hier wohnen und arbeiten, oder als Besucher hierherkommen, um bummeln zu gehen. Dabei ist diese Straße nichts Besonderes, die Architektur ihrer Häuser ist nicht außergewöhnlich. Solche Straßen gibt es, freilich nicht so zentral gelegen, in Wilmersdorf, Neukölln, Prenzlauer Berg. Ich fühle mich wohl in diesen Straßen und ich sehe, daß sich dort viele wohl fühlen, und ich frage mich, warum unser Jahrhundert nicht willens war oder einfach unfähig, wenn schon nicht solche Straßen, so doch ein modernes Äquivalent hervorzubringen. In den sechziger Jahren sollten die Häuser abgerissen werden, um einem „Fly-over" der geplanten Stadtautobahn Platz zu machen. Heute ist die Straße eine der schönsten Berlins.

Als man in den frühen siebziger Jahren aufhörte mit dem Abriß ganzer Straßenzüge, ja ganzer Stadtteile in Kreuzberg, in Neukölln, und als J.P. Kleihues am Vinetaplatz seinen Wohnblock baute, schien ein tiefgreifender Umdenkprozeß in Gang gekommen zu sein, der nicht zuletzt auf die Erkenntnis zurückzuführen war, daß die gründerzeitliche, die Technokraten- und Spekulantenstadt so schlecht wohl doch nicht sein konnte. Vordergründig ging es dabei um den Erhalt erschwinglichen Wohnraumes und um die Rücksicht auf das soziale Gefüge, das erstaunlicherweise in den dichten Blockstrukturen mit ihren dunklen Hinterhöfen beispielhaft sein sollte gegenüber den extrovertierten Siedlungsstrukturen der aufgelockerten und durchgrünten Stadt.

In Wirklichkeit war es aber eine Abkehr von der allzu verständlichen Obsession, alles zu beseitigen, was die Erinnerung an einen katastrophalen Krieg wachhalten könnte, in der Hoffnung, auf der *tabula rasa* eine neue, bessere Welt aufzubauen, eine Welt, die in den städtebaulichen und architektonischen Experimenten der Weimarer Republik so greifbar und zukunftsverheißend vor Augen geführt wurde.

In anderen Städten, in München, Düsseldorf, Würzburg, Münster war die Erinnerung an die verlorene Stadt noch wach, ein bürgerliches Bewußtsein stark genug, das Kriegstrauma mit einer grandiosen Wiederaufbauanstrengung zu überwinden. Die Großstadt Berlin hatte diese bürgerliche Basis längst verloren. Die weltstädtische Elite, die das Vorkriegsberlin wirtschaftlich und kulturell getragen hat, war vorwiegend jüdisch und wurde durch das Naziregime vertrieben oder ausgerottet. Es gab in Berlin einfach niemanden mehr, der in den baulichen Resten etwas anderes zu sehen vermochte als Erinnerungsstücke an die verhaßte Hauptstadt des Dritten Reiches, die es zu beseitigen galt, wollte man eine Zukunft haben.

Und so entstand der Kollektivplan unter Hans Scharoun unter der Annahme, vom Lützowplatz bis zur Wassertorachse alles einzuebnen, um darauf eine optimistische, topografisch weit ausgreifende Architektur zu errichten in Erinnerung an die glücksverheißenden Visionen der Gläsernen

Kette. Wer wollte den Planern der ersten Stunde verübeln, sich an die utopische Energie der „Alpinen Architektur" zu klammern und nicht wahrhaben zu wollen, daß schon das Neue Bauen sich von diesem allzu schwärmerischen Gedankengut, „das bunte Glas zerstört den Haß", befreien mußte, um den Fragen der Behausung und der Großstadt konkret zu begegnen.

So entstanden auch die Beiträge für den Hauptstadt-Berlin-Wettbewerb, 1957, die ganz selbstverständlich von einem nahezu vollständigen Abriß der gesamten Innenstadt ausgingen. Allerdings wurde hier schon die funktionalistische Typologie erkennbar, mit der man in Anlehnung an die Siedlungsbauerfahrung und Stadterweiterungsexperimente der zwanziger Jahre eine neue Stadt bauen wollte. Die große andere Tradition des modernen Bauens, die der innerstädtischen Kaufhäuser, Büro- und Verwaltungsbauten, auch die der Wohnhäuser eines Messel, Mendelsohn, Max Taut, Behrens geriet in Vergessenheit, sie entsprach nicht dem Ideal der Offenheit, des fließenden Raumes, dem Ideal der totalen Transparenz. Und nun, nach dem Märkischen Viertel und der Gropiusstadt, nach diesen großen Anstrengungen, der alten Stadt eine neue entgegenzusetzen, wollen die Leute in ihren Mietskasernen bleiben, und nicht nur, weil dort die Miete erschwinglich ist und das soziale Netz Halt verspricht, sondern weil hier das zu finden ist, was die Architekten seit den frühen sechziger Jahren in ihre modernistischen Pläne schreiben, die Piazza und den Kieztreff, den Tante-Emma-Laden und das Café. Dafür ist in der Typologie der Stadt im Grünen ja auch kein Platz, die abstrakten Kuben wurden aufgestelzt, um den ununterbrochenen Fluß des Grüns und dem freien Blick kein Hindernis zu bieten. Später und in zentralen Lagen kam man nicht umhin, dem städtischen Nutzungsbedürfnis doch mit untergeschobenen Glaskuben für kommerzielle Nutzung entgegenzukommen. Das Diktum der Auflockerung und des fließenden Raumes ließ es jedoch ebensowenig zu wie der Zwang zur Durchgrünung, die Gebäude nun auch konsequenterweise an der Straße aufzureihen, wie man das jahrhundertelang in Europa geübt hat. Die Rück- und Vorsprünge, das Abstandsgrün und die Bodendecker, die Ecken, in denen sich dann der Müll sammelt, die unfreiwilligen Hundeklos prägen dann solche Stadträume, die sich der Verdichtung widersetzen, aber ihren Willen zur Freiheit einem jahrhundertelang eingeübten städtischen Leben preisgegeben sehen.

Die Fassade

Spätestens mit der bitteren Erkenntnis, daß die Vision der Stadt im Park einer Realität der Stadt im Parkplatz gewichen war, mußte das nervöse Häuserrücken an der Gehwegkante innerhalb eines ständig schrumpfenden Spielraumes als Ritual einer Freiheit erscheinen, die sich angesichts der wiederkehrenden Konvention städtischen Lebens als Klischee entlarvt sah. Man mache sich das Vergnügen eines Spazierganges auf der Lietzenburger Straße in Berlin: Sie ist ein einzigartiges Museum städtebaulicher und architektonischer Ausweichmanöver der Nachkriegsmoderne. Man sollte sie unter Ensembleschutz stellen.

Der gestalterische Individualismus ohne Grenzen, der sich aufgerufen sah, auf freigeräumtem, begrüntem Feld kompositorisch abstrakte, weiße Volumen zu setzen und spannungsvolle Beziehungen aufzubauen, sieht sich genötigt, in eine Reihe zu treten mit Leidensgenossen, ist gezwungen, die alte Bauflucht der totgesagten Korridorstraße aufzunehmen im Schulterschluß mit seinen Nachbarn. Je unmißverständlicher die Architekten sich nun gezwungen sehen, ihre Gebäude an den Gehweg zu rücken, desto angestrengter widmen sie sich listenreich allen erdenklichen Ausbruchsversuchen aus der flächigen Hausfront: Ausbuchtungen, Auskragungen, Durchdringungen, skulpturale Klimmzüge aller Art vermögen noch den Glauben an den gestalterischen Individualismus aufrecht zu erhalten, an den sich das Architektenmetier wie an den rettenden Strohhalm klammert.

Die Angst ist berechtigt. Denn steht man eines Tages vor der glatten Fassade, die auch noch bis zum Boden geht, oben die Trauflinie, eingespannt zwischen den Nachbarn, wo sind da die gestalterischen Möglichkeiten, wenn es sich verbietet, die Fassade willkürlich zu garnieren oder unmotiviert skulptural zu verformen? Soll plötzlich alles obsolet sein, was mir an der Schule beigebracht wurde, philosophisch belegt und durch die großen Vorbilder sanktioniert? Wie schaffe ich es dann überhaupt noch, Aufmerksamkeit zu erregen bei den bunten Blättern, die neue Bilder verlangen? Und vor allem: Verstehen mich dann noch all die, denen man den Glauben nicht nehmen darf, etwas von Architektur zu verstehen? Denn ein Korkenzieher als Gebäude ist allemal gut für eine mediale Sensation. Aber eine Fassade, die schweigt, weil es nicht viel zu erzählen gibt über eines von Tausenden von Bürogebäuden in dieser Stadt?

Wenn es nur darum ginge, heterogenen Programmen zum Ausdruck zu verhelfen! Die Herausforderung besteht vielmehr darin, immer gleichen Programmen einen Funken Individualität abzugewinnen, um die Form von innen her zu generieren und nicht nur über den Kontext von außen.

Dabei helfen uns allerdings die vielfältigen Hürden des Planungs- und Genehmigungsprozesses: Kein Projekt übersteht diesen Parcour ohne Deformationen. Um die Diskontinuität muß man sich also keine Sorgen machen, die Kunst besteht vielmehr in der Konzeptualisierung des Zufalls, in der Fähigkeit, der Banalität dieser Ereignisse eine Form zu geben, die über sie hinausweist.

Machen wir uns nichts vor, oder besser, die Architekten sollten aufhören, ihrem Publikum etwas vorzumachen: Bürohäuser, die heute auf dem Markt bestehen wollen, sehen im wesentlichen gleich aus: um die 3,60 m Geschoßhöhe, im Erdgeschoß etwas höher; Wandrastermaß zwischen 1,25 und 1,45 m; zweihüftiger Grundriß mit einer Baukörpertiefe von ca. 14 m; Haupttreppenhaus, Fluchttreppen in vorgeschriebenen Abständen; von Geschoß zu Geschoß ist ein feuerbeständiger Sturz oder eine Brüstung von mindestens 1 m Höhe auszubilden; die Fenstergröße muß einerseits die Belichtung gewährleisten, andererseits genügend Wandfläche als Wärmespeichermasse übriglassen. Nehmen wir den Bürogebäuden, die ja alle ach so individualistisch, so unvergleichlich anders, so nie dagewesen daherkommen, einmal ihr Kostüm, dann werden wir mit Verblüffung feststellen: darunter sehen sie alle gleich aus, ob Spiegel-, Loch-, Streifen- oder Mischfassade.

Nun wird man mit Recht sagen, in Analogie zur Bekleidung des Menschen, daß Fassaden einer Haltung, eines Ausdrucks bedürfen, der zwischen den Ansprüchen der Öffentlichkeit und privater Interessen vermittelt. Wenn wir uns aber nicht permanent auf dem Laufsteg der Haute Couture einzurichten gedenken, wird diese Vermittlung mit der Materialwahl und einem einfachen Fassadenrelief zu bewerkstelligen sein. Die Fassade ist nun einmal nicht das Faschingskostüm oder der Jogging-Anzug eines Hauses, zumindest nicht, wenn es sich dabei um ein seriöses Büro- oder Wohnhaus handelt.

Der Vermarktungsfachmann wird allerdings behaupten, das Bürogebäude müsse aber etwas Besonderes, Unverwechselbares haben, wenn er es „plazieren" will. Kann es nicht eine „Arcade", eine „Mall", ein „Pankower Tor", eine „Spreeterrasse" sein? Und der Architekt ist glücklich, denn er hat für sein langweiliges Bürogebäude ein Thema und auch die Öffentlichkeit hat endlich eine abwechslungsreiche bunte Straße, gebildet aus „Arcade", „Mall", „Pankower Tor", „Spreeterrasse"! Die Zeitungen haben viel zu schreiben und abzubilden, und nach einem halben Jahr kommt uns dieser Rummel nur noch öde vor, weil der Alltag eingezogen ist in einen Jahrmarkt. Bezeichnenderweise sind die meisten dieser Images der Typologie des 19. Jahrhunderts entliehen, der dort allerdings die Funktion städtebaulicher Ausnahmen, monumentaler Höhepunkte zukam, eingebettet in einen normalen, unspektakulären und anonymen Hintergrund, während heute ein Höhepunkt den anderen jagt und dabei nur sich selbst und seine Nachbarn entwertet.

Sind wir eigentlich alle schon so abgestumpft, Nutzer, Bauherren, Architekten, daß wir süchtig von einem Ereignis zum anderen torkeln müssen, die Sensibilität für feine Unterschiede, für Feinjustierungen, verloren haben? Ganz offensichtlich ist dieses Sinnlichkeitsdefizit beim Bauen in der Nachbarschaft alter vom Krieg und vom Wiederaufbau verschonter Büro- und Geschäftshäuser in der Innenstadt. Wir schlagen hier ein neues Kapitel auf in der Berliner Nachkriegsarchitektur. Mit Ausnahme einer Handvoll Bürogebäude aus den fünfziger Jahren, zu denen die Allianz an der Joachimstaler Straße, die Hamburg-Mannheimer an der Uhlandstraße, das Bayer-Haus am Olivaer Platz gehören, sind ja keine Bürogebäude entstanden, die bewußt an eine Vorkriegstradition innerstädtischen Bauens anzuknüpfen gedachten.

Nachdem wir den zwanghaften Zergliederungsversuchen einer Klischee-Moderne zum Trotz den Kubus, das ganzheitliche Volumen zurückgeholt haben, stellen wir in der Stadtmitte fest, daß die Lochfassade allein einem Anspruch von Architektur, der differenziert zwischen Zentrum, Vorstadt und Peripherie, nicht zu genügen vermag, schon gar nicht in poliertem Stein, fliesenartig. Wir sind deshalb auf Umwegen zu einer tektonischen Gliederung zurückgekommen und zu einer Definition des Hausganzen, der Hauseinheit, auch wenn sie so groß ist wie das zerstörte Berliner Schloß. Wir befinden uns unversehens in der Gesellschaft von Architekten, die in den zwanziger Jahren wahrhaft städtische, moderne Häuser in Berlins Mitte gebaut haben.

Daß eine städtische Hausfassade heute nur aus Leuchtschrift, Schaufensterauslagen und Hinweisschildern besteht, ist so ein neumodernes Klischee, das Gott sei Dank mit der Realität (noch) nicht das Geringste zu tun hat, und deshalb unbrauchbar ist, zumindest dann, wenn in der Architektur nicht nur Trends abzubilden sind, sondern eine Vorstellung von wünschenswertem Leben. Ich widersetze mich als Architekt einer „Öffentlichkeit des Kaufens und Verbrauchens". Ich kann mich als Architekt nicht damit zufrieden geben, Chronist laufender Ereignisse zu sein. Da sind wir nun bei der sozialen Dimension von Architektur, die Herr Hoffmann-Axthelm den Architekten so gerne abspricht. Man darf sich an Adolf Behnes Wort erinnern, daß Architektur eine eminent soziale Angelegenheit sei, weil es dabei um Form gehe, deren Problematik für das Einzelne, Einzige nicht existiere. Deshalb kümmern wir uns auch um die Fassade eines Hauses, wie die von Hoffmann-Axthelm geforderte Porosität des Blockes in der Architektursprache heißt.

Hoffmann-Axthelm möchte man den Ball zurückspielen: Die Architekturkritik wäre erheblich besser, wenn man sie aus den Händen verhinderter Architekten nähme. Denn was da landauf, landab über aktuelles Bauen geschrieben wird, gibt sich ganz unbeeindruckt von der Verzweiflung, mit der einige wenige ihr Metier retten wollen und damit ein Bauen, das sich dem Maßstab des Überlieferten stellt, trotz einer vielfach unterentwickelten Bauherrenverantwortung, trotz einer medialisierten öffentlichen Meinung – wer bildet sich noch ein Urteil aus eigener Anschauung, persönlicher Erfahrung? –, trotz einer überforderten Verwaltung. Während um uns herum der primitivste Vulgär-Modernismus sich austoben darf wie nirgends sonst in der Welt, stürzt man sich mit grotesken Verdächtigungen, rücksichtslosen Verunglimpfungen auf jene, die es vorziehen, aus dieser Fortschrittskarawane auszusteigen.

Allen voran ein Herr Stegers, den zu zitieren sich *Werk, Bauen + Wohnen* nicht zu schade ist, der schon sehr früh den journalistischen Riecher dafür hatte, eine Thematik publizistisch auszuschlachten, die den Architekten an die Substanz geht. Sein Vorwurf des „biederen Konservatismus und falsch verstandener Tradition" fällt, wie man sieht, auf fruchtbaren Boden, abstrahiert aber von so ziemlich allem, was es von der Sache her zu erwähnen gäbe, wollte man dem Phänomen gerecht werden. Ärgerlich ist aber nicht ein seichter Journalismus, von Herrn Stegers können wir keinen größeren Tiefgang erwarten, sondern die Bereitschaft, mit der *Werk, Bauen + Wohnen* sich diese Schlagwörter unreflektiert zu eigen macht, um so mehr, als das vorliegende Aprilheft zum Thema Städtebau gegen Ende unseres Jahrhunderts einen wertvollen Beitrag leistet.

So gehört der Aufsatz von Sylvain Malfroy, auch wenn man seine Schlußfolgerungen nicht immer teilen mag, zum Besten, was über den städtischen Block geschrieben wurde. „Die Krise in der Erzeugung von Stadtgefüge näher bestimmen", ja, darum geht es! Man lese noch einmal seinen Schlußsatz zur Herausforderung des urbanen Projektes! Hier wird ein sachlicher Diskurs eröffnet, der viel mit dem Anliegen der Berliner Architekten zu tun hat, denen vorgeworfen wird, „die einmalige Gelegenheit" zu verunklären, „einer europäischen Metropole eine zeitgenössische Identität zu geben". Das ist schön gesagt, aus der Distanz, erinnert aber fatal an den Impuls des Hauptstadt-Berlin-Wettbewerbes, 1957, als sich alle Welt aufgefordert sah, hier die Errungenschaften des neuen Städtebaus auszuprobieren, freilich, indem man erst einmal nahezu alles beseitigen wollte, was ein grauenvoller Krieg von der Stadt noch übriggelassen hatte. Haben wir denn seither wirklich nichts gelernt, zeugt es denn nicht von bodenloser Ignoranz, wenn man sozusagen als „Center-Fold" das bunte Modell von OMA für Yokohama als Alternative suggeriert! [...]

Was für Lille und Tokio richtig erscheint, mag sich für die Mitte Berlin als untauglich erweisen, und es darf die Frage erlaubt sein, ob es angesichts Tschernobyls vernünftig ist, aufs Gaspedal zu treten, um alles hinter sich zu lassen, was städtische Zivilisation und Baukultur hervorgebracht haben. Man hat den Eindruck, da sitzen einige Intellektuelle in Zürich, dem schon gebauten Zürich, wo die metropolitane Entwicklung in Dübendorf abgeht, Tokio noch nicht ganz vergleichbar, und schauen sich mit glänzenden Augen die bunten Papiermodellbilder von Rem Koolhaas' Yokohama-Entwurf an und schreiben mit feuchten Händen über die rosige Zukunft der Stadt.

Da philosophiert man über Alternativen zum Block angesichts der Unfähigkeit der sogenannten Träger öffentlicher Belange, nicht zuletzt aus Finanznot, auch nur das Notwendigste für ein kultiviertes Zusammenleben im öffentlichen Raum zu tun. Schauen Sie sich doch einmal die Neubaugebiete am Rande großer Städte an! Da wird doch schon der Asphalt gespart, man fährt über einen Knüppeldamm, manchmal reicht es noch für den Kies, Betonrandsteine, rotgefärbtes Knochenpflaster, vandalismussichere Kugellampe, 250,– DM das Stück, und ein Straßenschilderwald zwecks Verkehrsberuhigung, Feuerwehrorientierung und Adressenfindung: „Zu den Häusern ..." wie in Marzahn, wo Tausende von Wohnungen an einem labyrinthischen Straßennetz hängen und, offenbar nicht ganz unbeabsichtigt, nur Eingeweihte sich zurechtfinden. Wohl niemand, der nicht selbst hindurchgegangen ist, kann nachvollziehen, was es heißt, einen Bauherrn dazu zu bewegen, eine ganz normale Straße zu bauen für ein Projekt, das die öffentliche Hand wegen Mittelknappheit nicht erschließen will oder kann. Niemand kann nachvollziehen, welcher Überredungskünste es bedarf, dieser Straße einen Namen zu geben als Vor-

aussetzung für das Numerieren der Häuser. Wir müssen bei einem Projekt in Hohenschönhausen den Gehweg als Rasenfläche weiterführen – obwohl der Bauherr bereit gewesen wäre diesen vorzufinanzieren –, weil die Kommune nicht das Geld für die Entwässerung aufbringt. Nur die Schranken an der Privatstraße sind uns erspart geblieben, die das öffentliche Interesse fordert, wenn ein Bauherr sich bereit erklärt, die Straße, die seit Hobrecht Sache der Kommune war, selbst zu bauen! Und da philosophiert man nun über den Block und das Straßenraster und man erfindet glitzernde Stadtmodelle angesichts der materiellen und gesellschaftlichen Unfähigkeit, auch nur die Reste der gebauten öffentlichen Vereinbarung, die man einmal Stadt genannt hat, aufrechtzuerhalten. Da fragt man nun, ob es nicht Alternativen gäbe zur Straße und zum Block, der sie konstituiert, und man denkt dabei natürlich an die fetzigen Collagen unserer progressiven Stadtplaner, die bei Kandinsky und Schwitters zur Schule gegangen sind und die keine Ahnung davon haben, nicht im entferntesten, was es heißt, trotz aller Widerstände eine gerade Bordsteinkante zu bauen. Den Kritikern nehme ich nicht übel, wenn sie nicht nachvollziehen wollen, was den Architekten aufgebürdet ist, wenn dem öffentlichen Interesse die Luft ausgeht, wenn Qualitätsmaßstäbe des kollektiven Umgangs verlorengehen, wenn die Bereitschaft zunimmt, die Augen vor allem zu verschließen, was die persönliche Existenz nicht direkt bedroht. Was man den Kritikern aber wohl ankreiden darf, ist, daß sie, die Ihre Sinne doch schärfen müßten, und allen voran die visuellen, offenbar blind durch die Städte- und Neubaugebiete laufen. Oder beschäftigen sie sich nur mit den bunten Bildern der Realisierung? Gehen die selbsternannten Weisen in Sachen Architektur und Städtebau dann wirklich einmal durch die gebauten Pläne und erfahren sie dann etwas, das über ihre Glaubensbekenntnisse und angelesenen Stoff hinausgeht?
[...] Da wird erst einmal die durch nichts begründete, ja, überall wo innenstädtische Bereiche geplant werden, widerlegte Behauptung aufgestellt, daß Innenhof und Straßenraum ihre ursprüngliche Bedeutung verloren hätten. Wieder so eine intellektuelle „Erkenntnis", der die Realität Hohn spricht. Zu Beginn der Internationalen Bauausstellung, als der städtische Block seine Wiedergeburt erfuhr, hat man auch viel von „halböffentlich" gesprochen, und Rob Krier hat seinen Hof mit dem großen Tor zum Zwecke der „Blockdurchwegung" an der Ritterstraße gebaut. Die erste Anstrengung der einziehenden Mieter, der Bau war noch nicht fertig, war die Errichtung eines Jägerzaunes „während der Bauzeit", um

unerwünschte Besucher, und die kamen zuhauf, aus dem privaten Hof zu halten. Der Zaun steht heute noch.

Seinerzeit hat es aber eine Diskussion zum Thema Stadt gegeben, nachzulesen in zahlreichen Veröffentlichungen der Bauausstellung wie in internationalen Fachzeitschriften, die offenbar schon wieder in Vergessenheit geraten ist, obwohl sie nicht nur theoretisch geführt wurde, sondern gleichsam als Architektur- und Städtebaulabor ausgewertet werden könnte. Die IBA, 10 Jahre danach. Wir könnten, meine ich, vieles aus den Defiziten lernen. Wir würden wahrscheinlich feststellen, daß wir einfacher bauen müssen, dauerhafter. Uns erscheinen die individualistischen Konkurrenzgebärden der Architekten eher komisch, oft peinlich. Wir wären überzeugt, daß trotz Orientierung am alten Stadtgrundriß mit subventioniertem Wohnungsbau allein keine Stadt zu machen ist, und wir würden der Versuchung nachgeben, in Kenntnis der Stadtentwicklung des ausgehenden 19. Jahrhunderts, mehr auf die Kräfte des Marktes zu setzen, die selbstverständlich im öffentlichen Interesse zu lenken, aber eben durch noch so gut gemeinte Planung nicht zu ersetzen sind.

Hier spielt nun die Parzelle eine Rolle, die ja auch nicht von Hoffmann-Axthelm erfunden wurde. Großinvestments à la Docklands oder la Défense wären in der Tat stadtzerstörerisch. Die Kleinparzelle andererseits mit 24 m Frontlänge erwies sich schon zu Beginn des Jahrhunderts als zu klein für die Typologie der modernen Großstadt. So wurden drei, vier Parzellen benötigt, um ein Hotel, ein Kaufhaus, ein Büro- und Geschäftshaus wirtschaftlich zu erstellen. Hier das Rad der Geschichte zurückzudrehen, hieße in der Tat, der Stadt die Energie einer zeitgemäßen Entwicklung zu nehmen.

Deshalb rückt für mich ein Begriff in den Vordergrund, der weit wichtiger ist als die Parzelle, nämlich die Hauseinheit. Verstehen wir die Stadt als Gesellschaft von Häusern, kleinen und großen, dann leuchtet schnell ein, daß Megastrukturen nicht gesellschaftsfähig, ja stadtzerstörerisch sind. Ob das nun Scharouns endloses Gebäude im Kollektivplan, das vom Tiergarten bis tief nach Kreuzberg hineinreichen sollte, ist, oder le Corbusiers Obus-Plan, sie laufen einer Stadt, verstanden als Gesellschaft von Häusern, zuwider. Nun können wir diese anachronistisch erscheinende Stadtvorstellung ad acta legen, oder wir reden, wie ich es vorziehe, über Hauseinheiten und wie diese miteinander kommunizieren. Dabei kann ich mir ein städtisches Gebilde aus zweigeschossigen Reihenhäusern ebenso vorstellen wie eine Konfiguration riesiger Hauseinheiten – die selbst wie eine kleine Stadt funktionieren – auf große Distanz in die Landschaft gestellt. Das Kulturforum mit Matthäikirche, Philharmonie und Nationalgalerie hatte diese Qualität. Die Staatsbibliothek ist schon zu sehr Megastruktur, sie weigert sich, als Hauseinheit in Erscheinung zu treten. Und das ist nicht eine Frage der Größe.

Man wird sich damit abfinden müssen, daß es Programme gibt, die das kleinparzellierte, alte Blockschema sprengen würden, Hauseinheiten in Blockgröße, oder sogar in einer Größe, die sich beim besten Willen nicht mehr der Blocktextur unterwirft und deshalb solitärartig dagegen steht. Unser Projekt für den Alexanderplatz beruht auf einer solchen Typologie: Hauseinheiten in Blockgröße, aus denen sich an der Straßenfront Hochhaustürme entwickeln. In den Erdgeschossen der Blöcke ist Einzelhandel und Gastronomie vorgesehen, im ersten Obergeschoß, bequem mit dem Platz verbunden, Einrichtungen für Kultur und Freizeit in Verbindung mit den Restaurants und Cafés des Erdgeschosses. Darüber sind Büros, in einigen Häusern aber auch Appartements vorgesehen. In den beiden obersten, zurückgestaffelten Blockgeschossen sind Wohnungen untergebracht. Die Türme sind Büronutzungen vorbehalten, mit Ausnahme von zwei Appartementtürmen.

Der Vorwurf Hoffmann-Axthelms, wir seien auf Monofunktionalität aus, geht also bewußt an den Tatsachen vorbei. Er klammert sich an eine schon in den sechziger Jahren ad absurdum geführte, irrige Annahme, eine lebendige Architektur könne nur entstehen, wenn sich die Interessen der individuellen Nutzer, vor allem in der Fassade, ausleben dürften. Die Realität ist aber eine andere: Der individuelle Nutzer sucht sich ein Haus, das seinen Bedürfnissen entspricht, dessen Lage in der Stadt vorteilhaft ist, in dessen Ausdruck, Haltung und Ausstattung er sich wiederfindet und dessen Miete er, last but not least, bezahlen kann. Die Vielheit, die Hoffmann-Axthelm beschwört, ist die Vielheit der Hauseinheiten und die Wandlungsfähigkeit einer Baustruktur, die sich eben gerade nicht auf zufällige Einzelinteressen während der Planungszeit festlegen läßt, sondern möglichst offen bleibt für zukünftige Entwicklungen. Entscheidend ist der Charakter des Hauses, der Identifikationsmöglichkeiten bieten muß, der den Mietern und Nutzern das Gefühl der Zugehörigkeit, des Gut-aufgehoben-Seins geben muß und der den Besuchern in Erinnerung bleibt, Wiedererkennbarkeit, Wiederauffindbarkeit erlaubt. Voraussetzung dafür ist die Hauseinheit, die Adresse. Megastrukturen schaffen keine Adresse.

Aus mehreren Hauseinheiten, Hauscharakteren entsteht eine Straße, ein Platz. Der Fassade kommt dabei die Vermittlungsfunktion zu zwischen

Hausindividualität und öffentlichem Raum: Dieter Hoffmann-Axthelm, nur darum geht es. Niemand trauert dem Blockrand nach als „ästhetischem Ereignis [...] im Sinne des Barock"! Ganz richtig, die Straßenerfahrung ist älter und sitzt tiefer und fester. Was machen wir aber nun am Leipziger oder Pariser Platz, wo das Achteck und das Quadrat doch von niemandem in Frage gestellt werden. Mit der Medialisierung der Wahrnehmung, mit den Leuchtreklamen, Schaufensterausstattungen, Firmen- Nummernschildern kommen wir doch allen Ernstes nicht weiter und auch nicht mit der Nostalgie der vielen Zugänge und der Porosität. Wir kommen aber auch nicht weiter mit einer Gestaltungssatzung, die nun minutiös das Gemeinsame der kriegszerstörten Häuser festzuschreiben sucht. Weder soziale Romantik noch historische Gestaltprinzipien wären in der Lage, diese wichtigen Stadtplätze in ihrer Bedeutung neu entstehen zu lassen. Und zum originalgetreuen Wiederaufbau war die Bebauung dann doch nicht herausragend genug, mit Ausnahme des Kaufhauses Wertheim von Messel am Leipziger Platz.

Der „Wiederaufbau" des Hotels Adlon am Pariser Platz läßt allerdings Schlimmstes befürchten, wenn er mit Mitteln des heutigen Bauens vorgenommen werden soll! Entweder man baut hier nach denkmalpflegerischem Befund oder neu. Gibt es eine unerträglichere Vorstellung als das Nachempfinden bossierter Quader in Beton oder mit dünnen Steinplatten? Wie gehen wir also an diese Plätze heran, wenn weder eine geschichtstümelnde Rekonstruktion mit zeitgemäßen Mitteln in Frage kommt, noch eine ungebundene Fortschrittsarchitektur? Wir werden wieder über einen verpönten Begriff reden müssen, die Fassade.

Gebäudetypologie der Großstadt

Das Bürohaus

Man sprach lieber von Ansichten. Die Moderne – so van Doesburg – hat ja den allseitig sichtbaren und gestaltbaren Kubus entdeckt. Weg von der Fassade, der Front, der Schauseite, hin zum Objekt, zur Skulptur, die allseitig manipulierbar wird. Welche Möglichkeiten taten sich da auf! Welche Freiheit des Gestaltens! Voraussetzung dafür war allerdings das Herauslösen des Hauses aus der Straßenwand, ja das Abtrennen des Gebäudes von seiner Basis, das Hochstemmen des Körpers und das Abstützen mit Hilfe von Pilotis. Dort, wo einmal der Sockel für festen Stand sorgte, wurde nunmehr dem Kontinuum des Grüns nichts mehr in den Weg gestellt. Der Typus für die „Stadtlandschaft", für die durchgrünte und aufgelockerte Stadt war gefunden. Konsequenterweise wurde auch auf das Dach verzichtet, die flache Decke des obersten Geschosses wurde begehbar und gegen Regen abgedichtet. Man wollte ja auch diese sechste Ansicht des Kubus sehen.

An die Stelle der Hauseinheit trat damit der abstrakte Körper, in den man Löcher oder Schlitze für die Belichtung schnitt. Das Auge gewöhnte sich an den starren Lochfassadenkörper, dessen tektonische Qualitäten sich in der Großform erschöpften, die auf der Erde lag bzw. auf sichtbaren oder versteckten Stützelementen. Denn es war noch eines gelungen: Man hatte die Stützen von der Außenwand nach innen verschoben. Die Wand konnte damit vollkommen frei gestaltet werden, als Ausfachung, bei der ja immer noch die Geschoßdecken sichtbar sein könnten, wäre man nicht versessen auf den weißen, homogenen, verputzten Körper ungeachtet der konstruktiv bedingten Materialvielfalt. Oder als vorgehängter „Curtain", der in der hochentwickelten Form des „structural glazing" vollkommen losgelöst von der dahinterliegenden Struktur in Erscheinung treten kann. Mit der Glas-Klebeverbindung ist man offenbar am Ziel des modernen Abstraktionsdranges angelangt: ein Raster feiner Fugen, determiniert nur noch durch die Lieferformate der Glashersteller, überzieht den spiegelnden, sich in der Umgebung verflüchtigenden, buchstäblich zum Verschwinden gebrachten Kubus. Es gibt nur noch Glas und Fugen, Silikonfugen, das Problem der Fügung scheint überwunden. Nur der gelegentliche Zwang zu öffenbaren Fenstern und die Notwendigkeit, die Glaskiste zugänglich zu machen, werfen Probleme auf, die bisher nur auf gewohnt unbeholfene Art zu lösen sind.

Nun wäre es ja eine Lust, sich dem skulpturalen Spiel der weißen Putzkuben und der spiegelnden Glasvolumen hinzugeben und dem Tatendrang des architektonischen Entwurfskünstlers wären keine Grenzen gesetzt, wenn nicht die Programme, die in den bizarren Hüllen unterzubringen sind, ein atemberaubendes Maß an Redundanz aufwiesen, ganz besonders, wenn die Ökonomie eine Rolle spielt, und das soll ja zunehmend der Fall sein. Im Wohnungsbau, vor allem aber im Bürohausbau sieht man sich einer Fülle von Standards ausgesetzt, die zu stereotypen Lösungen führen und in der Addition zu einer erdrückenden Tristesse. Davor aber hat die Öffentlichkeit um so größere Angst, je direkter diese Monotonie tatsächliche Verhältnisse reflektiert. Hier nun sind wir am wohl unumstrittensten Betätigungsfeld des modernen Architekten angelangt, dem

„Embellissement" der unter ökonomischem Druck und industrieller Bauproduktion optimierten Standardlösung.

Je uniformer die gesellschaftlichen Handlungsabläufe sich gestalten, desto individualistischer, so scheint es, wollen sie in Erscheinung treten, nicht zuletzt unter Vermarktungsgesichtspunkten. Hier geht es um die Produktion unverwechselbarer Bilder, mit denen die Realität oft nicht einmal standhalten muß. Der Verkaufsprospekt ist entscheidend. Im Rahmen des ökonomisch Vertretbaren wird die ganze Palette an Versatzstücken, der ganze Reichtum geometrischer Strategien, der standardisierten Banalität zu entfliehen, durchgespielt, bis sich eine neue Uniformität einstellt, die der unverwechselbaren Bilder. Die permanente Reizüberflutung läßt nur noch spektakuläre Ereignisse figural aus dem einheitlichen Grund hervortreten. Feine Unterschiede haben in diesem Wettbewerb keine Chance, unser medial geprägtes Sensorium spricht darauf offenbar nicht mehr an.

Das Interesse hat sich dabei folgerichtig vom allseitig skulptural manipulierbaren Kubus der Moderne auf die Fläche verlagert: Learning from Las Vegas, weil's billiger ist. Die unabhängigen Volumen kommen aus der Stadtlandschaft, und als Intermezzo aus der Peripherie, zurück ins Zentrum, rücken zusammen, reiben sich an ihren Nachbarn und gewöhnen sich wieder an eine Bauflucht und an eine Trauflinie. Ein gemeinschaftliches Interesse rückt in den Vordergrund, das einmal den öffentlichen Raum der europäischen Stadt konstituiert hat.

An der Fassade, nicht in ihrer Funktion privater Vermarktungsabsichten, sondern als Vermittlerin zwischen privaten Interessen und denen der Öffentlichkeit, treffen die inneren und äußeren Kräfte, die ein Gebäude formen, aufeinander. Wir erinnern uns an Beispiele aus der Architekturgeschichte, die diesem öffentlich-privaten Interessenausgleich eine sehr fein justierte, überzeugende Form gegeben haben, und es wird uns vielleicht sogar peinlich, bei einfachen Wohn- und Bürohäusern einen architektonischen Höhepunkt an den anderen reihen zu wollen, die A-Galleria an das B-Atrium.

Die Frage darf erlaubt sein, wie sich heute städtische Öffentlichkeit baulich vor allem im Zentrum konstituiert. Was sind die Alternativen zu Straße und Platz, wenn diese anachronistisch oder obsolet geworden sein sollten? Erst wenn brauchbare, vielleicht sogar überlegene Alternativen vorliegen, mag man, nachdem wir wieder dort angekommen sind, wo der Ausflug in die Stadtlandschaft begonnen hat, auch über Alternativen zur städtischen Fassade nachdenken.

Einstweilen dürfen wir feststellen, daß es dabei zunächst darum geht, die Hauseinheit herzustellen, darzustellen: an der Fassade erweist sich, ob das Haus mehr ist als die Summe seiner Teile. Wie groß darf eine Parzelle sein, damit ein Haus noch als Ganzes wahrgenommen werden kann und nicht als Megastruktur ohne Anfang und ohne Ende? Wie erreiche ich diese Einheit des Hauses, ausgedrückt in der Fassade, am Boden, am Dach, an den Seiten? Wie wird die Fassade maßstäblich im Spannungsfeld zwischen privater Zelle und öffentlichem Raum? Und wie wecke ich darüber hinaus Vertrauen in das Gebäude als Voraussetzung für eine selbstverständliche Benutzung ohne Gebrauchsanleitungen auf Schritt und Tritt? Wie entsteht eine Adresse? Schließlich, in welchem Material tritt meine städtische Fassade in Erscheinung? Sie soll nicht nur solide sein, sondern gewährleisten, was Aldo Rossi einmal Permanenz, als Bedingung für Stadt, genannt hat. Sie muß, mit anderen Worten, Zeit aushalten, Zeit gleichsam aufsaugen. Sie kann nicht immer neu bleiben wollen. Stadt entsteht nicht ad hoc, Stadt muß sich entwickeln, muß wachsen können. Wie sehen Häuser aus, die städtisch sind in diesem Sinne?

Ich ziehe es vor, diese Themen, die von essentieller Natur sind, wenn uns das Städtische als Übereinkunft einer in Europa hochentwickelten, gemeinschaftlichen Lebensform am Herzen liegt, in Frageform zu kleiden, denn ich habe selbst keine verallgemeinerbaren Antworten parat. In meinen Projekten und Bauten versuche ich in der jeweiligen Situation Antworten zu finden, die sich in der Summe vielleicht verdichten zu einer objektivierbaren Aussage. Aber es sind Versuche, die sich dem Vergleich, der Kritik und der Diskussion stellen.

Allerdings hat die Tatsache, daß wir heute alles zu können glauben im Bauen, mit Beton und Styropor und Plastik, so daß wir langsam in einer Verpackungsarchitektur verschwinden, zu meiner Überzeugung geführt, daß der Architektur ein tektonisches Prinzip eigen ist und daß die Architektur der City einer soliden Erscheinungsform bedarf. Deshalb sprechen wir von einer „steinernen" Architektur, wohl wissend, daß wir es mit geschichteten Wandaufbauten zu tun haben und durchaus in Kenntnis, daß man auch mit Stein eine Menge Unfug treiben kann. Gegenüber dem Diktum der modernen „Ehrlichkeit" geben wir dem Anspruch urbaner Permanenz den Vorzug.

In Berlin tritt, wie nirgends sonst in der Welt, das Dilemma der modernen Architektur bezogen auf die Stadt, insbesondere das Stadtzentrum, zutage. Hier wird die Frage nach dem Zentrum einer Metropole gestellt, während es andernorts Lücken zu füllen gilt oder die Peripherie zu entwickeln ist. Ich vermute, wir werden diese Aufgabe nicht bewältigen, ohne an die frühmoderne Tradition städtischen Bauens anzuknüpfen, also all jene Versuche, die der Stadt noch nicht den Rücken gekehrt haben, um das Heil auf der grünen Wiese zu suchen. Die Betonung liegt dabei auf „Anknüpfen", denn es kann nicht unser Anliegen sein, historische Architekturen neu aufzulegen, auch wenn es schwer sein wird, in diesem Anknüpfungsprozeß, der einem Gang durch das Nadelöhr gleicht, sofort zu überzeugenden Lösungen zu kommen. In jedem Fall geht es aber darum, das Neue zu vergegenständlichen, einzufügen in die Welt des Bekannten und Vertrauten.

Die Diskussion um die Architektur der Hauptstadt Berlin dominiert nun die Diskussion; man kann sie auch in dieser Zusammenfassung nicht vernachlässigen. Dennoch haben wir hier nur einige Beiträge ausgewählt, um das Allgemeine der Frage nach einer „Neuen Einfachheit" nicht aus den Augen zu verlieren.

In einem Interview der Zeitschrift Arch+ (Heft 122, 6/1994) wurden in einem Gespräch zwischen Nikolaus Kuhnert und Angelika Schnell mit dem Gründer und ehemaligen Direktor des Deutschen Architekturmuseums und heutigen Direktors des Zentrums für Kunst und Medientechnologie in Karlsruhe, Heinrich Klotz, dessen Ansichten zur Berliner Architektur erfragt. Klotz erhebt insbesondere den Vorwurf des ‚Faschismus-Verdachts' gegen Hans Kollhoff. Um den folgenden Text verständlich zu machen, wird das Interview hier mit einigen Sätzen Heinrich Klotz' zitiert:

„Die ‚Neue Einfachheit' ist ein neuer Rigorismus, und der kann sogar so weit gehen, daß darüber hinaus die Anklänge an die faschistische Architektur ganz deutlich sind – und zwar mehr, als es je der Fall war. [...] Wenn ich allerdings Kollhoffs Potsdamer Platz sehe oder seine Innenraum-Perspektive für den Anbau an das Alte Museum, dann muß ich sagen, das ist eine Sprache, die ich um keinen Preis sprechen möchte. Diese Sprache beinhaltet eine Machtallüre, die wir seit 1945 nicht mehr gekannt haben und die wir auch sehr deutlich abgelehnt haben. Die Inhalte, die aus den in Berlin gewählten Vokabeln sprechen – und das ist keine Verdachtsargumentation –, diese Annäherung an den sogenannten preußischen Klassizismus, der ja umgekippt ist in die faschistische Architektur, verfolgt eine Absicht. [...] Kollhoff ist die interessanteste Figur, weil er als Architekt besser ist. Er hatte auch immer schon einen Begriff von Urbanität, was vielen Architekten ja abgeht. Die großen Wohnblocks zu Zeiten der IBA waren strikt, aber hatten dennoch eine gewisse Offenheit. Es war niemals mit dem Hammer philosophiert, sondern hatte eine Umgebung, hatte Bewegung, war nicht starr. Während der Entwurf für die zweite Stufe Potsdamer Platz ein aggressiver Umschwung ist, so daß ich am Anfang geglaubt habe, er hätte eine Karikatur gewollt. Als ich merkte, das ist ernst gemeint, da passierte mir zum ersten Mal, daß ich das Wort faschistoid in den Mund genommen habe. So enttäuschend war das."

Hans Kollhoff

Fiktion oder Stadt.
Gegen die Tabuisierung einer städtischen Architektur

Der gestalterische Individualismus ohne Grenzen, der sich aufgerufen sah, auf freigeräumtem, begrüntem Feld kompositorisch abstrakte, weiße Volumen zu setzen und „spannungsvolle Beziehungen" aufzubauen, sieht sich nun im Stadtzentrum genötigt, in eine Reihe zu treten mit Leidensgenossen, ist gezwungen, die alte Bauflucht der totgesagten Korridorstraße aufzunehmen im Schulterschluß mit seinen Nachbarn. [...]
So betrübt es mich schon, wenn selbst Herr Klotz, der doch in der Architektur zu Hause ist, nicht sehen will, daß unser Entwurf für den Potsdamer Platz eine Haustypologie darstellt und eine Handvoll Spielregeln definiert, innerhalb derer sich Architekten ganz unterschiedlicher Handschrift sehr frei bewegen sollten. Wer wollte allen Ernstes glauben, ein Projekt dieser Größenordnung sei von einem einzelnem zu entwerfen und zu realisieren?
Die großen europäischen Städte und auch die frühen amerikanischen sind so entstanden, auf der Grundlage einer präzisen städtebaulichen und architektonischen Typologie und innerhalb eines mehr oder weniger explizit vereinbarten Regelkanons. Und wer wollte behaupten, daß diese Einschränkungen einer großen Architektur hinderlich waren! Wer glaubt, daß man in Paris, Mailand und New York die Zügel hätte lockerer lassen sollen? Vielleicht zeichnen sich großstädtische Architekturen eben eher durch Nuancierungen aus.
Mit dem Verweis auf die Konvention des Städtischen und mit dem Anspruch eines einfachen Bauens richte ich den Blick auf die Gebäude und Räume, die ohne Aufhebens funktionieren, es muß ja nicht an jeder Ecke ein architektonisches Wunder vollbracht werden. Ich begreife die

118

Stadt wieder als Gesellschaft von Häusern, die wissen, daß sie nicht allein auf der Welt sind.

Die Rückbesinnung auf eine städtische Konvention hat deshalb nicht das Geringste mit einer Rehabilitation der konservativen Moderne und mit der Enttabuisierung der NS-Architektur zu tun, sondern im Gegenteil mit der Erkenntnis, daß die NS-Diktatur eine bewußt großstädtische deutsche Architektur desavouiert hat. Darum geht es. Der Nazi-Architektur ist es gelungen, alles in ihren Strudel zu reißen, was sich in einer Tradition großstädtischen Bauens verstand. Wie will man sonst erklären, daß sich jeder Architekt, der heute einen Stein in die Hand nimmt, dem Faschismusverdacht aussetzt?

Ich empfehle jedem, der glaubt, die Moderne habe sich nur auf der grünen Wiese abgespielt mit viel Glas und weißer Farbe, sich einmal Werner Hegemanns Buch „Reihenhaus-Fassaden, Geschäfts- und Wohnhäuser aus alter und neuer Zeit", Berlin 1929, Wasmuth-Verlag, vorzunehmen! Nach den Kriterien von Klotz wären hier, von Höger bis Ochs, Schmohl, Max Taut, Kaufmann, Behrens, Straumer, Hans und Oskar Gerson, Schumacher, Mendelsohn, Messel, Mebes und Emmerich, Kohtz, Salvisberg, Muthesius, Bernoulli, Sehring, Mies van der Rohe, Ludwig Hoffmann, Poelzig usw. ausnahmslos faschistoide Architekten versammelt. Diese Architekten verkörperten nichts weniger als die deutsche großstädtische Architektur! Wenn wir diese mit einem Verdikt belegen, wenn wir diese große Tradition modernen Bauens tabuisieren, dürfen wir uns über die katastrophale bauliche Entwicklung der Innenstädte, soweit sie im Kriege zerbombt und nicht wiederaufgebaut wurden, nicht beklagen. Vor diesem Hintergrund ist es ungeheuerlich, wenn Herr Klotz die mühsamen Versuche, sozusagen aus dem Siedlungsbau heraus ein städtisches Bauen wiederzugewinnen – denn nichts anderes war die Internationale Bauausstellung, nichts anderes geschieht heute an der Friedrichstraße – als Sprache der Machtallüre diffamiert. Er hofft auf die Chance der zweiten Moderne, deren Hochrenaissance noch ausstehe, und er meint damit immer noch die Moderne der Stadtauflösung.

Es ist schade, daß Herr Klotz nicht mehr so gerne nach Berlin fährt, weil er die Blöcke befürchtet, die doch Berlin und alle europäische Großstädte kennzeichnen; selbst Karlsruhe besteht gottlob nicht nur aus Dammerstock-Zeilenbau. Berlin ist keine konfliktfreie Welt, und die Diskussionen, die hier ausgetragen werden, auch im „Stadtforum", sind nicht zuletzt der Versuch, vieles von dem, was nach dem Kriege unter den Teppich gekehrt wurde, aufzuarbeiten, auch wenn draußen bisweilen der

Eindruck entsteht, die Berliner betrieben Nabelschau. Was in Berlin diskutiert wird, ist vielfach nur scheinbar eine Berliner Angelegenheit, es betrifft generell die Stadtentwicklung des zusammenwachsenden Deutschland, und es betrifft die Zukunft der europäischen Stadt im ausgehenden zwanzigsten Jahrhundert. Andernorts, wo die Welt in Ordnung scheint, muß man diese Diskussion nicht führen, weil der Krieg nicht so gewütet hat wie in Berlin, wo statt des Wiederaufbaus eine zweite *tabula rasa* um sich griff, deren Neuauflage, folgt man Herrn Klotz, ins Haus zu stehen droht.

Herr Klotz hat sich um die Architektur der Bundesrepublik verdient gemacht. In einer Zeit des Baubooms aus dem sicheren Schoß einer modernen Architektur, deren Verheißung es schon seinerzeit zu erfüllen galt, spricht Herr Klotz mit den Architekten jenseits des deutschen Tellerrandes, mit Venturi und Aldo Rossi und stellt fest, daß sich die Welt der Architektur um uns herum verändert hat. Die Architekten waren ja hierzulande so sehr mit sich selbst beschäftigt, daß „Complexity and contradiction" und „Architettura della citta", die endgültig mit einem naiven Modernitätsbegriff aufräumten, erst zwanzig Jahre nach ihrem Erscheinen zur Kenntnis genommen wurden. Herr Klotz hat also das Licht einer neuen, dem Funktionalismus entwachsenen Architektur in die deutsche Diaspora getragen. Das ist zweifellos sein Verdienst.

Dabei ist er allerdings einem Pluralismus auf den Leim gegangen, der nur noch einen verschwommenen Blick für qualitative Unterschiede aufbrachte, weil er sich vollständig einer neuen Fiktionalität hingab. Die Architektur hatte Geschichten zu erzählen, je bunter, desto besser. Das Repertoire der Erzähler war aber bald erschöpft und langweilte das Publikum unendlich. Denn es waren sehr persönliche Geschichten, die als Text vielleicht bestehen könnten, nicht aber als gebautes Bild, das sich im Alltag zu bewähren hat.

So muß sich Herr Klotz heute die Frage stellen, was von den spektakulären Tendenzen, die er im deutschen Architekturmuseum unermüdlich aus der Taufe hob, noch Bestand hat, und was sich davon wohl in der Mitte einer Großstadt behaupten dürfte. Die Antwort wäre vernichtend, denn die Objektfixiertheit der modernen Nachkriegsarchitektur war wohl in der Lage, die exotischsten Blüten zu treiben – ein Strauß wurde daraus nie. Eine Stadt ist eben mehr als die Summe für sich genommen auch noch so erfolgreicher architektonischer Einzelleistungen. Stadt läßt sich auch nicht mit Ideenwettbewerben herbeizaubern, nein: Stadt ist Wachstum, sie verlangt nach einer Vereinbarung, die an das bauliche Erbe anknüpft und sich der Zukunft öffnet. Das ist aber etwas anderes als das Feuerwerk der Ideen, das für Berlin ständig eingefordert wird, und das einen schalen Nachgeschmack hinterläßt, sobald der Alltag eingezogen ist. Deshalb wohl kümmert sich Herr Lampugnani als Leiter des Deutschen Architekturmuseums in Frankfurt in seinem Haus um das Einfache und Normale.

Es gibt wohl keinen Ort auf der Welt, wo, von der IBA (1987) bis heute, die internationale Architekturelite ihre Vorstellungen so umfangreich und so vielfältig realisieren konnte, wie in Berlin. Einige dieser avantgardistischen Architekten hatten hier erstmals die Gelegenheit zu bauen. Das sollte man doch erst einmal zur Kenntnis nehmen, bevor man mit dem Vorwurf der Rechthaberei und des Dogmatismus zur Hand ist.

Aus einer alles andere als zufriedenstellenden Nachkriegsbaugeschichte will man aber in Berlin für den Aufbau der Hauptstadt lernen. Das sollte erlaubt sein. Dabei hat man eingesehen, daß nicht alles an jedem Ort möglich ist. Unter den Linden ist vielleicht deplaziert, was am Schöneberger Kreuz zu überzeugen vermag, und vielleicht gibt es auch Entwürfe, die man besser in Tokio oder Los Angeles realisiert und nicht unbedingt in Berlin.

Was wir in Berlin mit Sicherheit nicht zu befürchten haben, ist das Gespenst der Eintönigkeit. Wie weit die Ambitionen des Senatsbaudirektors hier gehen und seine Zugriffsmöglichkeiten, läßt sich doch unschwer an den Bauschildern des Checkpoint Charlie und der Friedrichstadt-Passagen ablesen! Selbst die Internationale Bauausstellung hat es zu einem solchen Potpourri nie gebracht! Uns werden dort die Augen noch schmerzen – und nicht der Eintönigkeit wegen!

[...]

Heinrich Klotz

Berliner Blockade.
Eine Antwort auf Hans Kollhoff

1

Errötend erinnere ich mich daran, daß ich unter den vielen „spektakulären Tendenzen" des Bauens, die ich, wie Herr Kollhoff feststellt, als Leiter des Deutschen Architekturmuseums „unermüdlich aus der Taufe hob", auch eine Ausstellung über die Tendenz Herrn Kollhoffs, den ich noch immer für einen der besten deutschen Architekten halte, und seiner Schüler veranstaltet habe. Aber mit Genugtuung stelle ich fest, daß mir Herr Kollhoff heute städtebauliche Forderungen vorhält, die ich selbst in den Begriffen der Architekturtheorie neu formuliert habe.

In einem von mir geleiteten Symposium des Berliner Internationalen Designzentrums habe ich vor zwei Jahrzehnten just jene Themen in der Berliner Kongreßhalle behandelt, um die sich Herr Kollhoff und seine mitstreitenden Architekten heutigentags bemühen, nämlich das Bauen im städtischen Kontext, den Berliner Block und den Straßenkorridor.

Bei Gelegenheit dieser Symposien habe ich auch die Forderung gestellt, die Blockbebauung wieder einzuführen und auf den Zeilenbau zunächst einmal zu verzichten. Eine Internationale Bauausstellung des „integrierenden Bauens" anstelle einer IBA auf grüner Wiese war schon 1975 unsere Forderung. Alles das ist in den einschlägigen Publikationen dargestellt und dokumentiert.

Es mutet mich deshalb seltsam an, wenn Herr Kollhoff heute etwas von mir einfordert, das auf meinem Mist gewachsen ist, als würde ich in meinem Plädoyer für eine Zweite Moderne den Zeilenbau und das Bauen auf grüner Wiese als Stadtzerstörung wieder einführen wollen.

Es kommt nicht darauf an, daß es eine Blockbebauung als eine Möglichkeit der Stadtplanung wieder geben kann, sondern es kommt darauf an, mit welchem Anspruch und mit welchen Fähigkeiten und Absichten dies geschieht. Daß der Anspruch umfassend ist, bestätigt Herr Kollhoff in seiner Stellungnahme selbst: „Was in Berlin diskutiert wird [...] betrifft generell die Stadtentwicklung des zusammenwachsenden Deutschland, und es betrifft die Zukunft der europäischen Stadt im ausgehenden 20. Jahrhundert." Das ist nicht gerade ein geringer Anspruch. Herr Kollhoff und seine Freunde müssen sich also nicht wundern, wenn diese Diskussion auch bundesweit geführt wird, weil sich viele nicht vorstellen können, daß die von Kollhoff und seinen Freunden propagierte Berliner Antwort eine europäische sein könnte.

Daß auch die „weiße Moderne" nicht ausschließlich den Zeilenbau propagiert hat, sondern daß es bereits eine Dogmatisierung und erste Verhärtung der Avantgarde bedeutet hat, zeigen die Beispiele in Berlin-Britz von Bruno Taut, die *Siemensstadt* in Berlin und die *Römerstadt* Ernst Mays in Frankfurt.

Nach dem Zweiten Weltkrieg hat zum ersten Mal wieder O.M. Ungers in seinen Berliner Publikationen der TU Berlin 1967 den Straßenblock zurückgefordert. Er hat damals schärfste Opposition nicht nur seitens der Studentenschaft erfahren. Das Team Hilmer & Sattler hat in dem großen Städtebauwettbewerb für Karlsruhe 1970 bereits die Straßenrandbebauung verwirklicht. Leon Krier und J.P. Kleihues haben 1972 die Blockbebauung für den Vineta-Platz in Berlin vorgeschlagen, und im Rahmen der IBA Berlin und vorauslaufend hat Rob Krier mit der Ritterstraße in Berlin den Baublock mit begrüntem Innenhof verwirklichen können. Alles das waren wichtige Schritte zur Zurückgewinnung einer Stadtstruktur, die die moderne City vor dem gänzlichen Zerfall in eine zusammenhanglose Containeransammlung retten sollte: Doch welche Proportionen und welche Maßstäbe haben hier noch Gültigkeit gehabt!

Nun kommen Kollhoff und seine Freunde, greifen sich die Filetstücke der Berliner City, planen Blöcke mit einer Geschoßflächenzahl von 5,0 bis 6,0, gehen vier bis fünf Geschosse in die Erde, fünf bis 12 Geschosse in die Höhe, lassen entsprechend kleine Innenhöfe übrig und füllen die City an mit aufgequollenen, in die Breite gegangenen Riesenkoffern, die im Vergleich mit den Blöcken von Werner Hegemanns verworfenem „steinernen Berlin" dafür just die rechten Modelle abgeben können. „Vor diesem Hintergrund ist ungeheuerlich", um Herrn Kollhoff zu zitieren, wahrhaftig ungeheuerlich, im Namen einer Renaissance der Blockbebauung genau dieses steinerne Berlin noch einmal zu errichten, als komme es nicht darauf an, welche Volumina und welche Nutzungsintensität diese Blöcke haben sollen und welch ein manischer Wiederholungszwang sie zum Stadtkörper zusammenschweißen soll.

Man sehe nur Kollhoffs Fassaden an der Wasserfront seines Projektes für den Potsdamer Platz, um zu begreifen, daß im Vergleich mit solch einem Vorschlag die Berliner Stalinallee eine Idylle ist. Angesichts des inzwischen in Teilen fertigen Blocks 208 inmitten der Friedrichstadt spricht der Hauptauftragnehmer J.P. Kleihues von „rationaler Klarheit und puristischer Einfachheit" als Ausdruck für einen für „Berlin und Preußen typisch spröden Charakter".

Es geht also in Berlin-Mitte, wie wir hier erfahren, um die Form, nicht nur der Typologie, sondern auch des Details. Doch bevor wir über Details reden, sollte noch einmal das Gesamt dieser zu erwartenden spröden Berliner City ins Auge gefaßt werden. Wenn Herr Kollhoff sich orientierend auf New York beruft und meint, daß man in der Stadtplanung der Großstadt nicht die „Zügel hätte locker lassen können", so vergißt er, daß man in New York eingesehen hat, auch der Öffentlichkeit entgegenzukommen und die Bedürfnisse der Bürger durch die Anlage von Parks, Plazas, Großfoyers und allgemein zugänglichen Wintergärten zu berücksichtigen, sobald es um die Überschreitung einer normalen Bebauungsdichte geht.

Ich sehe in Kollhoffs und Kleihues' Berlin vorerst nichts davon. Zumindest hätte ein solches Angebot gemacht werden müssen, um den Willen zur Öffnung und zur Einbeziehung öffentlicher Interessen, wie das sogar Helmut Jahn für die Bebauung von Sony am Leipziger Platz tut, wenigstens anzudeuten.

3

Was schließlich die neue „preußische Sprödigkeit" in ein ganz besonderes Licht rückt, ist die Sprache dieser Architektur, sind ihre Details, die als „Neue Einfachheit" bezeichnet werden. Wenn ich auch die Hilflosigkeit einer Neomoderne, wie sie Jürgen Sawade und Max Dudler als weitere Parteigänger der Kleihues-Gruppe demonstrieren, und den Rückfall in die lapidaren Gesten der Container-City entschuldigen kann – mißverstandene „Zweite Moderne" –, so kommt es mich doch schwer an, die Pilasterfassaden von Herrn Kollhoff als bloßen „Stein" und als „Tektonik" verstehen zu können: Wer immer Herrn Kollhoffs Garanten einer Frühmoderne sein könnten, von Mebes bis Mies, – es ist eben nicht nur eine Instinktlosigkeit, den soeben wiederentdeckten und zum Großstadtformat aufgeblasenen Berliner Block klassizistisch zu dekorieren, sondern dies in solchen Formen zu tun, die sich nicht mehr von aller historischen Schuld und ihrem Mißbrauch freisprechen lassen.

Es gibt eben eine Architektur; die ein für allemal erledigt sein sollte; so wie man auch bestimmte Begriffe wie etwa „entartet", „völkisch", „arisch" etc. nicht mehr in einem deutschen Kontext gebrauchen kann. Wenn schließlich zu allem Überfluß von einem in Berlin lebenden Architekturtheoretiker von einer „Remythisierung" der Stadt die Rede ist, so müssen wir fürchten, daß sich hier eine „preußische Sprödigkeit" aufbaut, die wir uns weder in Berlin noch sonstwo wünschen können.

4

Ein Entwurf wie Kollhoffs Eingangshalle für die Erweiterung der Museumsinsel in Berlin erinnert in der Tat an die heroisch-monumentalen Nazi-Hallen, wie sie Anselm Kiefer gemalt hat. Nur erscheinen sie bei Kiefer – vom Maler bewußt gewollt – als eine Bedrohung, als eine finstere Erinnerung an einen architektonischen Nazi-Mythos, der aus der Versenkung heraus unser gegenwärtiges Leben noch immer vereisen lassen könnte. Herr Kollhoff aber will das bauen. Und hofft auf den transluziden Effekt des durchscheinenden Marmors à la Beinecke Library in Yale. Doch ist eine solche Tektonik Ausdruck eines „Tragens und Lastens", das – zwar mit Rückblick auf die Frühmoderne – aber nach Speer und Troost alle die fatalen Erinnerungen an eine Sprache weckt, die seit dem *Wörterbuch des Unmenschen* nicht mehr unsere Sprache sein kann.

Gerade weil eine verantwortungslose, frei assoziierende Architekturkritik in der Vergangenheit für alles Bauen, das angeblich nicht dem oberflächlichen Begriff eines sogenannten „demokratischen Bauens der Durchsichtigkeit und Offenheit" entsprach, mit dem schnell herbeigeholten Etikett „faschistoid" denunziert wurde, sollten wir andererseits nicht glauben, jegliche „Sprache der Architektur" sei frei von ideologischer Last und deshalb ahistorisch verwendbar. Der „Neuen Einfachheit" sollte eine solche Sprache ebenso erspart bleiben wie der „preußischen Sprödigkeit".

Und den Deutschen sollte nicht zugemutet werden, etwas als unschuldig schönes Detail zu schlucken, das mit Unschuld nie wieder identifiziert werden kann. Cave canem! Wir können unterscheiden!

Franz Dröge und Michael Müller

Die Revision der Moderne: Ein Skandal

Die pauschale, nicht selten geschichtsklitternde Verurteilung der Architektur der Moderne durch die Postmoderne hat unter der Hand wesentlich zur Verwischung der Differenz zwischen den künstlerisch-kulturellen Programmatiken der Avantgarden und denen der Nationalsozialisten beigetragen. Beide seien das Resultat eines gescheiterten Projekts, wobei schon früher hätte auffallen müssen, daß die Angriffe sich mehr gegen die Architektur-Avantgarde und ihr Nachgeborenes, den Planungsfunktionalismus, als gegen die Baukultur des Dritten Reichs richteten. Man mag Leon Kriers Begeisterung für den „liebenswerten" Speer als größten deutschen Architekten nach Schinkel noch als Dummheit und großes, aber ernst gemeintes Mißverständnis hinnehmen.[1] Aber schon Hartmut Franks provozierende Rede von der „Legende der faschistischen Architektur"[2] erscheint allzu vordergründig, zieht sie doch ihre Rechtfertigung aus der wenig überzeugenden, ja, dümmlichen Forderung, daß der Nationalsozialismus schon „außerhalb des Kontinuums der Architekturentwicklung" des 20. Jahrhunderts hätte stehen müssen, damit man von einer „eigenen Stilbildung" sprechen könne.[3] Ganz entschieden problematischer, ja, skandalöser aber sind die wieder einmal vom Deutschen Architekturmuseum ausgehenden Anstrengungen in ihrer gewendeten ideologischen Stoßrichtung, „die Geschichte der deutschen Architektur des 20. Jahrhunderts neu zu schreiben"[4]. Bereits 1984 ging es anläßlich der Eröffnungsausstellung des Museums um eine „Revision der Moderne" mit dem erklärten Ziel, aus damals noch postmoderner Sicht die „begründete Korrektur der überspitzten Dogmen der Moderne" in der Architektur zu rechtfertigen.[5]
Jetzt, gerade acht Jahre später und nach der Wiedervereinigung Deutschlands, ist es aber auch vorbei mit dem Internationalismus der Postmoderne.

127

Statt dessen erhalten wir die Antwort darauf, warum uns, so Frank bereits 1985[6], heute gerade „die viele(n) Aspekte der Baukultur des ‚Dritten Reiches'" interessieren sollten. Vor allem der Mentor jenes neuen und nicht minder anmaßenden Revisionsverfahrens, der Architekturkritiker Lampugnani, gibt uns 1992 die Antwort mit einer ersten Ausstellung und weiteren Stellungnahmen.[7]

Die vermeintliche Kontinuität der instrumentellen Kälte der Moderne über 1933 hinaus im Gewand nationalsozialistischer Modernisierungen und dem des sinnentleerten Planungsfunktionalismus nach 1945 sowie die in Abrede gestellte Existenz einer faschistischen Form- und Gestaltungslogik – beide Diskurse heben sich hier im ‚Bocksgesang' einer einheitsstiftenden deutschen Architektur auf.

Es geht dabei um die „überfällige Korrektur" der Geschichte und um die „historische Wahrheit", an die man näher herankommen will.[8] Die Avantgarden, deren Aktualität man bestreitet, hätten diese Wahrheit verfehlt, weil sie die Moderne selbstgefällig und eingeengt gedeutet hätten. Um diese Moderne bzw. deren Revision gehe es jetzt. Und dafür müsse sie neu gelesen werden.

Wie sie tatsächlich ausgesehen hat, diese ach, so deutsche Moderne, und wer ihre wahren und wahrhaftigen, von einer ‚parteilichen Historiographie' angeblich allzu lange schmählich unterdrückten Protagonisten waren, wird in der Auflösung des Rätsels zu einem einzigen Skandal.

Wer 1991 die Architekturbiennale in Venedig besuchte und gespannt war auf den – wohlgemerkt – aktuellen Beitrag in dem von Speer in den dreißiger Jahren erbauten Ausstellungspavillon der Bundesrepublik, der sah sich unerwartet mit einem deutschen Herrenzimmer aus der Kaiserzeit konfrontiert. Es bildete das Entree zu einer von Lampugnani und Marco de Michelis besorgten Tessenow(!)-Ausstellung. Wie groß fiel da der Gegensatz zwei Jahre später aus, wo im gleichen Pavillon Hans Haake ein Deutschland-Bild bedrohlich falscher Kontinuität und seiner notwendigen Erosion in Gestalt des zerschlagenen Marmorfußbodens inszenierte. Bleibt zu hoffen, daß sich hier so schnell keiner wieder ein reformiertes deutsch-bürgerliches Herrenzimmer einrichten wird.

In Verbindung mit Heinrich Tessenow war von einer „gemäßigten Moderne" die Rede, die die Frankfurter Ausstellung ein Jahr später, weiter ausholend – auch als „stille" Moderne –, rehabilitiert der Öffentlichkeit präsentiert. Jetzt scheut man sich nicht mehr, sich uneingeschränkt zu jenen Architekten zu bekennen, die – wie der Kampfbundgründer Schultze-Naumburg oder der Entwerfer gigantischer Totenburgen, Wilhelm Kreis – wesentlich stärker dem Naziregime und seiner Blut-und-Boden-Ideologie verbunden waren als der spröde Tessenow. Wie die Stuttgarter Schmitthenner und Bonatz gingen sie problemlos von einem regional ortsgebundenen zu einem deutsch-rassebetonten Bauen über. Doch trennen die Autoren fein säuberlich zwischen dem „Sich-Einsetzen-Lassen für die nationalsozialistische Politik" und einem „architektonischen Standpunkt".

Auf diese hilflose, aber wirkungsvolle Flucht in das zentrale Konstitutionselement bürgerlich affirmativer Kunst und Ästhetik, ihre Autonomie, greift auch Hans Kollhoff in einem Gespräch mit Peter Neitzke zurück: „Soweit aber Architektur Kunst ist, kann ich sie nur außerhalb ihres politischen Verwertungszusammenhangs beurteilen. [...] Deshalb wird für mich immer deutlicher, daß man unterscheiden muß zwischen der politischen Standortbestimmung der Architekten des ‚Dritten Reiches' bzw. der politischen Affirmationskraft ihrer Architektur und einer innerarchitektonischen Auseinandersetzung, die Teil der deutschen Architekturgeschichte vor dem ‚Dritten Reich' war, die nach dem Kriege aus naheliegenden Gründen verdrängt wurde und die es heute auf sachliche Weise aufzunehmen gilt, die Auseinandersetzung innerhalb der Moderne zwischen denen, die kurzerhand bereit waren, das Metier der Architektur einer revolutionären Vorstellung rationalistischer Organisation zu opfern, und jenen, die modernen Ansprüchen nur aus einem baukünstlerischen Traditionsbewußtsein heraus gerecht zu werden glaubten."[9]

Es ist diese von allen Schmutzspuren ideologischer Vereinnahmung (Kapitalismus und Nationalsozialismus) und ideologiekritischer Verurteilung (Linke, Avantgarde und Marxismus) neuerlich freigesprochene und gereinigte Auffassung von Architektur als „Standpunkt" bzw. „Kunst", die den Autoren der Frankfurter Ausstellung im Falle der 1939 durch den Heimatschutzbund veröffentlichten Entwürfe für den Wiederaufbau des Ostens so bemerkenswert gerät[10], daß daraus sogar eine u.E. obszöne Empfehlung für das heutige Architekturstudium wird. Wie wir überhaupt aufgefordert werden, endlich zur Kenntnis zu nehmen, daß diese „gemäßigte" Moderne sowohl vor als auch nach 1933 – und auch noch vor der Avantgarde – wesentlich bewußter die Beschädigungen der Gesellschaft durch die anhaltenden Modernisierungen und Rationalisierungen reflektiert habe. In ihr verkörpere sich das humane Erbe der Moderne, auf die die Avantgarde mit Entfremdung reagiert habe. Die in ihrer Ästhetik die heile Welt einer vorindustriellen Lebensgemeinschaft symbolisierende Gartenstadt Staaken (1917) von Paul Schmitthenner gilt denn auch als „Prototyp der modernen deutschen Siedlung"[11].

In dieses Bild paßt das kassandrische Heraufbeschwören „einer Welt, der das Chaos tatsächlich" drohe.[12] Daher sei eine neue Konvention des Bauens erforderlich. Konvention aber meint „Vereinbarung" und „Herkommen". Über letzteres müßten wir uns neue Klarheit erschaffen. Wo kommen wir her?

Lampugnani spricht von einer Tradition, die 1945 abrupt abriß, weil man mit der Nazi-Gewaltherrschaft gleichzeitig auch die Architektur, die sie dargestellt hatte, pauschal verwarf; und damit „leider auch die tradierte Gediegenheit" mitsamt ihren vertrauten Bildern.[13] Einmal mehr wird beklagt, daß das bis heute nachwirkende „Nazi-Verdikt" uns Deutsche – ohne daß es uns gleich als Faschisten diffamiert – daran hindere, diesmal unser „Herkommen" in „klar geometrisch angelegten" Grundrissen und „einheitlich und streng gegliederten" Fassaden zu leben.[14]

Wie schon so oft in der deutschen Geschichte geht es Teilen der intellektuellen und kulturellen Elite dieses Landes um den Bestand unserer westlichen Kultur, um das, was wir verloren haben. Und natürlich – wie könnte es anders sein – geht es ihr um die Definitionsmacht: sich im Besitz der historischen Wahrheit zu wissen.[15] Deren Interpretation dient der Findung von Rechtfertigungen, die das Ordnen des Heterogenen und Fragmentierten im urbanen und kulturellen Raum hinreichend begründen. So ist denn auch dessen Transformation eng gebunden an die „Rückbesinnung auf Werte, die lange verzichtbar schienen, und auf Konventionen, die als überlebt galten"[16]. Wo Konventionen erodieren, muß Architektur die „Rest-Konstanten gesellschaftlichen Zusammenlebens" bewahren helfen. Damit sind vor allem die gesellschaftlichen, künstlerischen und kulturellen Werte gemeint, die, so der Berlin-Planer Hans Kollhoff, „dem hektischen Großreinemachen der zwanziger Jahre zum Opfer fielen"[17]. Die großstädtische Kultur der Zeit vor 1918 wird in Gestalt ihrer Großbauten, räumlichen Segmentierungen und Zusammenführungen zum allein ästhetisch gegenwärtigen Leitbild architektonischer und städtebaulicher Orientierung.

Diese Regression verweist auf das sehr komplexe Problem der im Grunde nie geglückten, immerzu in Gegensätzen und Tabuisierungen sich bewegenden Konfrontation tradierter bürgerlicher Ansprüche an die Kultur mit deren Transformation in eine industrielle Massenkultur von inzwischen universellem Zuschnitt. Der Werteverlust wird geschickt in die zwanziger Jahre hineinverlegt und erscheint damit historisch lokalisierbar als das Versagen der die Moderne radikalisierenden Avantgarden. So kann der Eindruck erweckt werden, als sei es die gleichsam freie Entscheidung dieser Avantgarden gewesen, die Dominanz der Kultur gegenüber den Imperativen der industriekapitalistischen Gesellschaft fahrlässig aufs Spiel gesetzt und preisgegeben zu haben.

Transformation der Kultur
zwischen Avantgarde und Nationalsozialismus

Allerdings läßt angesichts knapper werdender Ressourcen die offene Bereitschaft der Kulturpolitik zur Rekonventionalisierung der Kultur befürchten, daß man auch zukünftig ignorieren wird, daß alle kulturellen Ausformungen in unserer Gesellschaft, auch die der Hochkultur, das Resultat eines universellen und divergenten Spektrums sind: das der spätkapitalistischen Massenkultur.

Die Wahrnehmung dieser Tatsache wird in Deutschland sehr oft mit einem alten, aber kulturpolitisch sehr wirksamen Affekt verbunden, dem Antiamerikanismus. Indem Europa, vor allem das „Land der Dichter und Denker", mit Hochkultur, Amerika aber mit Massenkultur assoziiert wird, erspart man sich den analytischen Blick auf die strukturellen Ursachen ihrer Entstehung im eigenen Land und führt sie auf die „kulturimperialistische" Dominanz der USA zurück. In diesem, bis zur Jahrhundertwende zurückreichenden Syndrom haben sich lange Jahrzehnte hindurch Kulturkritiker aller politischen Lager getroffen. Es bietet der kulturkonservativen deutschen Seele gleich doppelte Entlastung. Zum einen bündelt das antiamerikanische Stereotyp alle antidemokratischen Tendenzen, die in der deutschen Gesellschaft seit Kaiser Wilhelm virulent sind, und richtet sie nach außen. Zum anderen kann man die aufgrund nahezu identischer industriekapitalistischer Bedingungen hausgemachte Massenkultur auf „die Amerikaner" abwälzen und sich so nicht nur politisch-militärisch, sondern auch noch kulturell als Opfer wähnen.

Nun sind wir der Überzeugung, daß sich bereits in der Zeit der nationalsozialistischen Herrschaft in Deutschland dieser moderne Kulturtypus gewaltsam herausgebildet hat, der mittlerweile in den westlichen Industrieländern alle Erscheinungsformen jeglicher Kultur zum lebendigen Rohstoff seiner Gestaltungen umwandelt. Er ist das Resultat eines kulturellen Transformationsprozesses, der sich seit Ende des vorigen Jahrhunderts wesentlich in der Auflösung der affirmativen bürgerlichen Kultur in die einer industriell erzeugten Massenkultur erfüllt. Dabei ist uns auch jener „archimedische Punkt" einer „genuin ästhetischen Erfahrung" mehr und mehr abhanden gekommen, „von dem aus die Strukturen der kommerziellen Kunst kritisch demaskiert werden könnten": die Hochkultur, der Modernismus selbst.[18]

Was sich rückblickend aus der Logik des Kapitalismus notwendig ergeben haben könnte, ist in seinen jeweiligen Thematisierungen und den Interessen der Trägersubjekte alles andere als homogen gewesen. Besonders deutlich wird das daran, daß es gerade die Zerschlagung der affirmativen Kultur ist, die auch im Zentrum des Projekts der Avantgarden steht. Lampugnanis Kulturkonservatismus sitzt einem tradierten Kunstbegriff auf, den die Avantgarden ja gerade zertrümmern halfen, weil sie sich Impulse für ein Modell neuer Lebensentwürfe aus einer transformierten Ästhetik versprachen. Gegen Versuche, den „künstlerischen Willen zur Beherrschung des Materials" der Avantgarden ineins zu setzen mit einem auf Faschismus und Stalinismus hinweisenden „Willen zur Macht"[19], sind wir davon überzeugt, daß Avantgarde und Faschismus – trotz gleicher Intention – von völlig verschiedenen Zielhorizonten aus operieren. Erstere will durch die Transformation die affirmative Kultur förmlich zerschlagen, während sie die Nationalsozialisten durch ideologische Restauration faktisch transformieren wollen.

Solche Verbindungen der kulturellen Moderne mit der nationalsozialistischen Kunst- und Kulturpraxis wurden lange Zeit verdrängt. weil sie nicht ins je holzschnittartige Bild der fortschrittlich demokratischen Moderne und des reaktionären und totalitären Hitlerfaschismus paßten. Vor allem gilt das für Architektur und Produktgestaltung. Hier werden seit einiger Zeit Bruch und Kontinuität mit besonders großem Erstaunen, mit Enttäuschung, aber auch einer unverhohlenen Genugtuung nachgewiesen, zur Kenntnis genommen, abgewehrt und mißdeutet.[20]

Problematische Annäherungen

Nun ist es schon etwas länger kein Geheimnis, daß die Architektur des Neuen Bauens dort, wo sie eindimensional zu technischen Modernisierungen einsetzbar war, trotz ihrer frühen Verdammung durch nationalsozialistische Kulturideologen über 1933 hinaus weitergeführt wurde. Nur dürfen wir dabei eines nicht übersehen: Die Angriffe der NS-Kulturideologen gelten auch schon vor 1933 nicht so sehr einem schlichten, die technischen Möglichkeiten nutzenden Bauen, sondern dem dominanten Anspruch für die kulturelle Symbolbildung, den die Avantgarden daraus ableiten und der sich zur nationalen nicht mehr eignet. Diesen Anspruch gilt es, mit den entsprechenden Auswirkungen auf die künstlerisch-ästhetische Praxis zu brechen; so etwa im Industriedesign, dem das neu nobilitierte Kunsthandwerk aus ideologisch-programmatischen Gründen den Bedeutungsrang streitig macht.[21]

Den Avantgarden ist die Technik in den zwanziger Jahren derart faszinierend, zugleich aber auch unsentimental geraten, daß sie sowohl ästhetisch als auch sozial das progressive Gegensymbol zu einer reaktionären Kulturpolitik werden konnte. Diese gleich doppelte, aber auch nicht immer zwangsläufig gemeinsam auftretende sinnhafte Bedeutung mußte der Technik soweit genommen werden, damit sie als vormals dominanter Kultur- und Symbolträger nicht weiter in Erscheinung treten konnte. Alle diesbezüglichen ästhetischen Energien sollten davon abgezogen und umgeleitet werden.[22] Auch das erklärt die in diesem Punkt alles andere als vordergründige Kritik der Nationalsozialisten an den kulturpolitischen, sozialen und ästhetischen Programmatiken einiger Architektur-Avantgarden. Zudem wurde der ästhetische Überschuß der Technik als sinnstiftendes Kulturmerkmal vom Bürgertum ohnehin nicht verstanden[23], sondern als Bedrohung empfunden. Begeistert wird Technik im Dritten Reich daher auch immer dort aufgenommen, wo sie – wie im Falle der Flakscheinwerfer Speers oder der Filmtechnik der Riefenstahl – als Mittel massenwirksam zur Ästhetisierung und Inszenierung in monumentaler Dimension eingesetzt wird.

Schon gar nicht resultieren aus jener geteilten Technikbegeisterung Übereinstimmungen in der Einschätzung der gesellschaftlichen Verhältnisse. Eine Kontinuität über 1933 hinaus ist für manche modernen Architekten und Produktgestalter – soweit sie nicht rassisch verfolgt wurden – aufgrund ihres technizistischen Werkverständnisses und der politischen Indifferenz möglich, für andere kommt sie erst gar nicht in Frage.

Und weiter: Wenn Walter Gropius damals davon träumt, der „Henry Ford des Wohnungsbaus" zu werden[24], so verblüfft es nicht, daß dessen Bürochef Reichsarchitekt der Hitler-Jugend wird und von Berlin aus ein reichsweites Netz von Jugend- und Freizeiteinrichtungen plant. Und ebenso kann es inhaltlich kaum überraschen, daß der ehemalige Gropius-Mitarbeiter Ernst Neufert Normenbeauftragter des General-Bauinspektors für die Neugestaltung der Reichshauptstadt, Albert Speer, wird. Richtlinien für Typisierung und Normierung der Bauproduktion stehen innerhalb der technizistischen, positivistischen Rationalität und Logik industriekapitalistischer Modernisierungsprozesse. Und insofern verkörpert nicht erst Speer den Typus „des reinen Technikers, des klassenlosen, glänzenden Mannes, ohne Herkommen, der kein anderes Ziel kennt, als seinen Weg in der Welt zu machen, nur mittels seiner technischen und organisatorischen Fähigkeiten", als den ihn der englische „Observer" 1944 charakterisiert.[25]

Diesen modernen Ingenieur, Architekten und Produktgestalter interessiert in erster Linie, endlich – und auch unter dem Primat einer durchschlagskräftigen Politik – zentral und hochgradig rationalisiert, also effizient und zielstrebig, die Programme durchführen zu können[26], für die die Avantgarden nicht die Massenbasis besitzen, die jetzt das Zwangsregime verspricht.

Verglichen damit sind die Werke der Avantgarden in der Rückschau Antizipation, ja, bloße Bilder eines Zustandes, eines anderen Umgangs mit den Objekten und mit sich selber. Von einigen Ausnahmen im kommunalen Wohnungsbau abgesehen, sind sie oftmals der einzig konkrete, ästhetisch verdichtete Anhaltspunkt der Erfahrung eines kulturell transformierten Lebens. In seiner im Stadium des Experiments transzendierten Substanz ist es ein mit der Technik ausgesöhntes und nicht in deren Logik gezwungenes Leben. Darin unterscheidet sich die künstlerische Avantgarde in ihren wohlgemerkt avancierten Arbeiten und deren sozialfunktionaler und -politischer Definition von der „scheinbaren Normalität und Neutralität vieler moderner Gegenstandsgestaltungen"[27], die sich wenig später mühelos ins nationalsozialistische Kulturkonzept integrieren ließen.[28]

Avantgarde, kulturelle Pluralität und Homogenität

Was nun die Avantgarden betrifft, so sind sie aus heutiger Sicht sicherlich in ihrer Kritik an der bürgerlich affirmativen Kulturpraxis veraltet, weil diese historisch überwunden ist.

Was wir heute Massen- bzw. Konsumkultur nennen, war in den zwanziger Jahren weniger durch Ordnungsparameter und Ästhetisierungen in homogene Bahnen gelenkt, sondern von Widersprüchen geprägt.[29]

Auch leuchtet nicht ein, weshalb der Ansatz der Avantgarden verfehlt bzw. in Lampugnanis Worten „selbstgefällig" gewesen sein sollte, die kulturelle Tragweite der Ästhetik soweit auszuloten und zu verändern, daß sie das Dasein nicht nur verschönert, sondern sehr viel mehr das Bewußtsein über dieses Dasein bearbeitet.

So haben wir heute nicht ohne Grund Schwierigkeiten, die Arbeit der Avantgarden an der Kritik des Tauschwerts und der (Rück-)Gewinnung der Gebrauchswerte nachzuvollziehen. Doch sind Markt- und Tauschgesetz in den zwanziger Jahren noch nicht derart in den Bereich der ästhetischen Produktion eingedrungen, als daß man sagen könnte, es gäbe nur noch das System; und die Freiheit sei nicht mehr als die der Konkurrenz, der verschiedenen Formen usw. Noch ist nicht alles austauschbar, und noch ist die Freiheit der Kunst, gegenüber den abgeworfenen Traditionsbindungen zu machen, was sie will, vom Aufbruch in eine sozial bessere Welt durchdrungen.

Die wirtschaftlichen Bedingungen des künstlerischen Schaffens werden erst in den sechziger Jahren zum Gegenstand der Kunst. In deren Substanz und Form dringt das Ökonomische ähnlich tief ein wie in alles Symbolische. Rückblickend erscheint der Zynismus der Avantgarde noch relativ unbelastet von der bewußten Schizophrenie und sensiblen Unempfindlichkeit eines Warhol und weit entfernt davon, sich immer wieder aufs Neue spektakulär und nur für sich selbst zu inszenieren. Diese heute so verbreitete Verantwortungslosigkeit steht in krassem Gegensatz zum damaligen avantgardistischen Bewußtsein, verantwortlich zu sein. Das allerdings läßt nicht übersehen, daß das oben angesprochene Problem des Nachvollziehens das Resultat der von der Avantgarde selbst mitgetragenen Kommerzialisierung und Mediatisierung der Kultur ist. Der Frankfurter Architekt Ferdinand Kramer ist sicherlich ein Beispiel für die kritische und sozial engagierte Arbeit an den Gebrauchswerten.[30] Dagegen suggerieren andere, ästhetisch ausgeprägtere Entwürfe beispielsweise die Überwindung der Schwere der Objekte im Sinne des Entlastetseins von ihnen als materieller Notwendigkeit. Die Beherrschung des Materials (z.B. die Freischwinger von Mart Stam) wird hier zur Vision eines besseren Lebens. Im Vertrauen auf die noch gar nicht ausgeschöpften technischen Innovationsmöglichkeiten geraten die Gebrauchswerte in eine dynamische Progression, ausgelöst durch den permanenten Hunger nach Neuem.

Es hilft alles nichts, Michael Denning[31] hat recht, wenn er sagt, daß die Massenkultur gewonnen hat. Dabei dürfte erstmals im Laufe der zwanziger Jahre deutlich geworden sein, daß alle Kultur unterm Kapitalismus letztlich auf Massenkultur hinauslaufen wird. Spätestens ist das in Deutschland die Botschaft der Nationalsozialisten gewesen.[32] Gleichwohl wurde das, was wir heute – politisch, sozial, kulturell – Pluralismus

nennen, damals noch ideologie- und angstbesetzt als das Aufeinanderprallen harter sozialer, politischer und kultureller Gegensätze erlebt und
keineswegs nur als das Verschiedene. Nur hat die gegenwärtige Repräsentation des universell Ästhetischen die Spuren von deren eigener Differenz ausgelöscht. Allerdings ist Pluralität heute keine erkämpfte Errun-
genschaft der Postmoderne. Sie ist die Frucht, die ihr der Ausdifferen-
zierungsprozeß der modernen kapitalistischen Industriegesellschaft not-
wendigerweise in den Schoß gelegt hat – notwendig, wenn die Gesellschaft
nicht an ihren inneren Spannungen explodieren soll.

Ein entfalteter Pluralismus, so systemadäquat er immer sein mag, ist
zugleich eine politisch-soziale Situation, in der Monopolansprüche gestellt
und durchgesetzt werden können – vor allem, wenn ein kritisches, gar
krisenhaftes Schwellenereignis stattfindet. Das hat in Deutschland mit
dem Zusammentreffen von Vereinigung der beiden Teilstaaten und na-
tionaler und internationaler Wirtschaftskrise gleich mit dreifacher Wucht
eingeschlagen und überdies noch eine stark in ihrer insularen Sonderlage
befangene intellektuelle Kultur paralysiert. Der neue Konservativismus,
der primär auf ein soziales Rollback in einem autoritären Staat abzielt,
ist der einstweilige Kriegsgewinnler der diffusen Krisenlage und der frik-
tionsreichen Problemlagen, die der Pluralismus in den kapitalistischen
Industriegesellschaften für seine Bürger offensichtlich überreichlich be-
reithält.

Wie jede Bewegung, die den Anschein der Stärke hervorruft – ob sie
wirklich stark ist, ist erfreulicherweise noch nicht erwiesen –, schart auch
der Konservativismus eine Gruppe intellektueller Ideologen um sich, die
sich insbesondere um den Sündenfall des deutschen Konservativismus,
den Nationalsozialismus, und seine Rehabilitierung oder wenigstens Re-
lativierung bemühen. Das erfaßt zwangsläufig alle Gebiete. Im Zentrum
stehen aber die Politik der Nazis, die in den Händen Ernst Noltes und
einer rechten Phalanx von Revisionisten um Rainer Zitelmann gut aufgehoben ist, und die kulturellen Hervorbringungen des Regimes und
seiner Vor- und Mitläufer.

Massenkulturelle Pluralität ist nun Folge ihrer industriellen Grundlage
– zugleich auch die Erscheinungsfülle einer strukturellen Homogenität.
Als Pluralität aber noch Latenz war, Entwicklungsperspektive kapitalistischer Industriegesellschaften, als sie täglich noch umkämpft war, löste
ihre Artikulation durch die Avantgarden kulturelle Irritation und individuelle Friktionen aus. Das arbeitete den Nazis insofern zu, als sie diese
perhorreszierten Emotionen gefolgschaftswirksam für ihren Versuch mo-

bilisieren konnten, kulturelle Homogenität im Massenzuschnitt ohne Pluralität durchzusetzen.[33] Es ist schon bemerkenswert, daß in den architektonischen Ordnungsvorstellungen Lampugnanis eben diese Homogenität, die von den Nazis u.a. mit denselben von Lampugnani propagierten Mitteln auch ästhetisch zwangsverfügt wurde, erneut intendiert wird.

Massenkultur

Die bestimmende Tendenz moderner Kulturentwicklung sehen wir in dem, was mancherorts und auch bei uns Massenkultur genannt wird. Es handelt sich im Unterschied zur traditionellen, bürgerlich affirmativen Kultur, die von auch sozialstrukturell definierten Eliten für dieselben Eliten veranstaltet wurde, um eine relativ klassenunabhängige, auf die Gesamtheit der Menschen eines Landes, heute, in der Ära der Internationalisierung der Medien und des Weltmarkts, auf die Gesamtheit der Menschen der kapitalistischen Industriestaaten orientierte Kultur. Es gibt eine Reihe anderer Ausdrücke dafür, wobei der durch Horkheimer und Adorno eingeführte Begriff Kulturindustrie sicherlich zu den bekanntesten zählt.

Während die Analyse der „Kulturindustrie" einen Aspekt dieses Geschehens, die kommerzielle Mediatisierung der Kultur, ins Zentrum ihrer Analyse gestellt hatte, wird der hier angesprochene ökonomische Reproduktionszusammenhang moderner Massenkultur in der angelsächsischen Kultursoziologie gegenwärtig unter dem Stichwort „consumer culture" untersucht. Der Ansatz berücksichtigt begrifflich die Tatsache, daß Massenkultur nicht nur ein Medienphänomen darstellt, sondern von dem gesamten Produktions- und Marktsystem kapitalistischer Gesellschaften hergestellt wird. Tatsächlich fließt in den Massenkonsum aber auch der zutiefst grundständige Egalitarismus ein, den die nachbürgerlichen Gesellschaften des Westens als politisch-soziale-kulturelle Selbstdeutung und Selbstrechtfertigung trotz aller himmelschreienden Ungleichheiten und Ungerechtigkeiten von ihren bürgerlichen Vorgängergesellschaften übernommen haben. Die Massenkultur wird also als zugleich differenziertes und homogenes und eben darin im Konsum egalitäres Warenuniversum industriell produziert, kommerziell verbreitet und konsumptiv angeeignet. In diesen drei, die symbolischen Formen hervorbringenden und zugleich modifizierenden Prozessen passiert viel an Differenzierung, Intentionsumkehrungen und Expressionen.

In dieser Industrialisierung der Kultur bleibt nun auch eine Kulturelite erhalten; sie weitet sich seit etwa hundert Jahren sogar kolossal aus[34], weil die Apparate einen ständig steigenden Bedarf an kultureller Kompetenz, an intellektuell qualifizierter Arbeitskraft verzeichnen. Aber diese Elite ist nicht mehr mit der alten Kulturelite der liberalen Ära identisch, weil sie nicht mehr im Klassensystem der bürgerlichen Gesellschaft verankert ist. Statt dessen flottiert sie – wie Kapital und Rohstoffe – durch die verschiedenen Abteilungen der Industrie und der Vermittlung, des Managements und der Gestaltung, in der gedämpften Atmosphäre der Kreativen und in den billigen Chargen serieller Massenproduktion von Kulturgütern, auf hoher Gehaltsstufe (z.B. Museumsdirektor) und in sozial ungesicherten und unterbezahlten Jobs, wie z.B. in vielen Bereichen der neuen kommerziellen Funk- und Fernsehmedien. Entsprechend ihrer eigenen strukturell diffusen Lage produzieren sie auch nicht mehr für ihresgleichen, sondern eben für die „Masse", zu der sie sozialökonomisch zum Teil selbst gehören. Massenkultur ist eine Angebotsökonomie. Und nirgends wird das deutlicher als in der zeitgenössischen Architektur mit ihrem Changement zwischen postmodernem Schnickschnack, dekonstruktivistischem Formenwagnis und der neokonservativen Programmatik eines geometrischen Ordnungsgefüges.

Das ist sicherlich der Hauptunterschied zu jeder Art von Volkskultur wie auch zu den Anstrengungen vergangener Hochkultur, deren produktive Aneignung ein Höchstmaß an Ausbildung und Spezialisierung der Sinne voraussetzt, für die es heutzutage kaum noch sozialisationsmächtige Instanzen gibt.

Wenn es das Schicksal der Dinge in unserer Welt ist, immer dichter mit symbolischen Funktionen besetzt zu werden, auf diese Weise selbst zu Medien menschlicher Expressivität und Gruppenidentitäten geratend, dann ist die Ästhetisierung keine künstliche, gewissermaßen anbiederlich verkaufsfördernde Verpuppung, sondern ein sachlicher Imperativ, ein struktureller Zwang kapitalistischer Industrieproduktion, der mit seinen Gegenständen das Bedürfnis nach Ästhetisierung bei den Konsumenten zugleich mitproduziert. Dieser zirkuläre Resonanzeffekt von Produktion und Konsumtion ästhetisierter Gegenstände fungiert als Verstärker im Ästhetisierungsprozeß. Ihre Universalisierung ist damit die immanente Tendenz dieses Kulturtyps. So betrachtet, sind Massenkultur und Universalisierung des Ästhetischen zwei Seiten desselben kulturellen Prozesses unserer zeitgenössischen kapitalistischen Industriegesellschaften; das zweite ist gewissermaßen der immanente Sinn des ersten. Dieser Prozeß beginnt

– in den einzelnen Ländern zeitversetzt – durchweg mit der Durchsetzung des fordistischen Reproduktionsmodells der westlichen Ökonomien und ist noch nicht zu Ende. Obgleich natürlich die Grenzen sowohl des ökonomischen Modells wie seiner kulturellen und sozialen Form deutliche Konturen gewinnen, worauf der Neokonservativismus auf allen drei Ebenen mit dem Versuch ihrer Einziehung reagiert.

Nationalsozialismus

Wenn wir in unseren Überlegungen zur Genese der Massenkultur als dominantem Typus modern(isiert)er Kultur Avantgarden und Nationalsozialismus in einen Zusammenhang bringen, kann das bei flüchtiger Lektüre wie die Konstruktion einer inneren Kontinuität oder gar Wahlverwandtschaft beider erscheinen. Diese verhülfe darüber hinaus durch eine posthume Belastung dem Nationalsozialismus zu einer weiteren Entlastung, ein Versuch, den schon Ernst Nolte unternommen hat, indem er den Nationalsozialismus als wohl nicht notwendigen, so doch zumindest plausiblen Reflex auf den Stalinismus zu exkulpieren gedenkt. Lange Nachkriegsjahre war der Versuch, das Unbegreifliche wissenschaftlich – und auch volkspädagogisch – zu verstehen, von der Vorstellung der Diskontinuität, eines Bruchs in der deutschen Geschichte geprägt. Das Bild vom „Rückfall" in eine längst beendet geglaubte Barbarei bestimmte diese Vorstellung, die höchstens im sogenannten deutschen Sonderweg eine gewisse Grundlage hatte. Aber wie diese Sonderwegsthese durch die neueren historischen Forschungen – besonders der Engländer Geoff Eley[35] ist hier zu nennen – stillschweigend zu den Akten gelegt worden ist, so gewinnt langsam auch die Einsicht Raum, daß der Nationalsozialismus kein Geschichtsunfall war, der Deutschland zeitweilig vom Weg des humanen Fortschritts abirren ließ, auf den es seither wieder eingeschwenkt ist. Daß auch er, wie so vieles andere Grauen, wenn auch als das vorläufig schlimmste, in der Kontinuität der Moderne steht, die nicht nur das technische Potential zu seiner Verwirklichung geschaffen hat, sondern auch das bürokratisch-technische und dabei keineswegs unmoralische Bewußtsein wachsen ließ, das bereit ist, es per Verwaltungsvorschrift in Gang zu setzen.[36] Nicht nur die industrialisierte Gewalt, das maschinelle Töten aller Kriegsparteien im Ersten Weltkrieg, hatten eine Ahnung davon gegeben, was zukünftig möglich ist, und nicht erst das Ziel eines x-beliebigen amerikanischen Generals der sechziger Jahre, ein machtloses und

Hunger leidendes Drittweltland „in die Steinzeit zurückzubomben", hat gezeigt, daß der Ausbruch aus der Normalität in der modernen Welt deren Normalität werden kann. Insofern ist auch der Nationalsozialismus ein lastender Beweis dafür, wie weit die Moderne unter bestimmten Umständen zu gehen bereit ist.

Nun ist der Nationalsozialismus nach allgemeiner Übereinkunft die zum Äußersten radikalisierte Ideologie und Praxis der Gegenmoderne. Abgesehen davon, daß Brutalität und Roheit in den modernen westlichen Gesellschaften, die sich ihrem Selbstverständnis nach auf dem Königsweg weiterer Modernisierung befinden, ohne offenbare Limitierung wachsen, ist die Gegenmoderne zusammen mit der Moderne entstanden, gewissermaßen als zunächst bewahrender, konservierender Reflex auf ihre mindestens seit der Romantik so empfundenen Auswüchse an Kälte und Entfremdung. Sie ist ihr legitimes, wenn auch nur ungern gesehenes Kind. Je radikaler die Moderne, desto fundamentaler die Gegenmoderne. Und sie bedient sich zur Exekution ihres Fundamentalismus aller Mittel der Moderne.[37] Diese Kombination macht ihren barbarischen Extremismus grundsätzlich möglich, erzwingt ihn jedoch nicht unbedingt, wie die Differenz zwischen italienischem Faschismus und Nationalsozialismus nicht nur in dem für uns einschlägigen Bereich der Kulturpolitik zeigt, sondern vor allem auch im Umgang mit den Juden. Die neue Kontinuitätsdiskussion des Nationalsozialismus, die in der Moderne die Grundlage und in ihren technischen und administrativen Errungenschaften die Mechanismen nationalsozialistischer moderner Gewalt sieht, relativiert ihn mithin nicht. Sie nimmt der Moderne, ihren gegenwärtigen Protagonisten und ihrem historischen Herausbildungsprozeß lediglich die lange behauptete Unschuld.

So ist auch das kulturpolitische Verhältnis zu den Avantgarden zu sehen. Die Nazis beerben sie nicht, noch führen sie sie fort. Vielmehr bekämpfen sie sie bis aufs Messer als Ausgeburten der Moderne. Aber gerade als solche sind ihre massenkulturellen Implikationen wie auch ihre Destruktionen vormoderner, überständiger Kulturideologien für die gegenmodernen Herrschaftsimperative der Nazis anschlußfähig, wenn auch nicht instrumentalisierbar; sie sind den nazistischen Intentionen inkommensurabel. Kein nationalsozialistischer Kulturpolitiker kann sich auf diese Dinge berufen, sie sind aber historisch vorausgesetzt.

Diese Dialektik von Einheit und Differenz findet sich zwangsläufig auch in der nationalsozialistischen Baukultur: Sie fügt einen technokratischen Opportunismus (als Schwundform des modernistischen Technizismus) mit reaktionären Bildern zusammen, die in der Architektur das Verhältnis von Machtrepräsentation und Massengefolgschaft nicht nur im Verhältnis von öffentlichem Repräsentationsbau zum Wohnungsbau, sondern noch einmal in jedem Siedlungsplan wiederholten. Darin verspricht die Hierarchie von oben und unten, von Machtzentrum und peripherer Individualität der Volksgenossen, von der Ausgabestelle der offiziellen Werte zu ihren Objekten, den Einzelmenschen, in geometrischer Ordnung Stein zu werden.

,Revisionistische' Historiker

Etwas anders sind wohl die „revisionistischen" Historiker einzuordnen, die neuerdings vor allem als Modernisierungstheoretiker des Nationalsozialismus auftreten. Sie sehen, wie besonders ihr wortreicher Künder, Rainer Zitelmann, den Nationalsozialismus nicht als gegenmodernes Moment der Moderne, sondern im Gegenteil als „Modernisierungsdiktatur", also als eine politische Form, in der eine nachholende Modernisierung einer offenbar rückständig erachteten deutschen Gesellschaft erfolgt, die auch gewaltförmige Prozesse kennt. Auch wenn es auf den ersten Blick den Anschein haben mag, kann es uns aus o.a. Gründen auf gar keinen Fall darum gehen, die Debatte zu vertiefen, die sie aus Selbstprofilierungsabsicht gegen Dahrendorfs relativ frühe Modernisierungsthese entfacht haben: ob es sich bei der Kulturpolitik der Nazis um ein planvolles Projekt der Überführung traditioneller kultureller Elemente in einen modernen massenkulturellen Systemzusammenhang mit vernetzten Komponenten oder um ein herrschaftsstrategisches, gleichsam aus der Not geborenes Abfallprodukt gehandelt hat. Das halten wir im Kontext der gesamten Modernediskussion ohnehin für ein Scheinproblem, das bei Zitelmann lediglich der Stiftung einer wissenschaftlichen Gruppenidentität und vermutlich der Definition einer rechtsintellektuellen politischen Fraktion dienen soll.
Diese Fraktion ist in einem größeren Zusammenhang zu sehen als der klassische Revisionismus eines Rassinier, Faurisson, Irving oder Althans, die die Realität des Holocaust leugnen, aber gerade damit seine Barbarei bestätigen – wenngleich sie ihm mit Sympathie und Verständnis begegnet. So etwa Nolte, der in seinem letzten Buch 1993 begonnen hat, den Holocaust und den Nazi-Rassismus zu rechtfertigen; so Zitelmann, der in seiner Zeit als Cheflektor bei Ullstein/Propyläen und dann als Res-

sortleiter in der *Welt* bevorzugt Autoren zu Worte kommen ließ und läßt, die einerseits die Entsorgung der jüngsten deutsche Geschichte betreiben – hier kämpft der Chef selber an vorderster Front mit seiner Modernisierungsthese vor allem im Bereich der NS-Sozialpolitik – und die andererseits das „Interim" (Karl-Heinz Weißmann) einer demokratischen BRD mit Westbindung als praktische Fehlentwicklung der Nation beklagen.

Bei dieser Fraktion handelt es sich also kaum um eine ernsthafte NS-Forschung, aber auch nicht einfach um Dogmatiker des Ewig-Gestrigen; das sind ihre Mitglieder lediglich in einzelnen Facetten. Vielmehr handelt es sich um Figuren, die, das ideologische Zentrum eines bis nach rechts-außen reichenden Neokonservativismus besetzend, ihm zunehmend Publizität verleihen wollen.

Sie stellen den legitimatorischen Überbau für den politisch-sozialen Konservativismus der „Standort-Deutschland"-Politik, der unternehmerischen Zerstörung des sozialen Konsenses der Republik, der Zurückschraubung sozialer Rechte und materieller Errungenschaften der Lohnabhängigen und der sozial Ausgebeuteten dar, des Antieuropäismus, Antiamerikanismus und Antidemokratismus. Sie verleihen dem neuen konservativen Paternalismus die nationale Weihe, stecken gewissermaßen sein Handlungsfeld ab und binden es an die ins Bräunliche changierenden Traditionen an, indem die demokratische Periode des Landes als „reeducation" (Zitelmann) lächerlich gemacht wird.

In genau diesen konservativen bis nationalistischen Ideologenklüngel gehört neuerdings Lampugnani als Grundsanierer der ästhetischen Flanke, der Kulturideologie. Es ist an der Zeit, daß die negativ Betroffenen der sozialen Rolle-Rückwärts lernen, „einfache" Wohnblocks mit „gleichförmigen" Fensterreihen, alles in – wie zu NS-Zeiten – „tradierter Gediegenheit" ausgeführt, als ästhetisch gelungen zu empfinden. Solche Mieter haben in ihrem Alltagsleben vielleicht wenig zu lachen, dafür können sie in „die Leere" der Ordnungsästhetik der einfachen, klaren und ruhigen Mietskasernen ihre „eigenen Träume" projizieren und so, hoffentlich von den Ungerechtigkeiten ihrer Lebenslage träumend, stillgestellt werden. Uns scheint, daß der ästhetische Konservativismus dieses Typus von Architekturkritik, gemessen an den lockeren Entwürfen der Zitelmänner, noch etwas naiv ist und daß Lampugnani die Chance verdient hat, in der ruhigen Atmosphäre der ETH Zürich seine Konzepte weiter auszuarbeiten. Daß er inzwischen sauer auf Kritik reagiert und „entsetzt über seine Kritiker" ist, darf nicht verwundern: Er fühlt sich wohl in verschiedener Hinsicht ertappt.[38]

Anmerkungen

1 Krier, Leon, Eine Architektur der Sehnsucht, in: Bauwelt, Heft 28/29, 1987, S. 1037

2 Frank, Hartmut (Hg.), Faschistische Architekturen, Hamburg 1985, S. 17

3 A.a.O., S. 10

4 Lampugnani, Vittorio M. und Romana Schneider (Hg.), Moderne Architektur in Deutschland 1900-1950. Reform und Tradition, Stuttgart 1992, S. 9

5 Broschüre des Deutschen Architekturmuseums anläßlich seiner Eröffnungsausstellung „Revision der Moderne", Frankfurt/M. 1984

6 Frank, a.a.O., S. 20

7 Lampugnani, Vittorio M., Das Naheliegende ist die größte Provokation, in: Frankfurter Rundschau, 30.10.1993 (1), S. 8; sowie ders., Die Provokation des Alltäglichen, in: Der Spiegel, 51, 1993 (2), S. 142-147

8 Lampugnani/Schneider, a.a.O., S. 9

9 Es geht nicht darum, eine vergangene Welt zu konservieren. Hans Kollhoff im Gespräch mit Peter Neitzke, in: Centrum. Jahrbuch für Architektur und Stadt, Braunschweig/Wiesbaden 1993, S. 49

10 Lampugnani/Schneider, a.a.O., S. 126

11 A.a.O., S. 133ff. Zur Kritik siehe auch Pahl, Jürgen, Politische Verstrickungen, in: ARCH+ 114/115, Dezember 1992, S. 25/26

12 Lampugnani, 1993/2, S. 142

13 Ders., 1993/2, S. 143

14 A.a.O., S. 146

15 Lampugnani/Schneider, a.a.O., S. 9

16 Es geht nicht darum..., a.a.O., S. 54

17 A.a.O., S. 52

18 Jameson, Fredric, Spätmarxismus, Hamburg 1992, S. 180

19 Groys, Boris, Gesamtkunstwerk Stalin, München/Wien 1988, S. 11

20 Unter den wenigen Kunstwissenschaftlern in Deutschland, die sich schon seit längerem um eine sehr sorgfältige, analytisch differenzierte und unaufgeregte Bearbeitung dieses komplizierten Beziehungsgeflechts mit Erfolg bemühen, ragt der Münchner Winfried Nerdinger heraus.

21 Bauhaus-Moderne im Nationalsozialismus (hg. v. W. Nerdinger), München 1993, S. 85ff

22 Durth, Werner, Deutsche Architekten, Braunschweig/Wiesbaden 1986, S. 98

23 Schwab, Alexander, Das Buch vom Bauen, Düsseldorf 1973, S. 67ff

24 Nerdinger, Winfried, Walter Gropius, Berlin 1985, S. 16

25 Durth, Werner, Architektur und Stadtplanung im Dritten Reich, in: Prinz, Zitelmann (Hg.), Nationalsozialismus und Modernisierung, Darmstadt 1991, S. 139-171, hier S. 152

26 In einem Brief vom 20.2.1934 an Lörcher teilt Gropius die Auffassung, daß die Entwicklung der modernen Architektur rein gar nichts mit einem politischen System zu tun habe. Bestärkt sah er sich darin durch die Verwirrung, die Diskussionen auslösten, nach 1933 einen Zusammenhang zwischen Moderne und Nationalsozialismus herzustellen. Anhaltspunkt war die Tatsache, daß das faschistische Italien die Architektur des Razionalismo zuließ und unterstützte und die Sowjetunion einen monumentalen Klassizismus favorisierte, der Ähn-

lichkeiten mit dem nationalsozialistischen Deutschland aufwies (vgl. Scheiffele, Walter, Das neue Bauen unter dem Faschismus, in: Dekoration der Gewalt, Gießen 1979, S. 230). Viel später, in einem Brief vom 21.6.1964, schreibt Gropius an Wagenfeld, der bekannt hatte, er habe nie so konsequent arbeiten können wie im Dritten Reich: „Sie glauben nicht, wie befriedigend es für mich ist zu sehen, wie konsequent Sie die Bauhausidee zu überzeugender Realität gebracht haben, niemand anders ist so weit gegangen." (in: Täglich in der Hand, 1987, S. 63)

27 Selle, Gert, Techno-modernes Design im Vorschein der Macht und der Unterwerfung, in: Inszenierung der Macht, Berlin 1987, S. 261-272

28 Der Preis war für die meisten auch künstlerisch sehr hoch. So kommt M. Droste zu dem Ergebnis, daß z.b. die „künstlerischen Arbeiten der Bauhaus-Designer aus diesen Jahren [...] keinen einheitlichen Stil" haben. „Kompromisse, Anpassung und Mißbrauch" seien das Übliche gewesen (Bauhaus-Moderne..., a.a.O., S. 100). Peter Hahn faßt die Situation für die in Deutschland gebliebenen Bauhäusler als „miserabel" zusammen (a.a.O., S. 211).

29 Robert Venturis *Learning from Las Vegas* steht für die postmoderne Variante dieser neuerlich Mitte der sechziger Jahre einsetzenden Anerkennung und Aufwertung der Massenkultur und ihrer ästhetischen Zeichen und Symbole durch Architekten, Künstler, Schriftsteller und Kritiker. Nur daß sie angesichts der Wucht der massenkulturellen Durchdringung der spätkapitalistischen Konsumgesellschaft nicht mehr die Illusionen ihrer Avantgarde-Kollegen teilen wollten.

30 Lichtenstein, Claude (Hg.), Ferdinand Kramer: Der Charme des Systematischen, Gießen 1991; Müller, Michael, Ferdinand Kramer und die Dialektik der Avantgarde, in: werk und zeit, 39. Jg., 1991, S. 17-25

31 Denning, Michael, The End of Mass Culture, in: Naremore, James/Brantlinger, Patrick (ed.), Modernity and Mass Culture, Bloomington/Indianapolis 1991, S. 52

32 Für Gert Selle (a.a.O., S. 262) findet ein Bruch mit den sozialen Design-Utopien „nicht erst 1933, sondern allmählich und zunächst unauffällig Ende der zwanziger, Anfang der dreißiger Jahre im zunehmenden Angebot solcher modernen Produkte statt, die nicht mehr im Zusammenhang sozialer Versorgungsprogramme, sondern in der Regie der Marktwirtschaft entstehen und die ihre industrielle Herkunft quasi objektiv zur Darstellung bringen, in der Erscheinung bestehend, kühl, elegant und glatt, als hätten sie alle Erwartungen der funktionalistischen Avantgarde eingelöst, aber mit einem ästhetischen Überschuß, der nicht mehr programmatisch gebunden ist".

33 Allerdings scheitert dieser Versuch an denselben industriellen Grundlagen seiner Durchsetzung: Auch die Nazis waren gezwungen, die kulturelle Pluralisierung durch Produktdifferenzierung, Freizeitkultur, Werbung und Design voranzutreiben. Das unterstreicht die theoretische Perspektive Dahrendorfs und Becks: Die Modernität gegenmoderner Bewegungen ist herrschaftsfunktional und also notwendig und nicht im Sinne Zitelmanns intendiertes Entwicklungsprojekt.

34 Featherstone, Mike, Consumer Culture and Postmodernism, London etc. 1991

35 Eley, Geoff, Wilhelminismus – Nationalismus – Faschismus. Zur historischen Kontinuität in Deutschland, Münster 1991

36 Baumann, Zygmunt, Moderne und Ambivalenz. Das Ende der Eindeutigkeit. Hamburg 1992; und Welzer, Harald (Hg.), Nationalsozialismus und Moderne, Tübingen 1993

37 Beck, Ulrich, Die Erfindung des Politischen. Zu einer Theorie reflexiver Modernisierung, Frankfurt/M. 1993

38 Lampugnani an dpa, nach FR 116, 20.5.1994

Teil III

Wir haben einige Autoren aus dem benachbarten Ausland gebeten, zu dieser – wie wir meinen: sehr deutschen – Diskussion Stellung zu nehmen. Das Ergebnis ist insofern überraschend, als sich die Verfasser kaum auf die Frage nach einer „Neuen Einfachheit", nicht auf die ästhetische Diskussion ein- gelassen haben, sondern den Schwerpunkt übereinstimmend auf die Frage nach der Architektur für Berlin legten. Dabei wird deutlich, daß es nicht nur um Berlin geht, wenn es um Berlin geht; die große Frage nach der Zukunft der Stadt steht auf der Tagesordnung, Berlin ist nur ein aktuelles Beispiel.

Wenn man dann sieht, daß auch der Philosoph Florian Rötzer dieses Thema ins Zentrum seiner Argumentation rückt – obwohl man gerade bei ihm nicht von einem ‚Zentrum' reden sollte –, dann stellt sich doch wohl die Frage, ob nicht die Distanz – die des anderen Landes oder die der anderen Disziplin – den klareren Blick auf die Situation erlaubt. Mit anderen Worten: Ist die gesamte Debatte, soweit sie sich auf die ästhetische Seite von Architektur bezieht, soweit sie sich überhaupt auf Architektur beschränkt, nicht ziemlich beschränkt (ein Gedanke, für den Hoffmann-Axthelm schon lange plädiert)?

Elisabeth Blum

Kunstrichterliche Allüren.
Eine Kritik und ein anderer Blick auf die Moderne

„Wenn ich sage ‚die Regeln der Architektur‘, dann erinnere ich mich daran, wie ich als junger Mensch Verwunderung und Beklemmung empfand und die vielbegangenen Wege der Architektur mied, auf denen Professoren, Bücher, Handbücher und Fachbücher feierlich die ‚Regeln der Architektur‘ predigten. Es ist absolut unsinnig, sich damit auch nur eine Sekunde aufzuhalten: ‚Regeln der Architektur‘! Regeln: Von wem festgelegt – und für was für eine Architektur?“

„Wenn ich Architektur lehren sollte? Die Frage ist vielleicht nicht an den Richtigen gestellt. Ich begänne damit, die Regeln zu verbieten, um mit dieser Krankheit der Regeln, diesem Skandal der Regeln, dieser unglaublichen geistigen Ohnmacht endlich einmal Schluß zu machen. Meine Forderung wäre diese: Respekt vor der Architektur.“

Le Corbusier[1]

1. Eine Kritik

Ein alter Streit wird neu entfacht!
Vittorio Magnago Lampugnanis Aufsatz *Die Neue Einfachheit* aus dem DAM Architektur Jahrbuch 1993 liefert den Stoff dazu. Die Rede ist vom Streit zwischen Entwerfen als Denk-, Experimentier- und Erfahrungsprozeß auf der einen Seite und Entwerfen auf der Grundlage von Regeln auf der anderen.
Corbusier, der unermüdliche Gegner von Akademismus, Rezepten und falschen Propheten, der die Frage nach dem Wie und dem Warum zur

147

Richtschnur seiner Arbeit machte, immer die eigene Erfahrung gegen Gehorsam und Unterwerfung ins Feld führte – Gehorsam reagiere „nicht auf Zusammenhänge, sondern vielmehr auf gesetzmäßige, etikettierte Dinge, die von den Händlern oder den guten Hirten verkauft werden und den von den Instituten aufgedrückten Stempel ‚Für gut befunden‘ tragen"[2] –, formuliert dieses Verhältnis radikal und bis heute gültig: Regeln[3] versus Architektur.

Lampugnani will uns mit seinen *Mutmaßungen über die Architektur der Jahrtausendwende* – so der Untertitel seines Beitrags –, einem ganz und gar unbescheidenen Unternehmen, Regeln für die zukünftige Architektur verabreichen. Kein Wunder, daß der Verfasser sich dies zutraut. Er sieht seine Rolle ganz einfach analog derjenigen des Schriftstellers, von dem er im skurrilsten Satz seines Textes behauptet, dieser schreibe ein Buch nicht, „um das Leben zu zeigen, wie es ist, sondern um – über welche Umwege auch immer – zu suggerieren, wie es sein sollte". Nicht auszudenken der ungeheure Schrumpfungsprozeß der Literatur, wenn sie an derartigen Vorstellungen gemessen würde. Oder, ganz spannend, aber sicherlich nicht im Sinne des Autors: Blickte man von der Literatur her auf das Argument zurück, erstünde, um nur ein Beispiel zu nennen, aus Joyce's *Ulysses* das herausforderndste Gegenbild zu der von Lampugnani ersehnten geordneten Welt.

Aber nicht nur das. Lampugnani suggeriert nicht nur in einem simplen Blick sein Bild der Architektur, zuvor räumt er mit allem auf, was nicht in sein Vorstellungsbild paßt. Höchst überraschend fallen seinem unverfrorenen Urteil nicht nur einzelne Werke oder Architekten zum Opfer; er macht auch nicht halt vor Philosophie und Kunst: ein einziger Galopp, querfeldein, über ganze Landschaften des Denkens, des Experimentierens, des Bauens, über Tatsachen hinweg, alles in einem kurzen und unzulässig verkürzenden, ja verzerrenden Blick erledigend.

Der amerikanische Philosoph John Dewey hat für diese Art Kritik, die eher einem Prozeß mit Freispruch oder Verurteilung gleicht und mit einem Publikum rechnet, das lieber Anordnungen bekommt als im gedanklichen Nachvollzug geschult zu werden, den Spottbegriff *kunstrichterliche Kritik* eingeführt.[4] Alles, was seinen kunstrichterlichen Vorstellungen zuwiderläuft, wird von Lampugnani verurteilt. Nach Begründungen, die Einsicht in den Prozeß seiner Urteilsfindung gestatteten, sucht man vergeblich. Statt dessen findet man eine Aneinanderreihung privater Vorurteile.

Mit je einem einzigen Satz verortet er die Philosophie inhaltlich wie gesellschaftlich, ebenso die Kunst. Der Behauptung, daß „die Philosophie, seit jeher die geisteswissenschaftliche Disziplin, die über dem Alltag schwebend Richtlinien für das menschliche Leben vermittelt hat, [...] in eine marginale Position gedrängt" sei, folgt die Verunglimpfung des Denkens von Jacques Derrida und Jean Beaudrillard als kryptisch; und gleich anschließend werden die Dekonstruktivisten der Architektur darauf festgenagelt, sie hätten „nach einem Blick auf ihre Umgebung fest[gestellt], daß die Welt, in der sie lebten, immer schneller der Selbstzerstörung entgegenzurasen schien" und genau dies in Gebautes umgesetzt. Ihr „philosophischer und ästhetischer Anspruch" sei, „das Zusammenbrechen und Zerfließen zur Darstellung zu bringen".

Es zeugt wenigstens von großem Desinteresse, die Raumschöpfungen und Detaillösungen des Feuerwehrhauses von Zaha Hadid in Weil am Rhein, ein Werk, das dieser Richtung zugerechnet wird und schwerlich nach konventionellen Mustern zu lesen ist, dieser Darstellung zu bezichtigen. Unglaublich auch, daß Lampugnani die philosophische Methode der Dekonstruktion nicht von der architektonischen Stilmode unterscheidet. Weniger erstaunlich im gesamten Textzusammenhang die spürbare Antipathie, die einem philosophischen Denken entgegengebracht wird, das, wie Alois Martin Müller schreibt[5], „Schicht-Arbeit" ist, „die aufspüren will, was einem Text an Unbewußtheit zugrunde liegt, und was der blinde Fleck im Auge des Autors nicht sehen kann. Der Mensch scheint die fatale Fähigkeit zu haben, einen Weltbildapparat aufzubauen, dem er die Wirklichkeit mittels einer Art prästabilierten Harmonie unterordnet und anpaßt [...]." Dieser subversive Blick auf das Unterschlagene würde Lampugnanis Perspektive auf die Architektur gewaltig erschüttern! Ebenso seine unbegreifliche Auffassung von der bildenden Kunst: Er bedauert an ihr „eine geradezu babylonische Sprachverwirrung" und auch, daß sie „den extremen Mangel an Konsens in unserer Gesellschaft facettenreich" widerspiegele. Seit wann soll es ausgerechnet Aufgabe der Kunst sein, gesellschaftlichen Konsens widerzuspiegeln? Und Konsens worüber? Zu Lampugnanis Kunstauffassung paßt sein pejorativer Gebrauch des Begriffs Innovation: gesetzt als negativer Gegenpol zur angeblich „größte[n] gegenwärtig denkbare[n] Herausforderung", die darin bestehe, „etwas Konventionelles durchzusetzen". Innovation als eigenständiger Wert ist Lampugnani zufolge ein Mythos, von dem man sich befreien sollte – sie sei nur dort einzusetzen, „wo sie wirklich vonnöten ist".

Und wer sollte der Innovation klar machen, wer Entscheidungsinstanz spielen, wenn die Fälle benannt werden, wo sie vonnöten ist – als ob Innovation ein dienstbarer Geist, ein handhabbarer Gegenstand wäre, mit dem sich die Welt möblieren ließe! Man stelle sich vor, wovon eine zukünftige Geschichte der Architektur zu berichten hätte, wenn ihr, wie Lampugnani feststellt, nichts anderes übrigbliebe, als „sich von dem Ballast zu befreien, der sich in hundert Jahren Experimenten angesammelt hat". Man rechne zurück, um zu erraten, was seit 1894 diesem [innovativen; E.B.] Ballast zuzurechnen wäre.

Wie ein Kunstlehrer in Deweys Aufsatz *Kritik und Perzeption* seinen Studenten empfiehlt, sich an die Kunstformen der Umbrier und der römischen Maler zu halten und sie vor anderen, wie Tintoretto, warnt, dessen Einfälle „wild, kapriziös, extravagant und phantastisch"[6] seien, so verhöhnt Lampugnani nicht nur Architekten, die die Tradition der Moderne fortführen, oder die Postmodernen und die Dekonstruktivisten, sondern auch – und jetzt geht es detaillierter um das äußere Erscheinungsbild der Architektur – „unnötig vielschichtige Fassadenaufbauten" und „kalt spiegelnde Glasflächen" und – hier werden seine Regeln höchst konkret – verordnet „nüchterne Putz- oder Steinmauern [...], die Solidität versinnbildlichen und Ruhe ausstrahlen". Und selbst da, wo er postmodernen Architekten Meisterwerke zugesteht, bemängelt er an diesen genau das, was man auch an seinen „nüchternen Putz- oder Steinmauern" notgedrungen bemängeln müßte und was man in diesen Monaten entlang der größten Baustellenmeile Berlins, an der Friedrichstraße, sehen kann: die „Widersprüchlichkeit zwischen moderner Bautechnik und historisierender Steinfassade"; so gesehen ist das als „Neue Einfachheit" Gepriesene kein „Paradigmenwechsel", sondern nichts als die Fortführung der Postmoderne. Aber nicht nur so gesehen: Formalistische Vorgaben verkommen immer zur Mode, die sich, wie Lampugnani richtig sagt, „eilends bis ins letzte Dorf" verbreitet. Die Studentenarbeiten an der ETH-Architekturabteilung zeigen es: Die neue Mode aus Berlin, die braunen ‚Steinfassaden' mit Hochrechteckfenstern haben Einzug gehalten.

Nicht besser fühlt man sich in dem Abschnitt seines Textes, der die Punkte des „Paradigmenwechsels" skizziert. Allem voran das verführerische und auf schnelle Zustimmung schielende Schlagwort „Neue Einfachheit". Welche Einfachheit ist gemeint, wenn mit Architektur der Einfachheit „eine Architektur [...] der Dichte, des Schweigens [wer oder was soll zum Schweigen gebracht werden? E.B.], der Ordnung [welcher Ordnung?], der Konvention [was genau ist mit Konvention gemeint?] und der Dauer" [welche Architektur dauert nicht?] verordnet wird?

Die Leere der Parole „Neue Einfachheit" wird zugedeckt durch die kostenlose Beschwörung von Idealzuständen, die niemand bezweifelt: „in einer Welt, die unter einer gigantisch anwachsenden Zahl von Menschen möglichst gerecht verteilt werden sollte", dürfe es „keinen Platz für Überfluß geben". Da können alle zufrieden nicken. Wo aber bleiben die Erklärungen darüber, wie diese scheinökologische Aussage mit Charakterisierungen wie „Verdichtung von Reichtum", „Sublimierung von Komplexität" mit „neuer" Einfachheit zusammenzudenken sind? Wo die Erklärungen darüber, wie Gemeinplätze wie diese praktisch werden, wie sie in bautechnische Aufwand-Nutzen-Rechnungen umgesetzt werden sollen?

„Wer die Sprache beherrscht", schreibt Kapuscinski, „beherrscht auch Denken und Fühlen, versucht, die Stimmungen und Verhaltensweisen zu kontrollieren. Die Sprache kann zur Waffe umfunktioniert werden. Sie ist ein Instrument der Herrschaft."[7] Verfolgt man die Wahl der Begriffe in Lampugnanis Text, fällt einem im ersten – abrechnenden – Teil eine Häufung von Formulierungen auf, die zu einem bestimmten Blick auf die Gegenwart verleiten sollen: jahrmarktähnliches Durcheinander, pittoresk, Formenpotpourri, Moden, verwirrend, Ballast, schwebend, marginal, gedrängt, überflüssige Überkrustung, Kopflosigkeit, Fragment, babylonische Sprachverwirrung, Chaos, Mangel an Konsens, dröge Betoncontainer, abenteuerlich collagierte opulente Villa, kein erfreuliches Bild, aus den Fugen geraten, vielfältig, hilflos, spielerischer Umgang, verziert, Witz, Pointe, geht auf die Nerven, heiteres Bauen, unerträglich grinsende Grimasse, geschwätzig, enervierend, neue Mode, spießigst, gebrochener Giebel, buntes Säulenportal, verschönert, Widersprüchlichkeit usw. Dies alles auf der *ersten* Seite des Aufsatzes – die Abrechnung beschränkt sich nicht auf eine Seite –, auf der es erst der Philosophie, dann der Kunst und der Postmoderne an den Kragen geht. Hier werden die Angriffsobjekte in einen klaren Stimmungszusammenhang gestellt. Die Angriffe orientieren darauf, das Verurteilte, wenn auch nicht durch Begründungen so doch durch sprachliche Nähe all dem zuzuschlagen, was in der heutigen Welt aus den Fugen geraten zu sein scheint oder es tatsächlich bereits ist.

Konträr dazu im zweiten Teil des Textes, in dem die sieben Punkte des „Paradigmenwechsels" vorgetragen werden, eine Anhäufung ganz anderer Art, die die Thesen, wiederum in allgemeinster und unverbindlichster Weise formuliert, einer heilen Gegenwelt zuordnen soll. Hier ist die

Rede vom Klaren, Reduzierten, Schlichten, von Verdichtung, Sublimierung, Handschrift, ausruhen, Sinnbild von Kontemplation, Materialisierung von Schweigen, Einfachheit, Klarheit, Einheitlichkeit, nüchtern, Solidität, Ruhe, von Chaos, das aufgehalten und eingedämmt werden muß, von Ordnung, Dauerhaftigkeit, von Inseln der Ordnung im Strom der Verwirrung, vom Instanz schaffen, von Werten, geduldigem Aufbauen, gründlichem Vertiefen, Verbesserungen am Vorgefundenen, von Mut, Talent, Energie, um Konventionelles durchzusetzen usw. Dies wiederum auf nur einer Seite.

Nicht die zweifache Häufung an sich ist zu kritisieren, sondern ihr ideologischer Gebrauch: Feindbilder contra Heilsbilder. Eine so klare Zweiteilung der Welt in eine gute und eine schlechte ist nur durch Vergewaltigung der Wirklichkeit zu haben.

Die kunstrichterliche Kritik gehe, so Dewey, von einem konsequenten Appell an Autorität, Schutz zu gewähren, aus.[8] Genau dies verspricht Lampugnani. Seine Regeln sollen zu einer Architektur führen, die Übel wie Lärm, Chaos, Ungerechtigkeit usw. beheben und für Ruhe, Ordnung, Dauer usw. sorgen soll. Tolstoi, sagt Dewey, hätte als Künstler gesprochen, wenn er sagte, daß nichts so sehr zur Korruption der Kunst (und, wie zu ergänzen wäre, natürlich auch der Architektur) beitrage wie von der Kritik aufgestellte Autoritäten.[9]

Lampugnani glaubt, darüber urteilen zu können, welches Erscheinungsbild für Architektur und Stadt richtig sei und welches nicht. Was er verordnet, bezieht sich bloß auf das Äußere, ersetzt Erklärungen und – fast schlimmer noch – vorurteilsfreie Wahrnehmung und Erfahrung durch Verurteilung. Statt dessen wäre *erstens* zu fordern, daß die Rede über Architektur sich – zugunsten eines thematischen Diskurses – Worthülsen verweigert. Architektur muß wieder in ihren Stand als eigenständige Disziplin des Denkens und des Experimentierens eingesetzt werden. Wenn wir Architekten zur Argumentation und zum komplizierteren, umwegreicheren Ausdruck nicht bereit sind, steht uns der Ausverkauf der Architektur ins Haus: Wir selber werden unseren Beruf endgültig überflüssig machen. Regeln und Stile vertreten, statt zu entwerfen, führt die Architektur in den Bankrott. Auch die eigentliche Funktion der Kritik, das unermüdliche Beseitigen von Vorurteilen und das ebenso unermüdliche Schärfen der Wahrnehmungs- und Denkfähigkeit, muß lebendig gehalten werden.

Zu fordern ist *zweitens* die Dialektik von Architektur und Realutopie. Denken heiße Überschreiten, schreibt Ernst Bloch im Vorwort seines Buches *Das Prinzip Hoffnung*. Dieses Überschreiten habe nicht oft sein

Denken gefunden, oder es habe zu viele schlechte Augen gegeben, die es nicht sahen. „Fauler Ersatz, gängig-kopierende Stellvertretung, die Schweinsblase eines reaktionären, aber auch schematisierenden Zeitgeistes" hätten das Entdeckte, das Noch-nicht-Gewordene verdrängt. Statt Architektur und Stadt a priori auf konventionelle Vorstellungen bezüglich ihres Erscheinungsbildes festzulegen, sollten, ganz im Sinne der frühen Modernen, die Probleme der „Jetzt-Zeit geknetet" werden: Architekten und Städtebauer müssen Augen und Ohren offen halten für gesellschaftliche Entwicklungen, die momentan das Bild und die Wirklichkeit der Städte in heute noch unbekannte Richtung zu verändern beginnen. Sie müssen wieder Visionen entwickeln und Vorschläge machen. Das Beschwören des Konventionellen und das Polemisieren gegen Innovation könnten sich als sehr wenig realistisch erweisen. Die Städte werden beispielsweise Orte für die stets größer werdende Zahl der Armen, strukturell Arbeitslosen und Obdachlosen brauchen, neue öffentliche Gebäudetypen oder Neuinterpretationen untergegangener, wie Armenhäuser oder Hospitäler, die eine zukünftig notwendige Infrastruktur bereit stellen. Erinnert sei an ein in einem Pariser Wettbewerb gezeigtes, von Paul Virilio miterdachtes Konzept städtischer Einrichtungen, die, Rettungsbooten gleich, eine neue Art der ‚Erstversorgung' in Not Geratener sicherstellen sollen. *Gut möglich, daß Armenhäuser die Kathedralen der Zukunft sein werden!*

Zu Lampugnanis Auffassung der Moderne[10]

Wiederum ist es John Dewey, der im bereits erwähnten Aufsatz darauf hinweist, daß die beiden größten Trugschlüsse ästhetischer Kritik Reduktion und Kategorienverwechslung seien. Reduktion resultiere aus zu großer Vereinfachung und trete ein, wenn ein Konstituens – hier zum Beispiel stilistische Merkmale eines Werkes – isoliert und das Ganze dann auf Begriffe dieses einzigen isolierten Elements reduziert werde.[11] Genau dies praktiziert Lampugnani. Er behauptet, daß der Beginn der Moderne, „die mit der Neuen Sachlichkeit der zwanziger Jahre ihren [...] Triumph feiern sollte", als Reaktion auf die „Orgie des Historismus" sich radikal von dessen „Formenpotpourri" zu distanzieren begonnen und „das ökonomische, ethische und ästhetische Prinzip der Vereinfachung auf ihre Fahnen" geschrieben habe. Ein fataler ‚Kurzschluß'! Eine solche Beschreibung des Übergangs von einer architektonischen Epoche zur anderen ist nur möglich, wenn man sich an stilistischen Merkmalen orientiert, wenn man Moderne und modern(istisch)en Stil verwechselt. Nur wenn man die Denk- und Experimentiertradition der Moderne mit dem *Stil* der Moderne gleichsetzt, kann man sagen: „In der Tat ist das, was von den architektonischen Errungenschaften der Moderne der zwanziger Jahre in die neunziger hinübergerettet werden kann, nicht viel mehr als die Form." Oder über die große Strömung der zeitgenössischen Architektur, die die klassische Moderne fortschreibt: „Ihre Vertreter blicken sehnsuchtsvoll zurück auf die zwanziger Jahre, die von Heroen wie Le Corbusier, Walter Gropius und Ludwig Mies van der Rohe beherrscht waren, und muten sich enthusiastisch zu, deren Werk fortzuführen und zu vollenden. So viel Optimismus macht in einer Zeit wie der unsrigen zumindest mißtrauisch."

Mißtrauisch sollte uns eine Einschätzung wie diese machen! Gerade in der Schweiz wirken solche Bemerkungen entweder lächerlich oder empörend – mit Recht. In der Tradition der Moderne ausgebildete Architekten, wie Atelier 5, die Tessiner, aber auch viele jüngere Architektinnen und Architekten, etwa Herzog&de Meuron, zeigen, daß das Lernen aus dieser Tradition, wenn es nicht auf Stil- beziehungsweise formalistischer Nachahmung beruht, sondern darauf, was die Protagonisten der Moderne auszeichnete: eigenständige Erfindungskraft, das Herauslösen der architektonischen Themen aus festgefügt scheinenden Formenrepertoires (Historismus) und deren neue experimentelle Durcharbeitung, nicht nur fruchtbar ist, sondern ganz im Gegenteil zu Resultaten führt, die die Architektur als autonome Disziplin bestätigen.

Le Corbusier hat sein Leben lang gegen Stile gekämpft, das Bauen immer auf die eigene Erfahrung, auf die eigene Wahrnehmungs- und Erkenntnisfähigkeit gegründet.[12] In einer berühmt gewordenen kleinen Zeichnung[13] hat er seine klare Unterscheidung zwischen Stil und Architektur dokumentiert. Er hat mit seinem Werk bewiesen, daß eine Verwendung des Begriffs Moderne, wie sie Lampugnani vornimmt, eine Farce ist. Lampugnanis Auffassung von der Moderne redet nur von dem Haufen von Stilnachahmern, die sich als ‚Stilmoderne' sehen wollten. Sein Angriff könnte im besten Fall als Angriff auf das Großheer der Epigonen zugeschnitten sein.

Die Protagonisten selber sehen es anders: 1958 machte sich Le Corbusier im Vorwort zur 4. Auflage von *Vers une architecture* über die Verurteilungen der Kritiker lustig, die, ständig sein Leben begleitend und der jeweiligen Wirklichkeit hinterherhinkend, doch immer das Maul aufrissen: „Fein-

Das ist nicht Architektur, das sind die Stile. Lebendig und großartig zu ihrer Zeit, sind sie (heute) nicht mehr als Leichen. Aus: Le Corbusier, Feststellungen, Braunschweig 1987, gegenüber S. 74

schmecker der Salons [...] bezeichnen mich heute als ‚barocken‘ Architekten. Das ist die allergrausamste Bezeichnung, die man mir nur geben kann. Als ‚dreckiger Ingenieur‘ habe ich 1920 angefangen (das hatte ich akzeptiert), jetzt bin ich offenbar am entgegengesetzten Rand der Hölle angekommen – es leben die Extreme! Aber vielleicht ist es nicht einmal das schlechteste, noch mit siebzig angepöbelt zu werden!“[14]

In Wahrheit gab es nie einen Umschlag vom Historismus zum Prinzip der Vereinfachung. Lampugnani übergeht, ja unterschlägt die einzigartige Blütezeit der expressionistischen – eben innovativen – Frühphase der Moderne, eine der fruchtbarsten Zwischenzeiten des Innehaltens, des Experimentierens in Gedanken, Projekten und Visionen, in der sich uns die späteren Künstler und Architekten der ‚Stilmoderne‘ ganz anders präsentieren. Zwischen den Stilen lag die Zeit der Geburtswehen der Moderne, der Kunst ebenso wie der Architektur.

2. Ein anderer Blick auf die Moderne

Janus, in entgegengesetzte Richtungen blickend, ist der römische Gott der Anfänge, der Türen, Tore, Durchgänge. Das mythologische Bild des Ortes ‚Schwelle‘, des Ortes des ‚Hin und Her‘, des „discours“. Architektur und Kunst – janusgleich – haben diesen doppelgesichtigen Charakter. Daraus hat sich das „klassische“ Spannungsverhältnis zwischen intellektuell-geistigem und Formanspruch (Stil) etabliert. Beides hat sich schon als Sackgasse erwiesen. Wie dies zum Scheitern führen kann, zeigt die Entwicklung der Moderne. Vorab zwei Thesen:

Erste These
Die frühe Moderne ist der letzte groß angelegte – und gescheiterte – Versuch, eine metaphysische Kunst- und Architekturauffassung zu begründen. Der Anspruch der frühen expressionistischen Moderne war es, geistige Handhabe für die (bodenlos gewordene) Welt zu bieten.

Zweite These
Erst das Scheitern am geistigen Anspruch hat zum Umschlag in den Stil geführt – unterstützt wohl auch dadurch, daß nach dem Krieg wieder gebaut werden konnte.
Zu prüfen bleibt, ob dieser Umschlag in den Stil nicht in erster Linie Geschäft der Epigonen war.

Der Anspruch von Architektur und Kunst, geistiges Fundament für die Orientierung der Menschen in einer bodenlos gewordenen Welt sein zu wollen, geht dem formalen Anspruch, modern zu sein, voraus. Der sogenannte Funktionalismus, der Internationale Stil, das also, was üblicherweise *Weiße Moderne* genannt wird, ist eine spätere Erscheinung in der Genese der Moderne, deren zweite Etappe.

Am Vorabend der Moderne treten im frühen *Bauhaus*, in der *Gläsernen Kette*, im *Arbeitsrat für Kunst* und anderen Gruppierungen – hinzu kommen im Geist verwandte Einzelkämpfer wie Le Corbusier – die potentiellen Propheten zusammen, um das geistige Fundament der neuen Zeit zu formulieren und zu proklamieren.

Der Titel von Wassily Kandinskys Buch *Über das Geistige in der Kunst* kann als Charakterisierung all dessen genommen werden, worum sich Denken, Experiment und Spekulation in den künstlerischen Kreisen um die Jahrhundertwende und danach drehten. Kandinsky beklagt in seiner Schrift den Verlust des metaphysischen Bedürfnisses unter der Entwicklung der Naturwissenschaften des 19. Jahrhunderts zum Materialismus und beschwört das Erwachen eines neuen geistigen Zeitalters: „Unsere Seele, die nach der langen materialistischen Periode erst am Anfang des Erwachens ist, birgt in sich Keime der Verzweiflung, des Nichtglaubens, des Ziel- und Zwecklosen. Der ganze Alpdruck der materialistischen Anschauungen, welche aus dem Leben des Weltalls ein böses zweckloses Spiel gemacht haben, ist noch nicht vorbei. [...] Nur ein schwaches Licht dämmert wie ein einziges Pünktchen in einem enormen Kreis des Schwarzen. Dieses schwache Licht ist bloß eine Ahnung, welche zu sehen die Seele keinen vollen Mut hat, im Zweifel, ob nicht dieses Licht – der Traum ist, und der Kreis des Schwarzen – die Wirklichkeit."[15]

Es ist nicht etwa so, daß die Künstler der damaligen Zeit die revolutionären Einbrüche in das Wirklichkeitsverständnis, ausgelöst durch die umwälzenden Entdeckungen in der Physik, nicht zur Kenntnis genommen hätten. Ganz im Gegenteil: Die Umwälzungen in der Physik, wie etwa die Einsicht in die Abhängigkeit der Forschungsergebnisse bei Experimenten vom Beobachter, der experimentelle Nachweis der energetischen Natur der Materie, die Einführung des Relativitätsprinzips[16] sprengen das bisherige Wirklichkeitsverständnis. Kandinsky bemerkt ausdrücklich, wie gelegen ihm diese Neuentdeckungen kamen, „weil dadurch eines der größten Hindernisse auf dem Weg der Verwirklichung meiner Wünsche von selbst sich auflöste und verschwand"[17].

Der neuen Kunst und der neuen Architektur eröffnen sich neue Denk-, Wahrnehmungs- und Experimentierräume. Die Risse in der Wirklichkeit deuten auf Unerforschtes, auf mögliche neue Sinnzusammenhänge, auf eine vom Materiellen ins Über- beziehungsweise Nicht-Materielle sich fortführende Wirklichkeit. Künstler und Architekten versuchen, diese Spuren auszukundschaften, ihre Existenz und die Existenz der Dinge in neuen Zusammenhängen zu sehen. Sogar der Tod verliert seinen unangetasteten Platz in einem festen Glaubensgebäude. Taut, der Pehnt zufolge zu dieser Zeit häufig die Mystiker für die Konstruktion seines Weltbildes zu Hilfe nimmt, faßt die Aufgabe der Kunst in folgende radikale Worte: „Die Kunst [...] will ein Abbild des Todes sein, die Grenze geben, wo gebundene Interessiertheit an Erdendingen sich löst im Schauen dessen, das hinter der Todesschwelle sich auftut."[18] Und Le Corbusier: „Mehr und mehr nähern wir uns Bereichen, in denen ich mir kein Urteil zutraue. Ich verliere den Boden. [...] Ich bin Architekt, Erbauer von Häusern und öffentlichen Gebäuden aus irdischen Materialien für Menschen dieser Erde. Ich bin Künstler genug, um fühlen zu können, daß es Fortsetzungen alles Materiellen gibt [...] ‚Im Hintergrund spielen die Götter.‘ [...] Schon das Wort sagt, daß ich nicht imstande bin zu tun wie sie, da ich ja nur ein Mensch bin."[19]

Hugo Häring schreibt in einem seiner Fragmente: „Das denken des menschen kreist um die frage nach dem sinn des geschehens [...]. In der genesis des mose steht der satz, daß (sic!) der mensch als ein ebenbild GOTTES erschaffen sei. Nehmen wir diese bemerkung als einen hinweis eines hohen geistigen wissens hin, so läßt sich für den menschen wohl eine antwort auf die frage nach dem sinn seines daseins und erschaffenseins geben [...]. Dieser hinweis offenbarte die absicht GOTTES, dem von ihm erschaffenen menschenwesen auch die macht zu geben, selber ein werk der schöpfung zu vollbringen, dem werk der schöpfung des göttlichen geistes ebenbildlich."[20]

Wichtiger Orientierungsquell für die Architekten und Künstler jener Zeit sind die esoterischen Lehren und Philosophien, die um die Jahrhundertwende – eine weitere Parallele zu heute – aufblühten, allen voran die 1875 von Helena Blavatsky gegründete Theosophische Gesellschaft. Nicht nur besucht Kandinsky in den zehner Jahren öfter Vorträge Rudolf Steiners in München und bezeichnet die Theosophische Gesellschaft als „eine der größten geistigen Bewegungen [...], die [...] sich den Problemen des Geistes zu nähern"[21] versucht. Man kann in Sixten Ringboms *The Sounding Cosmos* nachlesen, wie die Versuche, das dort Gehörte umzusetzen, mit zur Genese der abstrakten Kunst führen. Piet Mondrian tritt 1909 als offizielles Mitglied in die Gesellschaft ein, mietet 1911/1912, als er nach Paris zieht, ein Zimmer in deren Zentrale, bevor er ein Atelier findet, und erklärt noch 1922, enttäuscht „über die spirituellen Bewegungen und ihre Führer", den Neoplastizismus zur „rein theosophischen Kunst"[22]. Auch der Niederländer J.L.M. Lauweriks, 1904 Leiter der Architekturabteilung an der Kunstgewerbeschule in Düsseldorf, dann Direktor des Handfertigkeitsseminars in Hagen, 1916 Direktor der Kunstgewerbeschule in Amsterdam, Gründer und Redakteur der Kunstzeitschrift *Ring* und Mitarbeiter von *Wendingen*, war seit 1894 Mitglied der Gesellschaft, und 1902 sogar ihr Generalsekretär. Gropius hat nach eigenen Aussagen Lauweriks gut gekannt und ihn zu den Pionieren der modernen Architektur in Holland gezählt.[23] Le Corbusiers Weltstadt-Projekt für Genf aus dem Jahre 1929 bezieht sich in der Gestaltung des zentralen Innenraumes des Museumsbaus direkt auf das theosophische Werk *Die Großen Eingeweihten* von Edouard Schuré.[24]

Es ist interessant festzustellen, daß über Rudolf Steiner die Theosophie, beziehungsweise die von ihr abgespaltene Anthroposophie, gleich zweimal in diesem Jahrhundert entscheidenden Einfluß auf die Kunst gehabt hat; in der zweiten Jahrhunderthälfte über das Werk von Joseph Beuys.

Neben der Theosophie gab es viele andere Bezugspunkte, die den Horizont der neuen Zeit abstecken helfen sollten; darauf verweisen u.a. die Pseudonyme der Mitglieder der ‚Gläsernen Kette'. Das frühe Bauhaus soll wegen der bunten Vielfalt an weltanschaulichen, religiösen und esoterischen Lehren vom damaligen Breslauer Stadtbaurat Max Berg als ‚Alchimistenküche' bezeichnet worden sein.[25] Zum Unterricht des Bauhaus-Lehrers Itten gehörten Entspannungs- und Konzentrationsübungen, die Entwicklung der kreativen Kräfte des Individuums bis zum mystischen Erleben der Dinge – Unterrichtsformen, die den späteren nüchternen Bauhäuslern absurd erschienen. Von Oskar Schlemmer gibt es eine Tagebuchnotiz von 1921 – „Itten ist Gropius" –, die zeigt, wie nah sich die beiden standen.[26] Da Ittens Vorkurs für alle Bauhäusler im ersten Semester obligatorisch war, kam ihm eine zentrale Rolle zu. Auch der Gedanke der mittelalterlichen Bauhütte lebte neu auf: Gropius schreibt 1918 an Karl Ernst Osthaus: „Ich bin dabei, etwas ganz anderes ins Werk zu setzen, was mir schon lange im Kopf spukt – eine Bauhütte!, mit einigen wesensverwandten Künstlern."[27] Für die ‚Gläserne Kette' empfiehlt er die Form eines kleinen logenartigen Zusammenschlusses.

Die neu entfachte Suche nach Möglichkeiten der *Verwurzelung des Menschen* brachte die Hoffnung auf eine *neue Religion der Zukunft*. Gropius schreibt 1914 im Jahrbuch des Deutschen Werkbundes: „Erst wenn das große Glück eines neuen Glaubens den Menschen wieder zuteil werden sollte, wird auch die Kunst ihr höchstes Ziel wieder erfüllen und zu den herben Formen des Anfangs zum Zeichen der innerlichen Verfeinerung die heitere Schmuckform neu erfinden können."[28] Die neue Religiosität, der neu beschworene Glaube war noch nicht geboren, nur durch das Chaos der Zeitumstände geahnt. Taut stellt sich seine gläsernen Häuser als „leere Gefäße" eines noch unbekannten Glaubens vor, weil die „Wiederkehr des Göttlichen" bei den Mystikern Leere und Stille voraussetze. Er beruft sich auf Meister Eckehardt: „Wäre ich leer und rein, so müßte auch Gott aus seiner eigenen Natur sich mir hingeben und in mir beschlossen sein."[29]

Le Corbusier schreibt 1908 in einem Brief an seinen früheren Lehrer und Freund L'Eplattenier in La Chaux-de-Fonds: „Ihr, Grasset, Sauvage, Jourdain, Paquet und andere, Ihr seid Lügner – Grasset, ein Muster an Ehrlichkeit, Lügner, weil ihr nicht wißt, was es mit der Architektur auf sich hat – aber Ihr anderen, Ihr Architekten, Lügner, jawohl und noch mehr, Schwachköpfe. Der Architekt muß ein Mensch sein mit logischem Verstand [...]; ein Mensch der Wissenschaften und noch mehr des Herzens, Künstler und Gelehrter. Ich weiß es – und niemand von Euch hat es mir gesagt: die Ahnen reden wohl zu denen, die sie um Rat nachfragen. Die ägyptische Architektur war so, weil die Religion so war, und auch die zur Verfügung stehenden Materialien. Eine Religion der Geheimnisse, [...] – ägyptischer Tempel. Die gotische Architektur war so, weil die Religion so war und auch die Materialien. Eine Religion der Expansion und der kleinen Materialien – die Kathedrale. [...] Man spricht von einer Kunst von morgen. Diese Kunst wird sein. Weil die Menschheit ihre Art zu leben und ihre Art zu denken verändert hat. Das Programm ist neu."[30]

Diese Kunst von morgen versuchen Architekten und Künstler zu wittern. Aufgabe von Kunst und Architektur war es, die geistigen Inhalte der neuen Zeit wahrzunehmen, zu erkennen, sie in Worte und Werke zu fassen und sie so zu übermitteln. Künstler und Architekten fühlten sich nicht nur aufgerufen, die Erforschung der erweiterten Wirklichkeit zu betreiben, sie wollten sie auch kenntlich machen. Gropius dazu in einem Bauhaus-Manuskript: „Wo eine neue Heilswahrheit, eine neue Religionsidee geboren wird, muß am ehesten auch der Umschwung zur Kunst eintreten, denn diese ist nichts anderes als die Umgestaltung überweltlicher Gedanken in sinnlich Wahrnehmbares."[31] Und in den *Feststellungen* bezeichnet Le Corbusier die Architektur als „Resultat der geistigen Richtungen einer Epoche".

Was fällt auf?

Erstens: Die genannten Architekten und Künstler problematisieren das Phänomen der Schwelle der Wahrnehmung.

Zweitens: Für alle ist Künstler-Sein verbunden mit der Fähigkeit, das Problem der Grenzverschiebung der Wahrnehmung zu erkennen: Die Kunst ist oder soll das Mittel sein, der Verschiebung der Grenzen der Wahrnehmung zu folgen und sie auszudrücken, sie vorweg zu markieren.

Drittens: Es ist nur von Kunst die Rede. Der Architektur sollte die königliche Rolle unter den Künsten zukommen: „Die Architektur ist Kunst und sollte die höchste Kunst sein", schreibt Taut.[32] Die Vereinigung aller Künste in der Architektur, die den Menschen allumfassend anspricht, weil sie ihn in seinen existentiellen Grundlagen unterrichte, wird ins Auge gefaßt. Die Architektur wird in den religiösen Stand erhoben.[33] Le Corbusier wagt 1928 in *Une maison- un palais* gar die Gleichsetzung der Geschichte der Kultur mit derjenigen der spirituellen Architektur.[34]

Viertens: Leicht zu erkennen, wohin dieses Selbstverständnis führen mußte: Architekten und Künstler sahen sich in der Nachfolge der früheren Sinnstifter, man könnte fast sagen, Religionsstifter. Dies führte zu einer Gespaltenheit zwischen Größenwahn und tiefster Resignation. Die Begründer der Moderne, die im wesentlichen als Funktionalisten, als Formalisten ziemlich einseitig in die Architekturgeschichtsschreibung eingegangen sind, wollten Brückenbauer sein, die Brücke zwischen Physik und Metaphysik nicht abgebrochen lassen. Diese ‚Rolle' der Kunst und der Künstler gab dem Geniekult Auftrieb. Die Pyramide als Sinnbild für die hierarchisch gegliederte Gesellschaft mit Künstlern und Architekten als deren Spitze wird ausführlich bei Kandinsky und Le Corbusier beschrieben. Sie sahen sich als die Lichtbringer, Karrenschlepper (Kandinsky), geistige Elite, als Führer.

Fünftens: Von Kunst und Architektur wurde soziale Leistungsfähigkeit erwartet.[35] Sie sollten nichts weniger als eine neue Gesellschaft und mit ihr einen neuen Menschen hervorbringen. Diese Voraussetzungen und Erwartungen haben eine Zeit des Innehaltens, des Nachdenkens, des Experimentierens hervorgebracht.

Sechstens: Die frühen Modernen – ob man es mag oder nicht – redeten in einer Sprache, wie sie heute nicht mehr existiert. Die naive Offenheit, mit der sie ihr Credo verkündeten – Gropius: „Der berufene Dirigent dieses Orchesters war von alters her der Architekt. Architekt das heißt: Führer der Kunst" –, würde heute lächerlich klingen; wir sind einen Grad an Zynismus in unseren Äußerungen gewohnt, der der damaligen Sprache fremd gewesen wäre.

Siebtens: Die geforderte Beziehung zwischen weltanschaulich-religiösen Hintergründen der Welt der Erscheinungsformen und Künstler-Architekten entwickelte sich zu faszinierenden Denk-und Schaffensinhalten jener Zeit. Den hohen Anspruch konnten die selbsternannten Propheten jedoch nicht einlösen. Um dem unsichtbaren Geistigen Form geben zu können, hätten sie Inspirierte oder Hellseher sein müssen. Sie selber wußten jedoch (noch) nicht, wovon die Rede sein würde. Das war es, was unabwendbar zur Krise führte. Für die Protagonisten der Moderne muß es ein böses Erwachen gegeben haben, was die von ihnen geforderten Inhalte betraf ebenso wie die in Experimenten entwickelten Formen und sogar ihre Sprache. Alles wird „plötzlich" anders.

Einer der Gründe war, Westheim[36] zufolge, daß experimentelle Formen zum expressionistischen Stil degenerierten; sie wurden ihrem Inhalt entfremdet und zum bloßen formalistischen Spiel – ein Phänomen, das wir auch heute gut kennen!

Pehnt[37] nennt als weiteren Grund für das Scheitern an diesen Ansprüchen die politische Wende zum Nationalsozialismus: Es lasse sich nicht übersehen, daß der „Expressionismus" zu Denkstrukturen neigte, in denen sich faschistische Inhalte einlagern konnten; für die „Expressionisten" hätte die Revolution kaum begonnen, für die Nazis war sie mit der Machtergreifung schon zu Ende; den einen wäre es um die tastende Suche nach einem Neuen, für das es noch keine Begriffe gab, gegangen, den anderen um die Befestigung einer finsteren Gegenwart; aber auch: niemand habe das Recht, die Moral des großen Auf- und Ausbruchs, den der „Expressionismus" bedeutete, von seinem späteren Mißbrauch her in Zweifel zu ziehen.

Zu einer Zeit, in der der „Führer"-Begriff einen solchen Bedeutungssturz erfuhr, schwiegen die alten Stimmen. Weil eine andere politische Zeit mit wenigstens sprachlich verwandt zu nennenden heroischen Parolen anbrach, blieben die Experimente abgebrochen. So bleibt dieser Umschwung vom geistigen Anspruch der Architektur und der Kunst in die ‚Stilmoderne' bis heute ein Stück weit im dunklen. Ein nicht ganz geklärter Abbruch eines geistigen Höhenflugs!

Anmerkungen

1 Le Corbusier, Feststellungen (Bauwelt Fundamente, Bd. 12), 204
2 A.a.O., 43
3 Mit Regeln sind hier nur Anleitungen gemeint, die sich auf das Erscheinungsbild von Architektur und Stadt beziehen und nicht etwa auf Architektur und Stadt in ihrer Konzeption konstituierende Ordnungen.
4 Vgl. Dewey, John, Kritik und Perzeption, in: Kunst als Erfahrung, Frankfurt/M. 1988, 350
5 Müller, A.M., Dialektik der Moderne, in: Architektur im Aufbruch, München 1991, 10
6 Dewey, a.a.O., 349
7 Kapuscinski, R., Macht und Ohnmacht, in: NZZ-Folio 10/1994, 32
8 Dewey, a.a.O., 348
9 Dewey, a.a.O., 350
10 Wenn im folgenden von Moderne die Rede ist, dann nicht in einem übergreifenden ideen- und sozialgeschichtlichen Sinne, sondern im Hinblick auf das Neue Bauen.
11 Dewey, a.a.O., 365
12 Vgl. Le Corbusier, a.a.O., 25f
13 A.a.O., Abb. 47, gegenüber 74
14 Le Corbusier, Ausblick auf eine Architektur (Bauwelt Fundamente, Bd. 2), Vorwort 1958, 10
15 Kandinsky, W., Über das Geistige in der Kunst, zit. nach Blum, E., Le Corbusiers Wege (Bauwelt Fundamente, Bd. 73), 130
16 Vgl. Heitler, W., Der Mensch und die naturwissenschaftliche Erkenntnis, zit. nach a.a.O., 131
17 Vogt, P., Der Blaue Reiter, zit. nach a.a.O., 132
18 Taut, B., zit. nach Pehnt, W., Die Architektur des Expressionismus, Stuttgart 1981, 36
19 Le Corbusier, Modulor 2, Stuttgart 1958, 85, zit. nach Blum, a.a.O., 119
20 Häring, H., zit. nach Pehnt, a.a.O., 110
21 Kandinsky, W., a.a.O., 42, zit. nach Blum, 133
22 Das Geistige in der Kunst. Abstrakte Malerei 1890-1985, Stuttgart 1988, 410
23 Tummers, N., Der Hagener Impuls, Hagen 1972, vgl. Blum, a.a.O., Kap. 6, Anm. 42, 152
24 Blum, a.a.O., 106f
25 Vgl. Pehnt, a.a.O., 44
26 Ebd.
27 Gropius an K.E. Osthaus, 23.12.1918, Osthaus-Archiv, Pehnt, a.a.O., 212, zit. nach Blum, a.a.O., 135
28 Gropius, Der stilbildende Wert industrieller Bauformen, zit. nach Pehnt, a.a.O., 116
29 Taut, B., Die Stadtkrone, zit. nach Pehnt, a.a.O., 35
30 Le Corbusier, zit. nach Blum, a.a.O., 91f
31 Gropius, W., zit. nach Pehnt, a.a.O, 35
32 Taut, B., Die Stadtkrone, 87, zit. nach Pehnt, a.a.O., 20
33 Whyte, I.B., Bruno Taut. Baumeister einer neuen Welt, Stuttgart 1981, 182, zit. nach Blum, a.a.O., 136
34 Le Corbusier, Une maison – un palais, Paris 1928, zit. nach Blum, a.a.O., 136
35 Blum, E., a.a.O., 136
36 Westheim, P., Das ,Ende des Expressionismus', zit. nach Whyte, a.a.O., 176
37 Vgl. Pehnt, a.a.O., 206ff

Ernst Hubeli und Christoph Luchsinger

Realität und Komplexität

Exkurs, Fußnote

Wenn die „Neue Einfachheit" Anspruch auf eine ästhetische Praxis geltend machen will, wird – angesichts deutscher und anderer Architekturkrisen – auf die Schweiz verwiesen, wo das Einfache vorbildlich exerziert werde. Um es gleich vorwegzunehmen: In der Schweiz wird nicht *einfach* gebaut, selbst in einem metaphorischen Sinn nicht. Die falsche Behauptung, die inzwischen auch in deutschen Massenmedien verbreitet wird, verweist aber auf eine Rhetorik neuerer Architekturrezeption, die Formen der Propaganda und der Predigt angenommen hat.

Einfaches Bauen ist – historisch und aktuell – eine geglückte Kongruenz von gesellschaftlichen Forderungen und architektonischem Konzept, konkretisiert an Lebensformen, an sozialen Wohnbauprogrammen etwa, die mit Reformen der Bodenverwertung und mit einer sparsamen, angemessenen Produktionsmethode in Verbindung gebracht werden. Was in der Schweiz – früher und heute – als einfaches Bauen erscheinen mag, ist hingegen Ausdruck von Wohlstand. Das Protzen mit Luxus war und ist den reichen Schweizern nicht nur fremd – Wohlstand hat man und zeigt ihn nicht.

Den Wohlstand tabuisierend, wird er nur indirekt politisiert als eine Art vererbbares schweizerisches Vorrecht, das es gegen ausländische Einflüsse und Ansprüche zu verteidigen gilt. Der schweizerische Widerspruch von Haben und Darstellen ist aber auch Synonym für ein Kalkül politischer Ästhetik.

Als die Schuhfabrikantenfamilie Bally von ihrem unermeßlichen Landbesitz den Aarauern einen Stadtpark schenkte, war nicht etwa das schlechte Gewissen ungerechten Reichtums das Motiv, sondern die Versöhnung von Kapital und Arbeit, die ja – gemessen an westlichen Ländern – in der Schweiz nach wie vor am längsten ausgehalten wird.

Baťa, eine andere Schuhfabrik, baute ihren Arbeitern eine Siedlung, die heute – im Gegensatz zur Unternehmervilla – unter Denkmalschutz steht. Diese wie auch die berühmten Bernoulli-Siedlungen sind bis heute begehrt, gerade weil ihre Arbeiterwohnungen *nicht einfach* sind. Es handelt sich um Villen mit Garten, so komfortabel und schlicht wie die Vorbilder der Patrons, nur kleiner.

Die einfache Form wird auch heute in der Schweiz nicht gebaut, sondern zelebriert – jenseits sozialer Programme und außerhalb aktueller Produktionsbedingungen des Bauens. Symptomatisch ist, daß die ehemaligen Arbeiterwohnungen in der Bernoulli-Siedlung in Zürich heute von Ärzten und Professoren besetzt sind. Sie bezahlten über 1 Million Schweizer Franken für eine 4-Zimmer-Wohnung an verkehrsreicher Lage. Für das Einfache wird fast jeder Preis bezahlt. Obwohl nirgendwo in Europa so teuer gebaut wird wie in der Schweiz, ist das einfache Bauen zusätzlich teuer, weil bekanntlich das perfekte Detail darüber entscheidet, ob das Einfache besticht. Kurz: Im internationalen Vergleich ist dieses Einfache Kunsthandwerk.

Einfachheit ist in der Schweiz Ausdruck von Wohlstand; sie ist teuer, bisweilen asozial und hat keinen Stil hervorgebracht – zwangsläufig, weil ein solcher strukturelle Zusammenhänge zwischen Programm und Ästhetik voraussetzt.

Der kurze Exkurs in die Schweiz (dem freilich noch viel hinzuzufügen wäre) hat hier den Zweck, die Berliner Debatte von hinten aufzurollen. Die schweizerischen Referenzen dienen der „Neuen Einfachheit" als Beweis für deren praktische Tauglichkeit. Da es offensichtlich an solchen Beweisen fehlt, stellt sich die Frage nach einem architekturtheoretischen Beitrag, den die „Neue Einfachheit" ebenfalls beansprucht. Die Antwort soll über die Berliner Debatte (und den Berliner Fall) hinaus einen theoretischen Ansatz skizzieren, der eine strukturelle Verknüpfung von gesellschaftlichen Forderungen mit städtebaulichen und architektonischen Konzepten voraussetzt, um die Architektur, insbesondere die Kultur des einfachen Bauens, als eine öffentliche Angelegenheit zu definieren.

Berlin, Berlin?

Berlin plant und baut in einem Ausmaß, das in der Geschichte des europäischen Städtebaus nur Berlin selbst kennt aus der Zeit, als es auf der Basis des Hobrecht-Plans innerhalb von wenigen Jahrzehnten entstand.

Über hundert Jahre später sieht sich die Stadt mit baulichen Investitionen konfrontiert, die einer neuen Stadt in der Metropole entspricht. Glaubt man den Prognosen, müßte ein gigantisches Wachstum von rund 30 Prozent – mit neuen Arbeitsplätzen, Wohnsiedlungen und urbanen Infrastrukturen – in bloß 15 Jahren bewerkstelligt werden.

Selbst wenn sich die Wachstumsprognose nur halb erfüllen wird, ist es unmöglich, einen solchen Bauboom auch nur ansatzweise planerisch, städtebaulich und architektonisch zu beherrschen. Verschärfend kommt hinzu, daß Berlin wenig Erfahrung mit stadtplanerischen und politischen Strategien hat – was eine wichtige Voraussetzung dafür wäre, wenigstens die großen Investitionsströme in städtebaulich gewollte Bahnen zu lenken.

Das schnelle Planen und Bauen spiegelt sich in den berlinerischen Architekturdebatten insofern, als sich diese im wesentlichen auf einen Insider-Disput um die richtige Fassade beschränken – und bisweilen wirklichkeitsfremde, groteske Züge annehmen. Sowohl die konjunkturgestreßten Macher als auch ihre Kritiker streiten langatmig und wortgewaltig über politische Metaphern, so als entscheide Fassadendesign darüber, ob Deutschland in den nächsten Jahren in den Faschismus zurückzufallen droht oder nicht.

Während die internationale Fachwelt längst über die Verabschiedung des traditionellen Verhältnisses von Stadt und Architektur diskutiert, während über die Tauglichkeit von politischen und gesetzlichen Instrumenten zur Lenkung städtebaulicher Konzepte nachgedacht wird, während Experimente mit neuen Wohn- und Arbeitsplatzformen erprobt werden, um den gesellschaftlichen und technologischen Wandel kritisch vorwegzunehmen, baut man in Berlin ohne Programm und Theorie. Dieser Mangel ist Ausdruck eines kulturellen Machtverlustes der Disziplin und darüber hinaus Anzeichen einer politischen (und berufspolitischen) Agonie, wofür sich die schrankenlos bauenden Großinvestoren bedanken.

Im Gegensatz zur Berliner Architektenszene, die in Massenmedien und Modejournalen die Rekonstruktion preußisch-steinerner Stadtbilder und das Design der „Neuen Einfachheit" postuliert, meiden die Projektmanager modernen Zuschnitts die Presse und andere Formen der Öffentlichkeit; sie suchen geradlinig das Bündnis mit der politischen Macht, um die ökonomische durchzusetzen. Ist eine Regung von öffentlichen Interessen unvermeidlich, wie im Fall der Großprojekte von Mercedes und Sony am Potsdamer Platz, werden Macher der öffentlichen Meinungsbildung auf die Bühne geschickt. Nach ihrem imposanten Propagandafeldzug, der letzte politische und fachliche Widerstände überrollt hat, fand nun kürzlich der erste Spatenstich für die firmeneigenen Projekte der Großkonzerne statt; und es werden ‚Piazzas' entstehen, die der Öffentlichkeit jeden Zutritt verweigern.

Die Privatisierung ganzer Stadtteile bedeutet in der Geschichte des modernen europäischen Städtebaus eine Zäsur. Bisher galt das Selbstverständnis, bei kleinen und großen Bauvorhaben öffentliche und private Interessen abzuwägen und auszuhandeln. Von außen gesehen, wünschte man sich für Berlin einen Planungs- und Baustopp – auch wenn es wahrscheinlicher ist, daß die ökonomischen Rahmenbedingungen des Städtebaus in Berlin zum Normalfall werden.

Was anderen Städten aller Voraussicht nach bevorsteht, ist mit dem Begriff ‚Amerikanisierung' nur oberflächlich gekennzeichnet. Denn das Phänomen der Akkumulation von Kapitalien hat sich weltweit ausgebreitet, so wie die Konzentration von ökonomischer Macht auch die Immobilienbranche international neu strukturiert hat. Ausdruck davon ist das Wachstum der Investitionseinheiten auf zwei bis zehn Milliarden Dollar. Um den immer schneller entstehenden und wieder verschwindenden Märkten zu entsprechen, muß schnell geplant und gebaut werden.

Gegenüber solcher Machtkonzentration sind Stadtparlamente und -verwaltungen hilflos. Der Konflikt verallgemeinert sich in der Frage nach der politischen und ökonomischen Griffigkeit heutiger Instrumente des Städtebaus. Quartierpläne, Baulinienpläne und Gestaltungspläne, wie sie in der Schweiz – in ähnlicher Form unter anderem auch in Frankreich, Italien, Schweden, Finnland – angewendet werden, wären in Berlin geradezu revolutionär; sie würden einen planungspolitischen Quantensprung für die Stadt bedeuten.

Ohne Städtebau keine Architektur: In dieser Hinsicht bietet Berlin mehrere Lehrstücke. Daß die Debatten ikonographische Fragen in den Vordergrund stellen, ist nicht zuletzt Ausdruck der Disziplin, die zunehmend an kultureller Konsistenz verliert. Investoren entwickeln nicht bloß das Nutzungsprogramm und das Bauvolumen, sondern das Haus selbst, Grundrisse, Konstruktion und Infrastruktur. Den kleinen Rest, das Fassadendesign, überlassen sie vorzugsweise ortsansässigen Architekten, um das Baubewilligungsverfahren reibungsloser und schneller abwickeln zu können. Solche Handlangerdienste sind in Berlin bereits an der Tagesordnung. Erstaunlich ist, daß in Berlin kaum jemand davon spricht und die Architekten so tun, als wären sie immer noch Architekten. Diese Berufspraxis spiegelt schließlich auch die Perspektivlosigkeit einer Architektur- und Behördenpolitik, die sich auf das Stadtbildliche beschränkt.

167

In Vorträgen und in Massenmedien plädiert der Berliner Senatsbaudirektor Stimmann seit Jahren für die sogenannte Kritische Rekonstruktion als städtebauliches Leitbild für Berlin. Es soll verhindern, daß Moden und Bauspekulation die neue Architektur in Berlin diktieren. Einmal entziffert, erweist sich das Schlagwort als theoriedünnes Postulat. Obgleich gut gemeint, beschränkt es sich jedoch auf die akademischen Kategorien Grundriß, Körper, Raum und Bild. Beteuert wird zwar eine Anknüpfung an Architekturbegriffe, wie sie in den sechziger und siebziger Jahren von Saverio Muratori und später von Aldo Rossi entwickelt wurden. Bei genauerer Betrachtung ist die „Kritische Rekonstruktion" aber nur eine lapidare Vereinfachung, bestenfalls eine Abziehbildvariante, von Muratoris und Rossis Thesen zur „Architektur der Stadt" Das komplexe, dialektische Verhältnis von Traditionen und Modernisierung läßt sich nicht mit ikonographischen Adaptionen – sei es in Form von Grundrissen oder Fassaden – herstellen. Wo sich historische Kontinuität auf rekonstruierende Stadtbilder beschränkt, wird Geschichte eher zerstört als gerettet: „Alle Verdinglichung ist ein Vergessen" (Walter Benjamin). Diese Dialektik von Tradition und Moderne hat der Urkritiker falschen Geschichtsbewußtseins und nostalgischen Kitsches, Theodor W. Adorno, schon früh auf den Begriff gebracht: „Wie sich das Neue vermittelte, so bewahrte sich auch das Alte als Vermitteltes". Die „Kritische Rekonstruktion" aber ist unkritisch gegenüber der Architekturgeschichte (gegenüber ihrer Wiederholbarkeit) und betreibt das, was Nostalgie kennzeichnet: Bilderpolitik. Abgesehen von akademischem Traditionalismus kursieren in Berlin das Credo für eine „Neue Einfachheit" (Vittorio M. Lampugnani) oder die Formel „auch die Vielfalt benötigt Einfalt" (Fritz Neumeyer). Daraus werden nicht nur architektonische Mythen, sondern auch bautechnische Dogmen abgeleitet: Berlin sei seit jeher „steinern" gewesen, und historische Kontinuität sei nur mit schwerem Steingewand zu bewerkstelligen. Angesichts heute ausschließlich schichtweise aufgebauter, außenverkleideter Wände und angesichts – in ökonomischer und energetischer Hinsicht – sinnvollerer Varianten ist ein solches Postulat etwa mit der Behauptung vergleichbar, die Welt sei eine Scheibe.

Was in der Tat urbane Substanz kennzeichnet, nämlich das Sowohl-als-auch von Tradition und Moderne, ist ebenso wenig mit bloßem Nachahmen von Altem wie mit Kahlschlägen der Modernisierung zu haben. Tradition und Moderne legitimieren und messen sich am ästhetischen Selbstverständnis von Gebrauchswerten, am Wandel semantischer Bedeutungen, an sozialen Codes und Notwendigkeiten. Beides, wenn das Pendel ausschließlich zur Traditions- oder Fortschrittsgläubigkeit ausschwingt, ist Ausdruck kultureller Einfalt und Krise. Gerade davon legt Berlin beredtes Zeugnis ab.

Nachdem die Entscheidung gefallen ist, Berlin als ehemalige Hauptstadt zu rekonstruieren, scheint es, daß Architektur erneut für nationale Identität und staatliche Selbstdarstellung instrumentalisiert wird. Unverblümt hat dies der Berliner Senatsbaudirektor der Öffentlichkeit verkündet. Nach der Nazi-Herrschaft und nach jahrzehntelanger „Fremdbestimmung durch amerikanische oder sowjetische Identitäten" erlaube nun die Wende eine Rückkehr auf den richtigen Weg, zurück zu den „berlinischen Bautraditionen". Die sind freilich zahlreich. Stimmann, der allen bestätigt, er sei ein „mächtiger Mann", fordert eine stilistische Mischung aus Schinkel und Behrens. Darunter versteht er, „diszipliniert, preußisch, zurückhaltend in der Farbigkeit; steinern, eher gerade als geschwungen. Das gilt natürlich auch für die Auswahl der Architekten [...]".

Der Rückgriff auf zwei architektonische Referenzen vor der Nazi-Zeit ist offensichtlich als taktischer Schachzug zu verstehen, um den Faschismus-Vorwurf zu vermeiden, der sich – ohne ausdrückliche Verneinung von Speers schwergewichtiger, steinerner Architektur – reflexartig im deutschen Feuilleton ausbreiten würde. Die schlaue Traditionsbrücke wie die potentielle Reaktion spiegeln die „Kritische Rekonstruktion" als Ideologie: Der Begriff „faschistische Architektur" ist in der Tat mißverständlich, weil es eine solche – im Sinne einer eindeutigen Qualifizierung – nie gab, und sie (wie unter anderen Bazon Brock in den Bereichen Kunst und Architektur gezeigt hat) ein spezifisch historisches Phänomen ist. Gewissermaßen zeitlos ist aber die Methode, Architektur für nationale oder regionale Partikularismen, für Machteroberungen oder Herrschaftsdemonstrationen zu instrumentalisieren (wovon freilich nicht nur Faschisten Gebrauch gemacht haben). Charakteristisch ist dabei die Wahl von gewöhnlich populistischen Traditionen unter Ausschluß von sozialen Experimenten und utopischen Intentionen.

Eine modifizierte Methode ästhetischer Normierung hat Vittorio M. Lampugnani in seinem *Spiegel*-Essay dargelegt. Er vermittelt sich zunächst als Kulturkritiker. Ihm behagen die chaotische Welt, der überbordende Pluralismus und die heterogene Kultur nicht. Er suggeriert den Zustand vollendeter Sündhaftigkeit, ein apokalyptisches Stadium, aus dem allein die Normalisierung einer „Neuen Einfachheit" retten könne.

Solch' populistische – auch dem Christentum nicht fremde – Rhetorik geht einher mit objektiver Vereinfachung der Wirklichkeit (und gar des kulturellen Untergangs) sowie einer subjektiven Verabsolutierung der Ästhetik, insbesondere der ‚anständigen' Baugesinnung. Wesentlich und typisch ist – dies ist zugleich der Anknüpfungspunkt an die deutschen Architekturdebatten der Nachkriegszeit –, daß nie vom Bauen oder von Architektur die Rede ist, sondern nur von einem ästhetischen Surrogat, und so Ideologie produziert wird: Eine bestimmte Architektur wurde und wird bis heute in Deutschland mit demokratischen Verhältnissen gleichgesetzt. Dem gleichen Trugschluß folgt Lampugnani scheinbar querdenkend: Die „Neue Einfachheit" ist für ihn die letzte ästhetische Waffe gegen den „unverbindlichen Pluralismus". Er meint damit offenbar die Anknüpfung an eine Bautradition, deren Inthronisierung der gewieftere Politiker Stimmann vermied. Lampugnani: „Die Tradition riß 1945 abrupt ab. Gleichzeitig mit der Nazi-Gewaltherrschaft wurde auch die Architektur, die sie dargestellt hat, pauschal verworfen; und leider auch die tradierte Gediegenheit." Selbst wenn dieses Bekenntnis als Kritik an einer deutschen Ideologisierung der Architektur gemeint wäre, widerspräche sich Lampugnani selbst, denn seine „Neue Einfachheit" ist genauso Ideologie.

Inhalte und Methoden der Architekturdebatten sind zweifellos die tieferen Ursachen dafür, daß Deutschland seit der Nachkriegszeit im internationalen Vergleich zu einer Architekturprovinz verkommen ist. Ausdruck davon ist nicht zuletzt Stimmanns Architekturpolitik einer absolutistischen Stadtästhetik. Sie ist realitätsfremd und bloße Willkür, widerspricht mit Normierungen und Identitätszwang der realen gesellschaftlichen Heterogenität und opfert alle Momente entwerferischer Freiheit – mit dem Ergebnis, daß Architekturkultur verschwindet, weil diese ohne permanente Anpassung an sich verändernde Lebensformen und an den gesellschaftlichen Wandel nicht zu haben ist – es sei denn als Verbiederung zum Design.

Obwohl die Projekte und Bauten der Berliner Architektengilde um Stimmann nicht einmal 5 Prozent der gesamten Bauinvestitionen ausmachen, ist es – von außen gesehen – nur schwer verständlich, daß sich diese Fachleute nicht um städtebauliche Belange kümmern, um griffige gesetzliche Instrumente, die Politiker und Architekten in eine verhandlungsfähige Position gegenüber den unzähligen Großinvestoren bringen würde – Instrumente, die weltweit, an Kongressen wie in Stadtgremien, diskutiert werden, weil Immobilienkonzerne heute vermehrt mit Investitionsvolumen von mehreren Milliarden Dollar operieren und so mit ökonomischer Macht die politische Macht dominieren. Das Aushandeln von privaten und öffentlichen Interessen hat für den europäischen Städtebau (und dessen Geschichte) ein weit größeres Gewicht als Fassadendesigns. Und wenn eine Tradition zu retten wäre, dann diese. Wer das verkennt, verkennt auch das Wesen architektonischer Kultur, die ohne Städtebau nicht zu haben ist.

Aufschlußreicher als in den Berliner Debatten wird die reale und prekäre Berliner Situation im 600seitigen Berliner Immobilienführer dokumentiert. Angepriesen wird nicht allein die neue Regierungshauptstadt, die Bauinvestitionen für den anrückenden 300 000köpfigen Regierungstroß erfordere, sondern auch die „Scharnierfunktion" wischen Ost und West – sprich Handelsweltstadt –, die eine „Immobiliennachfrage auf höchstem Preisniveau" auslöse. In den nächsten 15 Jahren wird mit einer Zuwanderung von rund einer Million Bewohnern gerechnet, was einem Bevölkerungswachstum von fast 30 Prozent entspricht. Approximativ, mit Erfahrungswerten interpoliert, entspricht dies Bauinvestitionen von rund 2000 Milliarden Mark. Und zumindest bis dahin werden Großinvestoren und Kleinspekulanten nur ausnahmsweise mit städtebaulichen Vorgaben konfrontiert. Aber selbst bei diesen Ausnahmefällen ist die Niederlage absehbar: Die städtebaulichen Konzeptionen sind wenig ausgereift, zwar unternehmerfreundlich anbiedernd, aber dennoch unrealistisch. Berlins Schicksal als ‚Insel' mag sich auch in der mangelnden Erfahrung mit strategischen Fragen und Mitteln in der Stadtplanung spiegeln – politisch wie fachlich. Beispiele dafür sind die städtebaulichen Eingriffe an der Friedrichstraße, am Alexanderplatz und am Potsdamer Platz.

Spätestens in den sechziger Jahren, als städtebauliche Kahlschläge Modernisierungsschocks und Bürgerproteste auslösten, wurde offensichtlich, daß neue Städte oder Stadtteile unplanbar sind. Christopher Alexanders legendär gewordener Satz, die Stadt sei kein Baum, kennzeichnet bis heute die wirklichkeitsfremde Trivialität von Großplanungen, die zwangsläufig die komplexen funktionellen Verflechtungen und Überlagerungen von urbanen Ereignissen außer acht lassen und für deren Entfaltung nicht die erforderliche Zeit einräumen. Wann immer möglich, werden Stadtplanungen heute denn auch prozeßhaft, in kleinen Schritten entwickelt. Gerade weil ökonomische Pragmatik und spekulatives Kalkül nach wie vor Stadtentwicklungen prägen, erfordern planerische Lenkungen strategisches Raffinement, um dem Zufälligen und Häßlichen ebenso Spielraum zu bieten wie dem Notwendigen und dem inszeniert Schönen. Wo die objektive kulturelle Heterogenität ausgespielt wird, entsteht Stadt und in ihr das Versprechen, alle erdenklichen Lebensentwürfe zu verwirklichen. Insofern setzt urbanes Bewußtsein Freiheiten für den Widerspruch voraus.

In der städtebaulichen Tradition spalten sich die Lager, aber nicht nur in der Frage, was Stadt sei, sondern im Für oder Wider. Denn gerade die kontaminierende Mischung aus kollaborierendem Intentionslosen und kühnen Eingriffen ist seit jeher das Feindbild großer Stadtplaner, egal ob ihre homogenisierenden Ordnungsmuster anthropologisch, hygienisch, kapitalistisch oder sozialistisch legitimiert wurden. Unbegreiflich, daß nun in Berlin, im Kontext einer vitalen Großstadt, auf stadtfeindliche Konzepte zurückgegriffen wird, die jedem Architekturstudenten als Kardinalverbrechen des Städtebaus aus den sechziger Jahren bekannt sind: die Großplanung eines Stadtzentrums, die Separierung von Nutzungen und der Bau von Wohntrabanten.

Die Idee von Einkaufsstraßen im Stadtzentrum, wo exklusive Waren und nobler Konsum konzentriert sind, stammt aus den fünfziger Jahren, als höchste Mobilität und Energieverschleiß sozialen Fortschritt bedeuteten. Inzwischen ist nicht bloß der ökologische Unsinn, sondern auch das urbane Schicksal zentralisierter und monofunktioneller Einkaufsachsen offensichtlich: Auch die Friedrichstraße ist schon tot, bevor sie fertig gebaut ist, nämlich nach Ladenschluß. Das neue Berlin wiederholt so den wohl banalsten, phantasielosesten Boulevard in Europa, den Kurfürstendamm.

Neben der neuen Friedrichstraße soll die ehemalige Hauptstadt der DDR ein neues Stadtzentrum erhalten. Das alte am Alexanderplatz soll weitgehend zerstört werden, um eine imposante, gesamtberlinerische Mitte zu schaffen. Unberlinerisch ist bereits der Gedanke, daß Berlin ein identifizierbares Zentrum benötige. Berlin zeichnet sich gerade dadurch aus, daß kein klar lokalisierbares Stadtzentrum existiert (es sei denn, im Touristenführer). In Berlin sind die Zentren verteilt. Es gibt Städte in der Stadt. Nur Kleinstädte brauchen ihr Zentrum, so wie das Dorf einen Dorfbrunnen. Die berlinerische Alternative für die Investitionskonzentration am Alexanderplatz wäre also deren Verteilung in den verschiedenen vorhandenen Stadtzentren.

Der zweite Irrtum besteht in dem Glauben, daß ein solches Stadtzentrum planbar sei, daß Stadträume und Bauformen wie beim Hausbau determinierbar seien. Vor gut vierzig Jahren teilten am 5. CIAM-Kongreß Stadtplaner und Architekten die Erfahrung, daß „das Herz der Stadt" und der öffentliche Raum eben nicht wie Häuser herstellbar seien. Es lassen sich lediglich der abstrakte Rahmen und die Grenzen seines Wachstums bestimmen, die Aneignungsformen und funktionelle Spielräume offen lassen, vergleichbar etwa mit dem Hobrecht-Plan, der ein sehr generelles, anpassungsfähiges Ordnungsmuster für die großstädtische Entwicklung Berlins vorgab. Das Stadtwachstum über die Grenzen des Hobrecht-Plans hinaus, unter Einbezug der umliegenden Dörfer und Kleinstädte, schuf dann das uns vertraute, typische Berlin: einen von Lücken und Brüchen durchsetzten, liegenden Stadtkörper ohne wirkliche Grenzen, eine Stadt-Landschaft, wie man sie anderenorts erst seit den achtziger Jahren entstehen sieht. Schon Martin Wagner, Berliner Stadtbaurat der zwanziger Jahre, hatte festgestellt, daß sich die solchermaßen heterogene Großstadt Berlin als Gesamtheit formal nicht kontrollieren läßt. Seine Interventionen – die Großsiedlungen oder die Vorschläge für innerstädtische Umgestaltungen – waren deshalb immer punktuell, aber im großstädtischen Zusammenhang gedacht. Andere Formen von Großplanungen, sei es von ganzen Städten, Stadtteilen oder Stadtzentren, sind allesamt gescheitert – zwangsläufig, weil urbane Realität komplexer ist als die vereinfachende Vorstellung von idealen Stadtbildern oder Baukörpern. Und selbst bei isoliert betrachteten ästhetischen Fragen, etwa beim Wandel der Stadtwahrnehmung, sind architektonische Determinanten die ungeeignetste Antwort. Es stellt sich die Frage, wieso man in Berlin – jeder städtebaulichen Erfahrung und jeder Realität trotzend – ein neues Stadtzentrum bauen will, das erstens den Kahlschlag des Alexanderplatzes erfordert und zweitens die für Berlin weit sinnvollere Alternative verhindert, nämlich die dezentralisierte Konzentration urbaner Schmelztiegel, beispielsweise an den wichtigsten S- und U-Bahn-Stationen. Schließlich könnte auch der Alexanderplatz selbst mit ergänzenden, bloß punktuellen städtebaulichen Eingriffen – mit vergleichsweise minimalem Aufwand – aufgewertet werden.

Für die geplante ‚neue Mitte‘ von Berlin gibt es offensichtlich nur eine politische Begründung: Die Verwestlichung des urbanen Symbols der Ex-DDR. Einmal mehr sind – im ideologischen Fahrwasser der deutschen Nachkriegszeit – Architektur und Städtebau politisches Surrogat: Berlins ‚neue Mitte‘ im Sog des Kalten Krieges, der nun mit städtebaulichen Waffen und ohne Gegner geführt wird.

Der Ideenwettbewerb für den Alexanderplatz hat sein Programm denn auch in einem Geschäftszentrum nach westlichem Muster vorgegeben: dichte Straßenrandbebauungen, einige markante Hochhäuser, unten Business, oben Penthouses. Das Programm mit einem viel zu geringen Anteil an Wohnungen (die abgesehen davon größtenteils als Geschäfts- oder

Luxuswohnungen genutzt werden) widerspricht allen städtebaulichen Erfahrungen mit existenzfähigen, urbanen Zentren. Die neue Mitte wird wie die Friedrichstraße nach Büro- und Ladenschluß tot sein. Der programmatischen Banalität entspricht die vorgeschlagene Bebauungsfigur aus immergleichen Blöcken mit Ecktürmchen. Was die Berliner Architekturideologen als „antiamerikanischen" Bautyp ins Gerede bringen möchten, ist freilich trivialer, als es nationale Gegensätze sein konnten: Hofhaus und Hochhaus in einem – als eine Synthese von Berlin und den USA? Während das Alexanderplatz-Projekt nun Investoren angeboten wird, ist der Potsdamer Platz – bei einem undurchsichtigen Handel und vermutlich bereits vor der Wende – an Mercedes und Sony verkauft worden; Für ein Linsengericht und ohne jede verbindliche Absicherung planerisch-öffentlicher Interessen. Die beiden Konzerne machten den Immobiliencoup des Jahrhunderts. Sie nutzten ihre unternehmerische Freiheit und ignorierten den offiziellen, öffentlichen Wettbewerb. Ein Propagandafeldzug überrollte schließlich auch die letzten politischen und fachlichen Widerstände, um die firmeneigenen Projekte durchzusetzen. Die Präsentationsperspektiven verheimlichten freilich die Pointe der Investorenprojekte: zu den ‚Piazzas‘ wird die Öffentlichkeit keinen Zutritt haben. Nimmt man schließlich die Sicherheitssperrbezirke des zukünftigen Regierungsviertels und der diversen noch unterzubringenden Ministerien hinzu, wird deutlich, daß die einstige Mitte des metropolitanen Schmelztiegels der dreißiger Jahre sich in sein Gegenteil verkehrt: in eine privatisierte, der Öffentlichkeit verbotene Stadt.

Berlin wird trotzdem überleben, denn es lebt in seinen Quartieren. So gesehen, könnte man die Veräußerung der Mitte als eine zeitgeschichtliche Episode abtun. Für die städtebaulich-architektonische Disziplin jedoch sind die Berliner Ereignisse ein Fanal. Sie bedeuten nicht mehr und nicht weniger als die Preisgabe eines zwar hindernisreichen und von Irrtümern nicht verschonten, immerhin jedoch aufgeklärten Instrumentariums zur Verwaltung und Gestaltung der physischen Umwelt. Wenn sich Architektur und Städtebau auch künftig in die materielle Verteilung des Raums einmischen wollen, ist eine grundlegende Neubestimmung ihrer gesellschaftlichen Rolle dringend erforderlich.

Dietmar Steiner

Am deutschen Wesen ...

Es gibt wieder eine deutsche Städtebaudebatte. Den zyklischen Kurven der Erregung und Erschöpfung folgend, ist es nun wieder einmal soweit, daß Positionen formuliert und kontrastiert werden. Und ich beneide sie wirklich alle: Hans Kollhoff und Dieter Hoffmann-Axthelm, die sich an Berlin festkrallen, Daniel Libeskind, Wolfgang Pehnt und andere, die eine Nebenfront eröffnen, und Vittorio Magnago Lampugnani, der die Debatte mit so allgemein verständlicher Breite begann, daß man sich fragen muß, ob wirklich er es war, der den Eröffnungstext im *Spiegel* geschrieben hat. Ich beneide die Akteure für die Vehemenz, mit der sie die böse Wirklichkeit gesundbeten und dabei heroischen Akademismus produzieren. Und Vittorio Magnago Lampugnani bewundere ich ganz besonders, weil es ihm gelungen ist, mit einfachen und schlichten Worten, aber medial sehr überzeugend, die Erregung provoziert zu haben, die nun langsam eine Debatte zu werden beginnt.

Zuvor betrat die Debatte noch die Niederungen persönlicher Beleidigungen, zehn Jahre alte Wunden brachen wieder auf, erlitten im Grabenkrieg zwischen Altbau- und Neubau-IBA damals in Berlin. Kurz zur Erinnerung: Der Neubau-IBA (Regie: Kleihues) wurde vorgeworfen, nur artifizielle Verkleidungen einer zu „rekonstruierenden Stadt" zu produzieren, der Altbau-IBA (Regie: Hardt-Walter Hämer) wurde vorgeworfen, soziale Biotope zu konservieren, ohne Anspruch auf Gestaltung. Beide Vorwürfe stimmten damals; die logische Konsequenz, die Nachteile beider durch Akzeptanz der Intellektualität und Alltäglichkeit des jeweils anderen Konzepts auszugleichen, wurde nicht gezogen. „Altbau" war links und basisorientiert, „Neubau" war bürgerlich und medienästhetisch. Daß dann bedürftige türkische Familien in Neubau-Objekte einzogen und Altbau-

Hausbesetzer in Armani-Jeans ihre bürgerlichen Privilegien verteidigten, störte allenfalls die reine Ideologie.

Diese Berliner IBA-Erbschaft wirkt nach, weshalb es nicht überrascht, wie sehr die einzelnen Proponenten dieser Debatte ihre jeweils eigene Lebenswirklichkeit als Argument benutzen. Das ist peinlich, zumindest überheblich. „Schreib-Maschine" Dieter Hoffmann-Axthelm ist zutiefst seiner sozialtechnologischen Kreuzberger-Mischung verpflichtet, mit all den Traumata basisgeprägten Alltags aus den späten siebziger Jahren. Natürlich beschimpft er deshalb den „Klassenfeind", den weltläufigen alt-großbürgerlichen Vittorio Magnago Lampugnani, der mit ästhetischer Überheblichkeit in der Gewißheit architektonisch kompositorischer Kompetenz die formalen Regeln alltäglichen Zusammenlebens postuliert. Und diesem zur Seite wiederum Hans Kollhoff, der sein bürgerliches Berliner Wohnquartier die Veränderung und Bedrängnisse der Zeiten überdauern sieht und eine stabile urbane Struktur dort vermutet, wo nur Ungleichzeitigkeit die Entwicklung hemmte.

Diese drei jedenfalls sind grundsätzlich auf einer Linie, ihre gegenseitigen Beschimpfungen sind zumindest befremdlich, außer man vermutet doch ein Berliner Machtspiel dahinter. Denn die Argumente wirken, als ob es darum ginge, welchem der Akteure ein ratloser und verunsicherter Berliner Senatsbaudirektor sein Gehör zu schenken gedenkt. Womit wir beim eigentlichen Katalysator der deutschen Debatte angelangt wären. Das ist die Stadt Berlin, die ehemals ummauerte synthetische Leere, offen für Experimente, weil man beweisen mußte, daß dieser politisch so bedrängte Westteil auch tatsächlich noch existiert. Berlin, das jetzt, nach seiner Öffnung, mit der Bedeutung der neu-alten Hauptstadt „aller Deutschen" beladen wurde und vor diesem Druck in Panik flüchtet.

Die Westdeutschen vor allem haben nach vierzig Jahren Kleinstädterei das Gefühl dafür, was „Hauptstadt" ist, verloren. Es gab kein „Zentrum", keinen Brennpunkt der Nation. Man lebte in einem Netzwerk von Städten, die untereinander in Konkurrenz standen, ohne einer Stadt die Vorherrschaft über die anderen zu gewähren. Die Deutschen haben mit dem so schön und angenehm alltäglichen „Bundesdorf Bonn" viel Sympathie in der Welt errungen, und stehen jetzt vor dem Problem, der Welt erklären zu müssen, daß Berlin als Hauptstadt nicht den Rückfall in alte Machtansprüche bedeutet. Es gibt sie deshalb, auch uneingestanden: die Furcht der Deutschen vor der neuen Metropole Berlin und die Furcht Berlins vor seiner eigenen neuen Größe.

Vor dem Hintergrund der großen Leere Berlins ist es verständlich zu fragen, was das eigentlich ist, was wir heute Stadt nennen, und welchen Modellen wir folgen sollen, wenn wir sie, die Stadt, gestalten können und plötzlich müssen. Die Frage nach der „Struktur der Stadt" ist am Beispiel Berlins auch deshalb interessant, weil Berlin so weit abseits der westeuropäischen Entwicklung und Urbanisierung liegt. Berlin, als neue Hauptstadt, liegt als Insel im Osten wie Warschau, Prag, Wien, Bratislava, Budapest, Ljubljana, Belgrad, Sofia, Bukarest. Man sieht es an der Nennung der Namen dieser Hauptstädte: Es sind mitteleuropäische Metropolen mit großer Vergangenheit und noch existierenden historischen Strukturen der Substanz und Durchmischung.

Allesamt steinerne Monumente, die den von den Berliner Traditionalisten herbeigebeteten „stabilen Rahmen" noch besitzen. Jener Rahmen der Parzelle, des Blocks, der Durchmischung, der Konvention – der natürlich auch in den großen Städten Westeuropas noch rudimentär existiert und dort darüber hinwegtäuscht, daß sich das Umland und die Peripherie längst schon als andere Wirklichkeit etabliert haben. Eine Wirklichkeit der zeitgenössischen Bauproduktion und Nutzung, die schleichend die Zentren, die „Herzen der Städte" auch verändert hat.

Nehmen wir deshalb die zwei zentralen Argumente der Berliner Traditionalisten und betrachten wir sie genauer: Das eine ist allgemein und städtebaulich und fordert von der Parzelle, von der Hauseinheit oder vom Block eine gemischte Urbanität unterschiedlicher Funktionen. Das andere Argument ist ortsbezogen und architektonisch und fordert eine strukturelle Stabilität und Gediegenheit des Baus, der als durabler Rahmen von wechselnden Nutzungen überdauern kann.

Auf der städtebaulichen Ebene gibt es die Maßeinheit des Blocks und der Parzelle nicht mehr. Es gibt nur mehr die Maßeinheit des „Projekts". Dieses bemißt sich an der zufällig verfügbaren Größe für eine konkrete städtebauliche Intervention, bedrängt jeweils von unterschiedlichen Interessen und Verfügbarkeiten. Kann sich dennoch die Stadt, als Kommune, als gesellschaftliches Instrument, wieder auf allgemein verbindliche Regeln festlegen? Die typische Hauseinheit? Die Traufenhöhe? Oder einen „Blockvertrag"? – Das ist gesellschaftlich so artifiziell, als würde man zugunsten bürgerlicher Bildung das Fernsehen abschaffen wollen. Wenn der böse Investor in das legistische Korsett genommen wird, verwandelt er sich nicht automatisch in einen guten Bauherrn. Stadtplanung heute ist vielmehr davon abhängig, Regelungen und Verbindlichkeiten von Fall zu Fall, von Projekt zu Projekt auszuhandeln. Es gibt, zumindest in der

Realität, keine andere als die „situationistische Perspektive". Immer wieder tauchen ungeahnte Interessengruppen auf, bilden sich Bürgerinitiativen dafür und gleichzeitig dagegen, werden Umweltargumente gegen Modernitätsbekenntnisse ins Treffen geführt. Medienkampagnen starten ebenso plötzlich, wie sie wieder enden. Es gibt dafür keine Regeln, keine Gesetzmäßigkeiten mehr. Keine städtebauliche Regel und natürlich noch weniger eine harmonisierende Form kann die in Subkulturen zersplitterte gesellschaftliche Dispersion zusammenfügen. Warum also nicht die schöne und produktive Herausforderung annehmen, dem heterogenen und insularen Dasein die jeweils adäquate Struktur anzubieten?

Gegenüber der obsoleten städtebaulichen Harmoniestrategie hat natürlich das zweite, das architektonische Argument mit der Forderung nach „stabilen Gebäuden" schon eine gewisse Faszination und Berechtigung. Tatsächlich wissen wir, zumindest seit ('tschuldigung) „Blade Runner", daß die dauerhafte Tektonik stabiler Gebäude jede visionäre technologische Nutzung aufnehmen kann. Dagegen orteten vor nicht einmal zehn Jahren die Immobilienspezialisten einen enormen Bedarf an neuen Bürogebäuden, weil die bisherigen dem immensen Installationsbedarf der Computertechnologie (Kabelkanäle versus Raumhöhen) nicht gewachsen schienen. Niemand hob den Zeigefinger und gab zu bedenken, daß sich wohl die Technologie von Computern und Telekommunikation schneller entwickelt als die Technologie von Gebäuden, und wohl auch damit zu rechnen ist, daß trotz Neubaus der Großteil der technologischen Investitionen in alten bestehenden Gebäuden wird stattfinden müssen.

Soll aber deshalb die Architektur des Hauses sich abkoppeln von der Entwicklung der Technologie? Sie kann es gar nicht. So verlangt auf der positiven Seite der Entwicklung die Schonung von Ressourcen einen auch bautechnisch innovativen Umgang mit Klima und Energie. So verlangt auf der negativen Seite die überbordende und absurde Überschwemmung des Baumarktes mit immer neuen Produkten und Detaillösungen eine „architektonische Reinheit", die in der Realität kaum mehr zu überwachen oder gar durchzusetzen ist. Dabei ist es naiv und bodenlos ästhetisch, Worte wie Stein gegen Glas zu setzen (angesichts von hauchdünnen Steinplatten, geklebt auf einen Metallwabenkern, mit integrierter Wärmedämmung, als Systemlösung auf einen Fassadenrahmen gesteckt...). Kollhoff und Magnago Lampugnani haben recht. Nichts ist teurer, anspruchsvoller und schwerer realisierbar als die gediegene, einfache Lösung. Und natürlich wäre die zeitgemäße architektonische Herausforderung jene, neue technologische Standards auf der Höhe der Zeit zu entwickeln.

Die Bauindustrie produziert bewußtlos vor sich hin. Hier ist Innovation gefragt. Das energetisch und technologisch optimierte Bürohaus, das kostengünstige Wohnhaus? Wer beschäftigt sich mit Gesamtenergiebilanzen eines Hauses, mit der Einsparung von Stoffströmen und Ressourcen beim Bauen, mit Produktionslogistik und Recycling? Wo sind diese innovativen Ansätze zu finden? Jedenfalls nicht bei den Berliner Ästheten des einfachen Bauens. Die kultivieren ihren Starnamen genauso wie die originellen Dekonstruktivisten. Und es gehört überhaupt kein Mut dazu, sich zu einer einfachen, aber magisch rituellen Lochfassade zu bekennen und diese dann als Gegensatz zu einer poetischen Sprachforschung von Libeskind zu postulieren. Im massenmedialen Starbetrieb der Architektur zählt allein der „Name", nicht das Produkt.

Und wer ein wenig nur das geschützte Feld des innerarchitektonischen Diskurses (Medien, Symposion, Ausstellungen) verläßt, und mit der Wirklichkeit des Alltags in Berührung kommt, der weiß, daß entgegen postmoderner Beliebigkeit und individueller architektonisch-künstlerischer Manifestation eine sehr geschlossene allgemeine Konvention des Bauens herrscht. Tagtäglich werden sie gefordert, von den Behörden und vom *common sense* der Gemeinden, die „anständigen, traditionsfähigen Häuser" (VML). Sie sehen nur dann anders aus, wenn sie von der Avantgarde des „Einfachen" vorgestellt sind. Nicht die Architekten liefern „Bilder", die Bürger wollen sie, die Bilder des ortsüblich angepaßten Bauens.

Man sollte sie wirklich beenden, diese Berliner Debatte. Hoffmann-Axthelms esoterischer Entwurf des Blockvertrags ist im von ihm so bezeichneten „legendären grünen Suhrkamp-Bändchen", in der Walhalla bundesdeutscher Aufklärung, gut aufgehoben. Vittorio Magnago Lampugnani soll weiterhin mit römischer Überlegenheit die Erbärmlichkeit bundesdeutscher Alltagskultur geißeln. Hans Kollhoff, auf jeden Fall einer der besten deutschen Architekten, soll weiterhin von seiner alten Wohnumgebung schwärmen und dem Traum huldigen, daß es heute noch Handwerker gibt, die keiner architektonischen Anleitung bedürfen (läßt man, wie einstmals Loos ideologisch-essayistisch formulierte, einem Sattlermeister freie Hand, dann wird er heute originelle dekonstruktivistische Sättel produzieren).

Man sollte sie wirklich beginnen, die europäische Debatte über die europäische Stadt. Der Städtebau, wird Rem Koolhaas nicht müde zu behaupten, wurde von der Architektur geraubt und vernichtet. Der Städtebau ist für den offenen, den leeren Raum zuständig, die Architektur für die Elemente und Objekte der Füllung. Dennoch haben immer die Architekten die Ideologie des Städtebaus dieses Jahrhunderts formuliert. Die Planer selbst, die Behörden, haben diese Ideen in Gesetze und Regeln gegossen. Mehr denn je, das zeigt auch der bisherige Verlauf der „deutschen Debatte", sind die angeblich so ohnmächtigen Architekten aufgerufen, mit der ihnen zugeschriebenen gesellschaftlichen Kompetenz die eigentlichen Probleme der europäischen Stadt zu benennen und Lösungen anzubieten.

Ästhetische Vorlieben, wie „steinerne Einfachheit", „dekonstruktivistisches Chaos", „ästhetischer Minimalismus", „postmoderner Traditionalismus", „archaischer Fundamentalismus" oder „marktfähige Originalität" – sie alle sind artistische Spielarten, die sich über grundsätzliche Fragen der Verantwortung hinwegschwindeln. Die, laut Kollhoff, „blinden Kritiker" verlangen von den Architekten heute Antworten auf Desurbanisierung und Wohnmodelle im Umland, auf die Touristisierung und den Nutzungstausch im Zentrum, auf die neuen Bedingungen der Produktion von Architektur, auf mediales Starsystem und die restriktive Konvention der Provinz, auf die globale Verantwortung für Ressourcen und Energie und auf die neuen Fragen und sozialen Konsequenzen der Computer- und Kommunikationstechnologie.

Wir, die „blinden Kritiker", in Geiselhaft genommen von unseren Vordenkern, den Urbanisten und Architekten, erlauben uns anzumerken, daß eine urbane europäische Wirklichkeit existiert, die apokalyptische Visionen einer „Zitadellenkultur" mit ständigem Bandenkrieg als greifbare tagtägliche Wirklichkeit abbildet. Wir warten auf architektonische Antworten, die sich vom ästhetischen Glasperlenspiel herabbewegen auf die Ebene der tatsächlichen sozialen, urbanen und ökologischen Konflikte.

Es ist weder die Aufgabe eines Herausgebers, als Schiedsrichter zwischen den Fronten aufzutreten, noch beim derzeitigen Stand der Diskussion jetzt bereits ein Resümee zu ziehen. Dennoch wird man verstehen, daß mich die Debatte nicht unberührt läßt.

Ich habe daher im folgenden Beitrag versucht, einige Punkte zu thematisieren, die mir nicht oder nicht genügend behandelt zu sein scheinen, und ich habe versucht, sie als Fragen zu formulieren, um die nötige Distanz nicht zu verlieren. Daß ich dabei als Verteidiger einer Postmoderne auftrete, hat schon wieder etwas Komisches.

Gert Kähler

Modern? Konservativ? Postmodern!
Kein Resümee

1

„Wenn ein Entwurf über kulturelle Konventionen hinausgeht, wird eine kollektive Anstrengung nötig, um ihn zu erklären. Architektur braucht, um Bestandteil von Kultur zu werden, die Arbeit der Kritiker ebenso wie die der Architekten"[1], schreibt Juan P. Bonta in seinem Buch zur Wirkungsweise von veröffentlichter Reflexion über Architektur. Er bezieht sich dabei auf die klassische Architekturkritik, die Betrachtung eines fertiggestellten Gebäudes. Aber man kann den Satz auch auf architektur-*theoretische* Positionen beziehen.

Die Wahrnehmung von Architektur hat etwas mit Mode zu tun. Auch die reagiert auf unterschwellige Strömungen, auf gesellschaftliche Befindlichkeiten, wenn sie denn erfolgreich ist (sonst wird sie, wie der einzelne Bau, als exzentrisch abgetan). Nur ist die Mode ehrlicher, als es Architekturkritik und -theorie sind; sie feiert sich zweimal im Jahr selbst als neu, obwohl jeder weiß, daß sie aus vielen Konstanten und wenig neuer Dekoration besteht. Architekturkritik und -theorie hingegen und die Medien, die sie veröffentlichen, leugnen den aus den herrschenden Produktionsbedingungen von Architektur herrührenden Zwang, in immer kürzeren Abständen Neues zu finden (das eben nicht neu ist, sondern nur gerade als Antwort auf – tatsächliche oder vermeintliche – gesellschaftliche Schwingungen emporgespült wird).

Obwohl die verschiedenen Architekturen vom Rationalismus bis zum mehr oder minder kritischen Regionalismus, von High Tech bis De Kon parallel vorhanden sind, wird die Fiktion einer linearen Entwicklung beschworen, die immer weniger haltbar wird: Die Abstände des vermeintlich jeweils Neuen werden immer kürzer; konnte die Nachkriegs-Moderne noch von 1950 bis etwa 1975 datiert werden[2] – mit eingelagerten Unterströmungen wie Brutalismus oder Metabolismus –, so dauerte der postmoderne Eklektizismus anscheinend nur bis 1986, als er von der High-Tech-Architektur abgelöst wurde. 1988 kam dann der Dekonstruktivismus, und heute wird eben eine „Neue Einfachheit" proklamiert. Das sagt zunächst nichts über die Theorie selbst und ihre Schlüssigkeit, sondern nur etwas über die Mechanismen, nach denen sie ans Licht kommt.

Ein wichtiger Teil der in diesem Band dokumentierten Diskussion handelt unterschwellig von diesem Thema, das eng mit der erfolgreichen Vermarktung von Architektur heute zu tun hat. Denn auch für die Architekten gilt: Nicht der ‚gute' Bau zählt, sondern der, der veröffentlicht wird und der erkennbar einer bestimmten ‚Handschrift' zugeordnet werden kann. Der Architekt wird zum Markenzeichen seiner selbst (was seinen Intentionen einer marktgerechten Produktion durchaus entgegenkommt). Wenn es ihm schon verwehrt ist, Werbung zu treiben, dann sollen seine Bauten für ihn einstehen. Ein Architekt wie Eero Saarinen, der zwischen dem TWA-Flughafen in New York und dem Verwaltungsgebäude der John Deere Company je eigenständige Lösungen entwickelte, ist heute unzeitgemäß.

Der Architekt wird zum Markenzeichen: Ungers baut Quadrate, bei Behnisch steht alles schief, bei Kollhoff bekommt man hölzerne Fußleisten: die Sicherheit, von einem bestimmten Architekten ein bestimmtes, vorher bekanntes Produkt mit einem eindeutigen Ausdruckswert geliefert zu bekommen, bringt Firmen stärker als vor zwanzig oder dreißig Jahren dazu, sich der Dienste bekannter Architekten zu versichern. Deren architektonische Lösungen mögen brillant sein; wichtiger im Sinne der Firma ist, daß sie ein bestimmtes Image vermitteln. Deswegen ist, oberflächlich gesehen, eine architekturtheoretische Diskussion zwischen den ‚Marken' auch überflüssig. Wenn es Streit gibt, dann reduziert er sich meist auf den Kampf gegen die Einführung eines neuen Produkts, da dieses die eigene Marktsituation tendenziell verschlechtert; der Theoretiker, der Kritiker erfüllt objektiv die gleiche Funktion wie eine Werbeagentur und wird entsprechend behandelt (wenn auch schlechter bezahlt). Aus dem Brief eines Architekturbüros an den Kritiker: „Ich möchte versuchen, Ihr Interesse auf [...] zu lenken und Sie bitten, die Möglichkeit zu prüfen, darüber zu berichten [...]. Ich würde mich freuen, wenn Sie mein Ansinnen wohlwollend prüfen, und Sie die Möglichkeit einer Berichterstattung sehen würden". – Das ist nicht der Versuch eines kritischen

Dialogs um eine Sache, nicht das Interesse an einer Meinung; hier geht es ausschließlich um *product placement,* um die mediale Verbreitung eines Produkts (es ist zudem dreist, weil der Verfasser des Schreibens für die erhoffte Reklame keinen materiellen Gegenwert liefert). Daß der Brief von einem für den Architekten tätigen Architekturkritiker geschrieben wurde, liefert die Pointe. Ehrlich wäre, wenn er im T-Shirt mit Aufdruck und Sponsorenlogo herumliefe.

Auf einer anderen Ebene ist unstrittig, daß ein Diskurs zwischen unterschiedlichen Architekturauffassungen dennoch notwendig wäre. Insofern hat Lampugnanis Anstoß Erfolg gehabt, weil er eben dieses Manko sichtbar macht. Denn allzu häufig reduziert sich für den Kritiker die Frage nach ästhetischen Regeln, die auf eine bestimmte Aufgabenstellung und einen bestimmten Ort anzuwenden wären, auf die Frage, ob man ,Meier' oder ,Ungers' mag oder nicht; der architekturtheoretische Diskurs zwischen Positionen wird zum Stellvertreterkrieg zwischen Anhängern und Gegnern eines Architekten.

Schließlich wird, folgerichtig, der Kritiker selbst von einem bestimmten Bekanntheitsgrad an zum Markenzeichen, das für bestimmte Positionen steht.

Daß dergleichen Mechanismen auf allgemeine sozioökonomische Strukturen antworten, ist ebenso banal wie die Feststellung, die Kritik schaffe sich auf diese Weise selbst ab; solange niemand das Bedürfnis nach etwas anderem hat, folgen die Kritiker nur dem Markt, von dem sie abhängig sind. Positiv formulierte ästhetische Gesetze sind spätestens seit der Diskussion zwischen Blondel und Perrault im 18. Jahrhundert obsolet; Analysen werden durch Heilslehren ersetzt; der Kritiker wird zum Künder. Ob er diese Rolle annimmt und bewußt spielt oder nicht, ist dabei gleichgültig; seine einzige Alternative wäre das Schweigen.

2

Die Debatte um eine notwendige „Neue Einfachheit" in der Architektur bestand eigentlich aus zwei Themen; sie erhielt ihre polemische Schärfe erst durch das Hinzukommen des zweiten Themas, das bald das erste überlagerte: die Diskussion um die Architektur Berlins. In Deutschland werden derzeit rund 40 Prozent des Bauvolumens der Europäischen Union bearbeitet, davon wiederum ein großer Teil in der Hauptstadt: ein interessanter Markt. Außerdem aber gibt es dort den Versuch, eine bestimmte

Haltung von Architektur ex cathedra durchzusetzen – das ist das eigentlich Neue der Situation. Denn damit werden andere Haltungen, andere Vorstellungen von Architektur ausgegrenzt. Da geht es also ganz konkret um Aufträge.

Erst dieser brisante Aspekt hat für einen großen Teil der Aufregung um Lampugnanis Thesen gesorgt; die „Neue Einfachheit" selbst dagegen ist ein alter Hut, eine Forderung, die in der klassischen Moderne auf so unterschiedliche Architekten wie Adolf Loos, Josef Frank oder Mies van der Rohe zurückzuführen wäre, eine Forderung aber auch, wie sie Julius Posener in zahlreichen Aufsätzen der sechziger und siebziger Jahre erhoben hat – er nannte es eine „gegenständliche Ästhetik": „Die ist *eine* Antwort: getrost das Altgewohnte zu wiederholen. Öfter, als man denkt, ist es lebensfähig. Die andere Antwort ist die völlig neue Struktur."[3]

Die gesamte Diskussion der achtziger Jahre um einen „neuen" oder „kritischen Regionalismus" nimmt im Kern Lampugnanis Thesen vorweg; im ‚Bauwelt-Fundament' *In Opposition zur Moderne* aus dem Jahre 1980 sind zahlreiche Beiträge dazu versammelt bis hin zu den „zehn Binsenweisheiten der ‚einfachen' Stadtplanung" von Nikola Dischkoff und Michael Wilkens, die allerdings eher sozial als ästhetisch argumentierten.[4] Pikanterweise finden sich dort im übrigen auch Texte der von Lampugnani gescholtenen postmodernen Architekten, wie zum Beispiel der sehr poetische Beitrag von Charles Moore.

Nun geht es bei der Feststellung, die „Neue Einfachheit" sei bereits eine alte, nicht um eine Kritik an Lampugnani nach dem Motto, andere hätten dasselbe schon vor ihm gesagt; das ist nicht der entscheidende Punkt, genausowenig der Hinweis darauf, er selbst habe früher andere Positionen vertreten – es ist schließlich jedem unbenommen, hinzuzulernen (zu kritisieren wäre möglicherweise eher, wenn jemand immer dieselbe Position vertritt, da er sich dem Verdacht aussetzte, gewandelten Zeiten mit alten Argumenten zu begegnen). Die Frage ist vielmehr immer noch die, warum denn die alten Hüte plötzlich so aktuell geworden sind, daß sie öffentlichen Streit auslösen?

Ein Teil der Antwort liegt in der genannten Verbindung zur Berlin-Problematik. Ein anderer mag in der Person Lampugnanis liegen, der als Direktor des Deutschen Architektur-Museums nicht unumstritten war, obwohl andererseits in seiner Position ein gewisser Anspruch auf Verbindlichkeit lag. Wenn der Direktor des Deutschen Architektur-Museums etwas sagt, dann hat das Gewicht. Das hat auch mit der vermuteten politischen Couleur der handelnden Personen zu tun; wenn also Julius

Posener eine „Rückkehr zum Einfachen" propagierte, dann wäre das eine legitime und beklatschte Forderung, weil er als sozial engagierter Architekturtheoretiker jeglichen konservativen Denkens unverdächtig ist – bei Lampugnani hingegen: Quod licet Jovi...

Ich meine, es gibt noch einen dritten Punkt, der in den verschiedenen Diskussionsbeiträgen nicht thematisiert wurde: Es geht um unser schlechtes Gewissen. Wir wissen ja schließlich, daß die Industrieländer und damit wir alle auf Kosten der Länder der Dritten Welt leben, daß die Bedrohung für unseren Planeten nicht durch deren überbevölkerte Länder entsteht, sondern durch uns. Dagegen konkret etwas zu tun, ist schwierig – wo anfangen? – und grundsätzlich mit Verzicht verbunden. Jetzt kommt da einer und empfiehlt angesichts dieser Situation eine neue Bescheidenheit. Zwangsläufig reagiert man darauf zunächst mit einem schroffen „Nein", weil es an unsere Bequemlichkeiten geht. Daß dieses Nein *fachlich* begründet wird, muß so sein, weil unsere *moralische* Position unhaltbar ist.

Ob Lampugnanis „Neue Einfachheit" so gemeint war, steht dabei auf einem anderen Blatt; darauf wird noch einzugehen sein; zunächst geht es um diesen Mechanismus der automatischen Abwehr, wo es uns vermeintlich an den Kragen des satten Besitzes geht.

3

Es ist nicht die Aufgabe des Herausgebers dieses Bandes, einzelne Beiträge kritisch zu untersuchen. Daß es ihn dennoch in der Feder juckt, wird man verstehen; in Form von Fragezeichen will ich versuchen, einen Fortgang der Diskussion zu skizzieren.

Lampugnani hat im *Spiegel* ein Pamphlet geschrieben – zornig und ungerecht, weil in Teilen einseitig (zum Teil auch mit groben Fehlern wie der Verlagerung des Historismus an das Ende des 19. Jahrhunderts; üblicherweise wird damit die Zeit des späten Schinkel bis zu Semper beschrieben). In dieser ,literarischen' Form ist das erlaubt, um deutlich zu werden. An einigen Punkten jedoch leidet die Deutlichkeit – die antwortenden Kollegen haben einen Teil davon erkannt und aufgespießt. Ich meine, es müssen noch zwei weitere Themen in die Debatte aufgenommen werden, um ein umfassendes Bild (auch von Lampugnanis Intentionen) zu gewinnen.

Die Sache mit der Einfachheit hat nämlich einen Haken; es gibt sie nicht, es gibt vielmehr „zwei Einfachheiten" (wenn der Kalauer gestattet ist). Die übervölkerten Länder der Dritten Welt, die Länder unter der Armutsgrenze, aber auch die Armen hierzulande *müssen* einfach sein (und einfach bauen), weil sie keine Alternative haben. Wenn sie aber mehr Mittel zur Verfügung haben, bauen sie keineswegs einfach: „Es war mir bedeutsam, festzustellen, daß der Arbeiter im allgemeinen spielerische Ornamentik liebt und für die neue Einfachheit moderner Architektur kein Verständnis besitzt. Warum? Der moderne Architekt kam zu seiner Einfachheit vom spielerisch luxuriösen Überfluß [...] Der Arbeiter kommt aus dem Zustand des Mangels. [...] Er sehnt sich nach ein bißchen Verschönerung, die er nur in Gestalt spielerischer Verzierung zu erkennen vermag, und nun findet er wieder nüchterne Einfachheit. Weil ihm der qualitative Unterschied dieser Form der Einfachheit im Vergleich zu seiner früheren Einfachheit nicht im Gefühl offenbar wird, ist sein Unbehagen verständlich"[5], so der Schriftsteller Ernst Toller schon 1927 – daran hat sich bis heute nichts grundsätzlich geändert; eine Forderung nach Einfachheit, die das nicht berücksichtigt, läßt die soziale Dimension von Ästhetik außer acht.

Das anonyme Bauen früherer Jahrhunderte, die Bauernhäuser in den Bergdörfern des Tessin oder die Fachwerkhäuser mittelalterlicher Städte in Rothenburg oder Dinkelsbühl haben für uns Heutige noch etwas von der instinktiven Vertrautheit und Einfachheit, die die Summe aus dem *Wissen* um die Solidität, dem *instinktiven Erkennen* der Schutzfunktion und dem *ästhetischem Empfinden* der Übereinstimmung von Material und Bauweise bildet. Aber es ist eine gleichsam ‚ästhetisch überhöhte‘ Vertrautheit, die aus dem Kopf kommt, nicht aus dem Bauch: In dem Augenblick, da wir dort leben müßten, kämen ganz andere, praktischere Aspekte der Architektur hinzu – weshalb die dort jahrhundertelang ansässigen Bauern auch wegziehen, um anderswo ihren Lebensunterhalt zu verdienen. Sie, die Bauern, würden meine Betrachtungsweise nicht verstehen und als typisch intellektualistisches Geschwätz eines Städters abtun. Und sie hätten recht damit.

Wir bewundern diese Bauten, wir sind von ihrer Schönheit überzeugt – einer Schönheit, die aus der Übereinstimmung von verfügbarem Material, einfacher Konstruktion und der Funktion der Bauten entsprang. Diese Häuser werden heute gern von einer neuen Schicht von Eigentümern als Wohnhaus übernommen und aufwendig restauriert, sofern sie in der Stadt liegen; die von ihren ursprünglichen Bewohnern verlassenen Bergdörfer im Tessin, der Toskana oder der Provence hingegen schätzt man als Zweitwohnsitz. Die bisherigen Bewohner sind weggezogen, weil die Orte keine ökonomische Lebensgrundlage mehr boten; häufig genug auch, weil sie ihre Häuser nicht mehr als „schön" empfanden – ihnen fehlte der Luxus von Heizung und Bad, und die moderne Aluminiumtür befriedigt das ästhetisches Empfinden der einheimischen Bewohner häufig besser als der verwitterte Holzbalken als Sturz und die in den Angeln hängende Holztür.

Die neuen Besitzer haben selbstverständlich Bad und Heizung längst eingebaut; die alte Haustür jedoch wird sorgfältig und teuer restauriert in den alten Zustand der Einfachheit. Die Besitzer können es sich leisten, denn es sind wohlhabende Leute (andere haben keinen Zweitwohnsitz). Sie wählen nämlich die Einfachheit unter verschiedenen ihnen zur Verfügung stehenden Lebensformen bewußt aus. Der Besitzlose hingegen hat keine Wahl; das ist der Unterschied zwischen Askese und Armut.

Aus Armut aber entsteht keineswegs automatisch Schönheit; die Squatter-Siedlungen am Rand von Buenos Aires oder Kairo sind zwar monoton und variieren nur einen Typus, wie es Lampugnani fordert, sind aber deswegen noch nicht schön. Neue Bauernhäuser hierzulande sind andererseits oft genug ein ästhetischer Graus. Welche Einfachheit ist also gemeint: der bewußte Verzicht auf überbordende Formenvielfalt, wie er etwa von Heinz Bienefeld oder einem Teil der in den letzten Jahren bekanntgewordenen deutsch-schweizerischen Architekten wie etwa Herzog & de Meuron, gepflegt wird: So einfach wie möglich, koste es, was es wolle? Das ist die Reduktion auf das Wesentliche, wie sie schon Ludwig Mies van der Rohe gesucht hatte – eine ästhetisch befriedigende, eine schöne Architektur, die aber mit den ökonomischen Problemen dieser Erde nichts zu tun hat.

Oder geht es tatsächlich um ein preiswertes, nein: ein billiges und qualitätvolles Bauen für die Vielen, wie es Adolf Loos oder Josef Frank gesucht haben? Geht es um eine *Ästhetik* des Einfachen oder um billige *Produktionsmethoden*? Wenn das im *Spiegel* gezeigte Wohnhaus von Berghof, Landes, Rang am Westhafen in Frankfurt mit seiner ‚postmodernen' Fassadendekoration billiger in der Herstellung wäre als ein vergleichbares ‚einfaches' – wäre es dann immer noch zu verurteilen? Wenn wir schon bei den schweizerischen Architekten sind: Die Gruppe Metron wäre dafür das adäquate Beispiel; eine Architektur, in der günstige Finanzierungs- und Produktionsbedingungen, die auch Normalbürgern das eigene Haus ermöglichen, mit einer angemessenen Ästhetik zur Deckung kommen.

Diese Normalbürger sind dann aber eher Lehrer und Bibliothekare als Arbeiter – wenn letztere in gegenseitiger Selbsthilfe bauen, wie es in Dörfern und kleinen Städten geschieht, dann kommt etwas ganz anderes heraus – etwas, das die Intellektuellen nicht ‚schön' finden, weil es nicht ‚einfach' ist.

Das einzige mir bekannte Beispiel einer ästhetisch befriedigenden Siedlung für Asylsuchende, Bürgerkriegsflüchtlinge und Aussiedler ist nicht von Architekten, sondern von der (Holzbau-)Industrie entwickelt worden. Es setzt sich im sozialen Wohnungsbau nicht durch, weil dessen potentielle Bewohner die Architektur für zu armselig halten. Dabei ist es 30 bis 50 Prozent billiger als der übliche soziale Wohnungsbau – bei gleichen Standards.

4

„Doch so, wie sich der Durchschnitt zweier Linien, auf der einen Seite eines Punkts, nach dem Durchgang durch das Unendliche, plötzlich wieder auf der andern Seite einfindet, oder das Bild des Hohlspiegels, nachdem es sich in das Unendliche entfernt hat, plötzlich wieder dicht vor uns tritt: so findet sich auch, wenn die Erkenntnis gleichsam durch ein Unendliches gegangen ist, die Grazie wieder ein; so, daß sie, zu gleicher Zeit, in demjenigen menschlichen Körperbau am reinsten erscheint, der entweder gar keins, oder ein unendliches Bewußtsein hat, d.h. in dem Gliedermann, oder in dem Gott.'

‚Mithin, sagte ich ein wenig zerstreut, müßten wir wieder von dem Baum der Erkenntnis essen, um in den Stand der Unschuld zurückzufallen?'

‚Allerdings, antwortete er, das ist das letzte Kapitel von der Geschichte der Welt.'"

Heinrich von Kleist erörtert in seinem Fragment *Über das Marionettentheater* am Beispiel des Ballettänzers den Weg zu einer neuen Einfachheit, zu einer neuen Konvention. Die Frage ist, wie wir mit unserer Erkenntnis durch ein Unendliches gehen können. Postmoderner Eklektizismus und Dekonstruktivismus, so Lampugnani, seien Irrwege. Aber die heutige Architektur kennt nicht nur diese beiden Alternativen; wie verhält es sich denn mit der High-Tech-Architektur eines Norman Foster? Wie mit den Selbstbauprojekten eines Peter Hübner oder den Selbstbau darstellenden Siedlungen von Ralph Erskine? Was ist mit Rossis oder Ungers' Rationalismus, Ballers Organik, Bottas ‚Tessiner Schule' oder Scarpas und Schattners Alt-Neu-Thematik? Fällt Behnisch unter das De-Kon-Verdikt, sind seine Bauten schlecht detailliert? Und schließlich: Welchen Stellenwert in der Diskussion hat alles das, was Charles Jencks als „Late Modern" bezeichnen würde – der architektonische Mainstream, der immer noch der Moderne der zwanziger Jahre verpflichtet ist, angefangen bei Richard Meier und längst nicht zu Ende bei von Gerkan & Marg?

Die – unvollständige – Liste bestehender Architekturtendenzen wird nicht deswegen aufgezählt, um Lampugnani Versäumnisse vorzuwerfen; ein *Spiegel*-Artikel bietet nicht den Raum für eine architekturtheoretische Grundsatzdiskussion aller vorhandenen Positionen. Der zentrale Punkt ist nicht die Suche nach dem ‚richtigen' Stil, sondern der, *daß* es diese Positionen gibt. Die Vielfalt der unterschiedlichen Ansätze in der Architektur der letzten Jahre meint ja etwas anderes als nur ein ‚anything goes'. Der große Befreiungsschlag aus einer erstarrten Fixierung auf die Moderne, von der man sich nur schlechten Gewissens lösen konnte, weil sie moralisch argumentierte und weil ihr soziales Engagement ihr ‚Artenschutz' gewährte, war doch Venturis „gentle manifesto" über Komplexität und Widerspruch in der Architektur, war, mit einem Wort, die Postmoderne. Selbst Jencks, der den Begriff auf die Architektur übertrug, hat niemals nur eine *Stilrichtung* damit gemeint.

Wege aus der Moderne nannte der Philosoph Wolfgang Welsch seine Aufsatzsammlung zur Postmoderne, in der deutlich wird, daß es sich um eine Zeitströmung handelt, die von der Philosophie über die Physik bis zur Bildenden Kunst reicht; der Titel war Programm.[6] Eines zeigte sich darin deutlich: daß der potentielle Gewinn einer Nach-Moderne darin liegt, aus dem ethisch begründeten Ganzheitsanspruch der Moderne auszubrechen (was noch deutlicher wird, wenn man übersetzt: *Totalitäts*anspruch). Vielfalt wird als Chance begriffen, auf unterschiedliche Gesellschaften, unterschiedliche Aufgaben und unterschiedliche Orte je spezifisch zu reagieren. Welsch aber geht noch einen entscheidenden Schritt weiter, indem er für die Postmoderne den politisch-gesellschaftlichen Bezug herstellt, den die Moderne nur behauptet hat: „Genau sie [die Postmoderne; G.K.] löst die Intentionen – ja geradezu die Vision – der Demokratie ein. Denn es ist klar: Demokratie ist eine Organisationsform nicht so sehr für den Konsens als vielmehr für den Dissens von Ansprüchen und Rechten [...]. Eine einheitliche Gesellschaft wäre mit anderen Staatsformen besser bedient. Zur Demokratie hingegen gehört die Präsumtion, daß in der Gesellschaft unterschiedliche, gleichermaßen legitime, im letzten jedoch unvereinbare Ansprüche bestehen [...]. Was in den Augen vieler an der Postmoderne prekär und beunruhigend ist, daß nämlich zwischen den heterogenen Ansprüchen keine rechtlich begründete Entscheidung mehr getroffen werden kann, dieses irritierende Moment eines radikalen Pluralismus ist in der Demokratie prinzipiell akzeptiert und institutionalisiert."[7]

Lampugnani hat zu einer Postmoderne in diesem Sinne, als geistesgeschichtlicher Begründung heutiger Gesellschaft, nicht Stellung bezogen, sondern nur zu einer formalen Tendenz, dem „postmodernen Eklektizismus", der nun allerdings inzwischen obsolet ist. Entsprechend wird aber nicht ganz klar, ob seine „Neue Einfachheit" als ästhetische Richtung, als ‚Stil‘ gemeint ist, oder als eine grundsätzliche Haltung des Architekten. Wenn letzteres der Fall ist, dann ist die Vielfalt der vorhandenen ‚Stile‘ zwischen High Tech und De Kon nicht beeinträchtigt, die Kennzeichen einer Postmoderne als Stil der heutigen Zeit ist; dann ist Lampugnanis Polemik in erster Linie gegen die Architekten gerichtet, die als vorschnelle Diener ihrer (Bau-)Herren nicht die Kunst des Fügens von Materialien gegen den Angriff des dauerelastischen Fugenbreis verteidigen, nicht das anständige Handwerk (das immer auf dem höchsten Niveau der Industrialisierung stand; der konstruierte Gegensatz aus Handwerk = gut und Industrie = schlecht ist absurd!) gegen schlecht konstruierten Schund.

Wenn Lampugnani jedoch die „Neue Einfachheit" als neuen Stil versteht, dann liegt darin ein Zurück hinter Positionen der Postmoderne, dann liegt darin ein neuer Ganzheitsanspruch.

Die Forderung nach einer neuen Konvention wird jeder begrüßen – solange nicht klar ist, wer sie setzt: Die Architekten als Sachwalter der Ästhetik des Bauens? Die Industrie als Verantwortliche für anständiges Bauen? Historisch gesehen, waren Konventionen immer *soziale* Übereinkünfte über gültige Formen. Nur das kann es, so meine ich, auch heute sein: eine soziale Konvention. Die aber ist in einer pluralistischen, einer multikulturellen Gesellschaft nur pluralistisch zu denken: Postmoderne. Eine so verstandene Postmoderne beinhaltet die Absage an eine als total begriffene Einheit (wie sie die klassische Moderne ja tatsächlich noch gefordert hatte!); jetzt, mit der Postmoderne, kann das Nebeneinander von Verschiedenem nicht nur toleriert werden, weil man nichts dagegen tun kann, sondern wird als eigentliche Qualität einer dezentralen Welt begrüßt.

Ich mißtraue gründlich allen Universallösungen in unserer heutigen Welt. Kann man auf der einen Seite das hereinbrechende Chaos beklagen und auf der anderen *eine* (architektonische) Lösung empfehlen? Warum sollen wir wieder ein schlechtes Gewissen bekommen, weil Eklektizismus und Rationalismus, High-Tech-Architektur und Dekonstruktivismus, Regionalismus und Spätmoderne und, von mir aus, die „Neue Einfachheit" nebeneinander stehen? können wir tatsächlich auf Stirlings Erweiterung der Staatsgalerie in Stuttgart, Behnischs Plenarsaal in Bonn, Tschumis „Parc de la Villette" in Paris, Fosters Flughafen in Stansted oder Richard Meiers „Atheneum" in New Harmony verzichten? Der einzig einsehbare Grund für das schlechte Gewissen ist doch das vermeintlich dadurch entstehende optische Chaos; die verschiedenen ‚Stile', wenn es denn welche sind, passen nicht zueinander.

Das mag durchaus sein. Die Schlußfolgerung daraus ist aber nicht richtig. Denn die Empfehlung für *einen* Stil ist eine rückwärtsgewandte Lösung: Früher haben wir damit gute Erfahrungen gemacht, also brauchen wir wieder einen Stil? Ich denke, umgekehrt ist es richtig: Frühere Gesellschaften waren so auf eine Ordnung hin orientiert, daß sie nur einen Stil brauchten. *Der* Stil einer pluralistischen Gesellschaft aber sind *viele* Stile; wenn man heute nur einen Stil fordert, dann muß man konsequenterweise auch die Gesellschaft des Mittelalters oder des Barock restaurieren. Ist es das, was gewollt ist?

Ich meine, unsere Zeit braucht, anders als das Mittelalter, Regeln dafür, wie die *verschiedenen* Stile miteinander auskommen können. Das müßte dann die neue Konvention sein – offen, vielfältig, komplex.

Anmerkungen

1   Bonta, J.P., Über Interpretation von Architektur, Berlin 1982, S. 151
2   Die Rede ist von der Moderne als vorherrschendem Stil; davon unabhängig ist ihre tatsächliche Entstehungszeit in den zwanziger Jahren.
3   Julius Posener, Apparat und Gegenstand (1967), in: ders., Aufsätze und Vorträge 1931-1980, Braunschweig/Wiesbaden 1981, S. 153
4   Blomeyer, G.R./Tietze, B. (Hg.), In Opposition zur Moderne. Aktuelle Positionen in der Architektur, Braunschweig/Wiesbaden 1980
5   Toller, E., Das sozialistische Wien, in: Die Weltbühne 11/27, S. 468f
6   Welsch, W. (Hg.), Wege aus der Moderne. Weinheim 1988
7   Welsch, W., Einleitung, in: a.a.O., S. 39

Der Beitrag von Florian Rötzer steht am Schluß der Diskussion – nicht weil er sie beendete, sondern weil er sie, im Gegenteil, auf eine neue Ebene bringt. Was in anderen Beiträge schon anklang, wird von ihm in den Mittelpunkt gerückt (obwohl man gerade in seinem Beitrag nicht von einem Zentrum reden sollte!). Er thematisiert die Frage nach der Zukunft der Stadt, wenn die Räume virtuell und die Straßen zu Datenautobahnen geworden sind. Wenn seine Prognose richtig ist, dann war die ganze hier dokumentierte Diskussion in der Tat von vorgestern.

Florian Rötzer

Von realen und virtuellen Städten

We foresee that computing environments in the next decade will be very widely distributed, ubiquitous, open-ended, and ever changing. All the computers in the world will be mutually connected. New services will be added from time to time, while old services will be replaced. New computers will be connected, and the network topology and capacity will be changing almost continually.[1]

Interessant an der derzeitig vor allem im Brennpunkt der neu-alten Hauptstadt Berlin sich abspielenden städtebaulichen Kontroverse ist zweifellos weniger die Frage irgendwelcher architektonischer Stile, sondern das überall wieder aufflackernde Interesse an der Gestaltung und vor allem Bewahrung urbanen Lebens, wie wir es (noch) kennen, aber offenbar und, wie ich glaube, zurecht bedroht sehen. Dabei geht es nicht nur um eine Revision der Postmoderne oder gar der Moderne, sondern vor allem um die zukünftige Bedeutung der Stadt, um ihre Revitalisierung oder vielleicht auch nur um ihre Bewahrung im Zeichen ihres Niederganges, des Verlustes von vielen ihrer herkömmlichen Funktionen, die auf räumlich indifferente, nicht mehr an Orte der Verdichtung gebundene Netzwerke übergehen. Auch architektonisch müssen wir uns endlich der wachsenden Anzahl von Nicht-Orten stellen, an denen die meisten Menschen bereits leben, zumal man eingesehen haben dürfte, daß wir (Post-)Modernen offenbar nicht in der Lage sind, architektonisch urbanes Leben zu erzeugen, zumindest nicht so, wie die Gutmeinenden sich dies vorstellen. Urbanität ist, wie man, Freud paraphrasierend, sagen könnte, ein Überlebsel, das wir, wenn es gut geht, fortstricken, vielleicht gar ein wenig verbessern können, wenn es noch da ist, das wir aber nicht erschaffen können.

Urbanes Leben in verdichteten Stadträumen wird sicher gestützt durch eine bestimmte Infrastruktur, aber es entsteht auf dem Fundament von ökonomischen Strukturen, die zunächst eine Zusammenballung hervorbringen und wachsen lassen. Diese Strukturen aber haben sich in der postindustriellen und daher möglicherweise post-urbanen (?) Gesellschaft verändert. Die für die räumliche Organisation bislang entscheidende Differenz zwischen Zentrum und Peripherie, zwischen Innen und Außen zerfällt, weil Verdichtung und Nähe durch steigende Mobilität und wachsende Möglichkeiten der Telekommunikation immer weniger räumlich definiert sind. Wenn wir von Städten sprechen, dann meinen wir meist nur die inneren Bereiche der Stadt, deren Struktur historisch gewachsen ist, nicht aber die sie umgebenden, oft riesigen urbanen Zonen, die sich wenig geordnet entlang der Straßen in das Umland ausbreiten und meist kaum etwas von dem enthalten, was die Romantiker der Stadtkultur Urbanität nennen. Die historischen Kerne und die sogenannten Zentren der Städte sind oft winzig klein im Vergleich mit dem städtischen Raum, der sie umgibt, in den immer mehr Menschen, Produktions-, Distributions- und Dienstleistungsbetriebe sich ansiedeln und sich so die Notwendigkeit eines Zentrums, einer konzentrierenden Mitte, allmählich auflöst. Während die Städte der Industriegesellschaft durch Konzentration bestimmt waren, die räumliche Entfernungen und so die Zeiten für ineinandergreifende Prozesse für den Transport, die Kommunikation, den Handel und die Arbeit lokal durch Zentralisierung minimierten, spielen Entfernungen heute keine entscheidende Rolle mehr. Führten beispielsweise die Bahnhöfe mitten in die Städte hinein, so haben die auf die Zentren ausgerichteten Massentransportmittel ähnlich wie die Massenmedien ihre Bedeutung eingebüßt.

Die Flughäfen, die neuen Tore zur Welt, befinden sich weit außerhalb der Zentren, und bereits Autos und Telefone, mit ihrem auf Individualverkehr und -kommunikation ausgelegten Straßen- und Kabelnetz, haben die Notwendigkeit der räumlichen Nähe und der sternförmig angelegten Strukturen partiell erodieren lassen – ein Prozeß, der durch die Ausbreitung von breitbandigen Computernetzwerken fortgesetzt wird und der einen neuen, aber global ausgerichteten, nicht mehr an einem Ort dauerhaft verankerten, sondern prinzipiell permanent veränderbaren und vor allem grenzenlosen urbanen Raum entstehen läßt, den man gemeinhin Cyberspace nennt und der gegenwärtig immer weniger mit den zunächst prägenden dörflichen Vorstellungen wie ‚global village‘ oder ‚electronic cottage‘ und immer mehr mit urbanen Metaphern wie ‚City of Bits‘,

,Interactive City', ,TelePolis', ,Digital City', ,CyberCity', ,Computer City' oder ,Virtual City' zu fassen ist. Viele dieser sich nirgendwo im realen, sondern nur im virtuellen Raum befindlichen ,Städte' bieten ,Orte' an, an denen man sich treffen, miteinander kommunizieren, spielen oder handeln kann. Auch diese teils öffentlichen, teils zugangsbeschränkten oder privaten ,Orte' werden mit architektonischen oder urbanen Begriffen charakterisiert und ,räumlich' geordnet, denn die räumliche Anordnung eröffnet Orientierung für die Reisenden und Flaneurs auf den Daten-plätzen, -straßen und -schnellstraßen, die sich auf ihrer Suche durch sie hindurchklicken. Eines der ältesten Netzwerke, das Cleveland Free-Net, zeigt, wenn man sich einloggt, auf dem Bildschirm eine Struktur, die nach urbanen Institutionen wie „Administration Building", „Post Office", „Public Square", „Courthouse and Government Center", „Arts Building", „Science and Technology Center", „Medical Arts Building", „Community Center and Recreation Area", „Business and Industrial Park", „Library" oder „University Circle" aufgegliedert ist. In anderen Netzwerken gibt es shopping malls, Museen, Galerien, fun houses. Projekte wie „Interactive City", die am Institut für neue Medien, Frankfurt, gebaut wird, sind so angelegt, daß es hier alles geben soll, „was es auch sonst in einer Stadt gibt: Geschäfte, Behörden, Cafés, öffentliche Plätze, Veranstaltungen, Aus-stellungen etc." Auf der anderen Seite drängen Computerterminals, die öffentlich zugänglich sind, aus Büros und privaten Räumen hinaus, in Cafés, auf Straßen und Plätze, oder machen es Note- oder Powerbooks, die mit einem Modem an irgendeinen Telefonanschluß oder sogar an Mobiltelefone angeschlossen werden, es möglich, überall und zu jeder Zeit den Raum der virtuellen Städte zu betreten, der, mit fortschreitender Konvergenz der Medien und mit immer besseren Schnittstellen ausge-stattet, sich möglicherweise bald auch einer multisensorisch erfahrbaren Simulation annähern wird.

Es gibt bereits immer mehr 3D- und VR-Simulationen von architekto-nischen Szenarien, die man betreten, in die man hineingehen, in denen man herumwandern kann. Vorbild dieser Entwicklung ist die anhand des „Tactical Mapping Systems" erstellte Bildplatte der Stadt Aspen, mit deren Hilfe man durch die ganze Stadt hindurchwandern kann. Heute sind, was beispielsweise für den menschlichen Körper über die neuen bildgebenden Verfahren oder mittels Satelliten für die Erde schon realisiert ist, die Projekte der Simulation von Städten umfassender geworden. Edou-ard Bannwart, ehemals Art&Com, arbeitet an einem digitalen Stadtmodell für die Berliner Innenstadt, das möglichst realistisch sein soll: „Zentimetergenau, detailgetreu und wahrnehmungsentsprechend soll es künftig den Stadtraum unter der Erde, auf der Oberfläche und im Luftraum repräsentieren. Damit entsteht eine virtuelle Analogie zur Realität, in der sich Planungskonzepte, Betriebsabläufe und Umweltbelastungen simulieren lassen." Hat man ein solches Modell, dann könnte man es auch für andere Zwecke als jene der Planung, Analyse oder Modellierung von neuen Projekten benutzen, die weit darüber hinausgehen, etwa als Passant oder im Auto nur eine mobile Stadtkarte zur Verfügung zu haben, die einem zeigt, wo man sich befindet: „Die interaktive Begehbarkeit dieses Computermodells erlaubt es Stadtbewohnern oder Besuchern, virtuell durch die Innenstadt zu spazieren, Teleshopping, Telekiosking oder telepräsent Alltäglichkeiten zu erledigen. Das möglichst realistische Abbild mit speziellen Orten, Nutzungen und Transportsystemen ermöglicht einen hohen Wiedererkennungsgrad, so daß sich die meisten Leute entsprechend ihren ‚urbanen Sozialisationserfahrungen‘ schnell zurechtfinden." Gleich, ob man nun eine bestimmte Stadt oder eine fiktive simuliert, zeigen diese Beispiele doch, was zunächst durch Analogisierung allmählich in die Netze abwandern könnte: Take-over der virtuellen Stadt, die sich aus und auf den materiellen urbanen Strukturen erhebt und diese hinter sich zurückläßt – als urbane Räume, während der umbaute, mehr und mehr computerkontrollierte, mit vielen Schnittstellen versehene Raum als Arbeits-, Wohn- oder Freizeitraum, der öffentliche Raum als Transport-, Erholungs- oder agrarindustriell genutzter Raum übrigbleibt.

Cyberspace oder Telepolis wird heute erschlossen und besiedelt. Im Cyberspace wird nicht nur kommuniziert, in ihm wird gearbeitet, gehandelt, werden Geschäfte abgeschlossen, in ihm werden Informationen verteilt, neue soziale Beziehungen geknüpft und Freizeitbeschäftigungen ausgeübt, ohne daß man sich noch von dem Ort fortbewegen muß, an dem man sich körperlich befindet, ohne daß man sich an bestimmte Orte begeben muß, um in ihn einzutreten. Neben der Lebenswelt, die durch die Position und Anwesenheit des materiellen Körpers ausgezeichnet ist, entwickelt sich im Cyberspace eine Welt der Tele-Existenz. In den Cyberspace wandern immer mehr einstmals städtische Verdichtung erfordernde und von Menschenmassen getragene Funktionen ein. Auch wenn der Cyberspace im wirklichen und umbauten Raum verankert ist, ist dessen Zentralität nicht mehr räumlich definiert. Sie kann sich über den Raum etwa in Form von virtuellen Organisationen mit allen Vorteilen der Verschlankung, Dezentralisierung, Just-in-Time-Produktion oder künftig verstärkt wirksam werdendem Computer Integrated Manufacturing (CIM) verteilen.

Ihrer Funktionen beraubt, müssen die Zentren zwar nicht wie in manchen amerikanischen Städten zerfallen, nur verwandeln sie sich von Orten, an denen gewohnt und gearbeitet wird, zu touristischen Lokalitäten, was sie auch für jene sind, die sie aus der städtischen Region zum Einkaufen oder Sich-Vergnügen besuchen. Die Zentren werden zu Hohlräumen, während die Städte durch den Prozeß der Dezentralisierung finanziell immer schwächer werden. Doch verlassen auch immer mehr der noch verbliebenen traditionellen Funktionen den zentralen Bereich der Städte und siedeln sich in den urbanen Zonen an: Einkaufs- und Gewerbezentren, Büros und Distributionszentren, Freizeitparks, Ausbildungs-, Vergnügungs- und Kultureinrichtungen. Noch sind die Zentren unserer Städte durch Geschäfte, Kaufhäuser, Banken, Verwaltungs-, Ausbildungs- und Kulturinstitutionen, Kneipen und Restaurants geprägt, doch es ist absehbar, daß immer mehr Tätigkeiten von zuhause aus ausgeführt werden, man sich nicht mehr in die Innenstadt begeben muß, um etwas zu erledigen, um zu arbeiten oder Erlebnisse zu suchen. Für den größeren Teil der Gesellschaft wird das bedeuten, daß mehr und mehr Tätigkeiten in Wohnräumen – möglicherweise begleitet von einem weiteren Zerfall dauerhafter Bindungen – stattfinden, die dementsprechend größer werden müssen und deren Lage eher nach individuelleren Gesichtspunkten der Lebensqualität, nicht mehr vornehmlich aus Gründen räumlicher Anbindung gewählt werden, auch wenn heute noch die Städte bzw. urbanen Zonen jene Orte sind, an denen der Zugang zu den Netzen zuerst geschaffen und ausgebaut wird.

Durch Individualisierungsprozesse, die zugleich die Mobilität der einzelnen erhöhen, werden auf Dauer angelegte Wohnverhältnisse ebenso wie soziale Beziehungen und städtische Milieus weiter entregelt werden. Virtuelle Gemeinschaften und soziale Beziehungen in den Netzen eröffnen eine neue Nähe aus der Distanz, lassen andere Strukturen der Kommunikation und Interaktion entstehen, die von der urbanen Lebensweise zwar bereits angelegt wurden, diese aber doch radikalisieren, weil die Verpflichtungen, Zwänge und Ängste, die aus der Body-to-Body-Kommunikation im wirklichen Leben entstehen, durch die mögliche Anonymität, das Ausprobieren neuer Rollen, das Zulegen einer neuen Körperidentität, den jederzeit möglichen Kontaktabbruch entfallen. Soziologen beschreiben unsere Gesellschaft als Gesellschaft fortschreitender reflexiver Modernisierung, als Erlebnis- oder Risikogesellschaft. Die äußeren Normen zerfallen, werden verflüssigt und die Entscheidungen in die Eigenverantwortung der einzelnen gestellt, die, innenorientiert und auf eigenes Risiko, zwischen immer mehr Optionen in allen Bereichen des Lebens auswählen müssen. Dadurch verschleifen sich Traditionen, werden gewachsene und gebaute Strukturen ebenso mobilisiert wie Innovationen im Computer- und Medienbereich. Architektonische Umgebungen werden neutralisiert, sollen wechselnden Funktionen und Bedürfnissen sich anpassen. Medienfassaden, die wechselnde Bilder zeigen, verbergen die gebauten Fassaden, lassen sie zu Schnittstellen mit der Umgebung oder dem Innen werden, setzen gewissermaßen die Häuser in Bewegung. Stabilität oder Verankerung, sei es auf dem Bildschirm, in einer Wohnung, in einer Stadt, in einer Identität oder in einem Körper, werden zunehmend als Gewalt, als Einschränkung der Freiheit empfunden. Interaktive Medien, bei denen man nicht passiv konsumiert, sondern wie in einem Computerspiel selbst am Geschehen beteiligt ist und in dieses, aber auch in die Bilder eintaucht, wo das Zappen gewissermaßen als Partizipation in das Programm eingebaut wurde, bringen diese Mobilisierung nicht nur zum Ausdruck, sondern fördern sie auch als Erwartung an Umgebungen, die möglichst derselben Logik folgen, sich den individuellen Entscheidungen, zumindest aber der Erlebnis- oder Ereignisorientierung anpassen sollen. Den Prozeß der Neutralisierung der städtischen Umgebung, vorangetrieben durch den kulturellen Globalisierungsprozeß sowie die Produkte, die Organisation, die Macht und das Erscheinungsbild multinationalen Konzerne, mag man ebenso bedauern wie die Tatsache, daß der öffentliche städtische Raum immer mehr ausgeschlossen und als gefährlich erlebt wird. Der Rückzug in die umbauten Räume geht einher mit dem Eintritt in die neuen öffentlichen, aber privat kommerzialisierten Computernetze.

„Wenn er [ein Besucher aus dem westlichen Europa; F.R.] Richtung Detroit unterwegs ist, dann wird er ein ihm völlig unbekanntes Phänomen beobachten: Je mehr er sich dem Zentrum der Stadt nähert, desto dünner wird der Verkehr. Am Ende fährt er in ein städtisches Gebiet ein, das auf den ersten Blick alle äußeren Anzeichen einer Metropole besitzt: Bürohochhäuser, Hotelpaläste, Parkhäuser, Warenhäuser, sogar eine Trasse für eine Art Hoch-Straßenbahn. Bei genauerem Hinsehen jedoch erweisen sich diese zunächst normal und selbstverständlich scheinenden Insignien einer gestandenen Großstadt auf geradezu unheimliche Weise als Elemente eines riesigen Potemkinschen Dorfes. Die meisten dieser Gebäude stehen nämlich leer. [...] Der Verfall und die Entvölkerung der Stadt Detroit wurden mehr als kompensiert durch den Aufstieg des sie umgebenden Vorortgürtels. Gemeinden wie Bloomfield, Birmingham, Grosse Point, Oakland, Auburn Hills sind voller Menschen, voller Geld und voller Leben. Die Straßen sind sauber, nach individuellen Plänen gebaute Einzelhäuser mit den obligatorischen Doppelgaragen bestimmen das Bild. Luxuriöse neue Malls sind entstanden, Gewerbe- und High-Tech-Parks, ja sogar neue Sportstadien wurden in der Nähe der zahlungskräftigen Vorortwohngebiete, weit vom Stadtzentrum entfernt, gebaut."[2]

Die Vermutung liegt nahe, daß die Kontroverse zwischen den Revisionisten der Individualität und den postmodernen Befürwortern der Pluralität lediglich ein Schaugefecht ist, hinter der die schon lange schwelende Krise der Stadt im Sinne der Komplexitätsreduktion dem Blick systematisch entzogen wird. Beobachtbar ist zumindest, daß der Take-over der urbanen Strukturen seitens der vehement sich ausbreitenden Netze und der dadurch sich weiter steigernden Globalisierung und Dezentralisierung überhaupt nicht als Thema aufgegriffen wurde, sondern die Notwendigkeit der herkömmlichen, räumlich verdichteten Urbanität stillschweigend oder selbstverständlich unterstellt wird. So breitet sich der Eindruck aus, daß die deutsche Diskussion von beiden Seiten mit dem Rücken zur Zukunft ausgefochten wird, selbst oder gerade wenn man behauptet, daß die Kritik an spektakulären Einzelobjekten – dem medialen ‚Feuerwerk der Ideen' – und die Affirmation eines homogeneren, also durch- und vorgeplanten Stadtbildes mit den ordnungspolitischen, komplexitätsreduzierenden und, man traut es sich kaum zu sagen, kleinbürgerlichen Leitbildern der Einfachheit und Normalität „die Zukunft der europäischen Stadt im ausgehenden 20. Jahrhundert" betreffe. Paradigmatisch ist, daß sich die Diskussion gerade an der zwar symbolisch aufgeheizten Innenstadtbebauung entzündet hat, während die Bebauung der anderen und weitaus größeren, daher für die meisten Menschen, aber auch gesellschaftlich und wirtschaftlich wesentlich bedeutsameren städtischen Zonen ignoriert wird.

Daß hierzulande das nun wieder in eine Hauptstadt zu verwandelnde Berlin zum Schauplatz der Querele wurde, entspringt nicht nur den großen und einschneidenden Bauvorhaben, die das Gesicht einer Groß- und Hauptstadt prägen sollen, sondern eher noch der kaum offen verhandelten Frage, wie denn das Verhältnis von Großstadt und Hauptstadt heute zu begreifen sei, und vor allem, wie sich hauptstädtische Funktionen in eine reale Architektur einschreiben sollen. Schon der Gang von Bonn, einer eher peripheren Mittelstadt, nach Berlin hat im Zuge der Wiedervereinigung selbstverständlich immanente Züge der Wiederherstellung einer zuvor verlorengegangenen Mitte und Zentralität. Wenn etwa Hans Kollhoff im Vorübergehen die Frage streift, wie sich heute städtische Öffentlichkeit baulich konstituiere oder wo die Alternativen zu Straße und Platz liegen würden, dann ist dies für ihn nur ein Anlaß, gleich zur Hauseinheit und zur Fassade zurückzukehren. „Urbane Permanenz" wird beschworen, die Erhaltung des Städtischen „als Übereinkunft einer in Europa hochentwickelten gemeinschaftlichen Lebensform" bekräftigt und immer wieder Dauer, „solide Erscheinungsform", obgleich nur allzu deutlich wird, daß eine in Material fixierte Stabilität nur eine hilflose und nostalgische Reaktion auf die Mobilität gesellschaftlicher Prozesse und individueller Lebensläufe im Zeitalter der elektronischen Medien und Netzwerke sein kann, deren Verankerung an einem Ort und deren Fixierung auf einem ‚Bild' immer beliebiger wird.

„Think of the emerging, worldwide digital information environment as a hierarchy of interconnected large-scale and small-scale telecommunication and computation networks. [...] These networks are creating a new, worldwide, pervasive structure – the cybersphere. From now on, cities, buildings, furniture and appliances, clothing, microdevices and nanodevices must all find their places within it."[3]

Man sucht politisch, philosophisch, urbanistisch und architektonisch den Anschluß an die Vergangenheit, will in der alten Hauptstadt einen symbolischen Neuanfang beginnen, aber geht von vornherein davon aus, daß eine ‚Stadt ohne Tradition' des Teufels sei, ohne erst einmal darüber nachzudenken, ob man sich denn nicht auch für eine andere, von der Geschichte unbelastete Stadt hätte entscheiden können, in der man, wenigstens hypothetisch, eine neue Tradition, nämlich die der Gegenwart, hätte stiften können. Weil man dies überhaupt nicht in Erwägung gezogen hat, sondern gleich in die ehemalige Hauptstadt einziehen wollte, die von der alten Größe einer Metropole zeugt, verengte sich die Diskussion sofort auf die Strategie des Umbaus, des Auffüllens und der Repräsentation, obgleich das Beispiel Bonn gezeigt hatte, daß die Funktion einer Hauptstadt keineswegs mehr an eine Metropole oder an ein Zentrum gebunden sein muß. Die mangelnden Begründungen zementieren innerhalb des allgemeinen Kontextes eines nicht ungefährlichen Fundamentalismus, einer Rückkehr zur Ordnung, einem Rückruf von Verbindlichkeit, eines Wunsches nach Komplexitätsreduzierung und einer Verwurzelung im Nationalen oder Ethnischen das unbefragte Einverständnis, nichts aus sich selber schaffen zu können, das Neue als bedrohlich zu empfinden und das Heil nur im Anschluß an das verklärt Gewesene zu suchen. „In

Berlin kommt", so Kollhoff, „wie nirgends sonst in der Welt, das Dilemma der modernen Architektur im städtischen Kontext zutage. Hier wird die Frage nach dem Zentrum einer europäischen Metropole gestellt. [...] Ich vermute, wir werden diese Aufgabe nicht bewältigen, ohne an die früh-moderne Tradition städtischen Bauens anzuknüpfen."

Stile werden so losgelöst aus ihrem gesellschaftlichen Kontext, die Idee des Zentrums noch im Licht von nicht hinterfragten Organisations-, Herrschafts- und Repräsentationsstrukturen verstanden, Verdichtung als allein seligmachende Strategie innerhalb einer Welt gefeiert, die man in die Katastrophe, ins Chaos treiben sieht. Der bürgerliche Rückzug ins Private, wo noch Ordnung und Übersichtlichkeit herrscht, wo ein Zentrum für Orientierung und Dominanz sorgt, wird erweitert auf die städtische Öffentlichkeit, wie sie sich als 3D-Bild präsentieren soll.

Sieht man sich die Begründungskategorien des Angriffes auf die Postmoderne an, stehen Begriffe zur Debatte, die in den letzten Jahrzehnten mühsam in ein neues postindustrielles und postideologisches Weltbild eingetragen wurden, das durch die Auflösung des manichäischen Ost-West-Konfliktes nicht mehr nur Züge der Befreiung, sondern auch der Bedrohung erhalten hat. Eine Welt, die nicht mehr in Machtzentren mit einer je eigenen Teleologie geordnet ist, zerfällt in plurale Strukturen, die neue Konflikte und offenbar wieder alte, verführerische Problemlösungen gebären. Der Angriff auf das Neue im Zeichen der Homogenität enthält implizit Züge der Fremdenfeindlichkeit, verwirklicht eine nicht mehr auf Universalismus zielende Binnenmoral. Seitdem die westlichen demokratischen und auf Spielarten der liberalen oder kapitalistischen Ökonomie gegründeten Staaten sich nicht mehr von den autoritären Zwangssystemen der kommunistischen Ländern durch Beschwörung der Freiheit, der Flexibilität, der Achtung der Individualität und der Pluralität abheben können, scheinen die konservativen Geister, seit je zu Ordnung, Konformität und Rigorosität neigend, sich wieder eines „Jargons der Eigentlichkeit" bedienen zu können, dem Stabilität über alles geht, wobei sich die neuen Konservativen die kollektiven und uniformisierenden Herrschaftsstrukturen der kommunistischen Staaten, des ideologischen Überbaus entledigt, zu eigen machen.

„Wie viele Kritiker festgestellt haben, wird der amerikanischen Stadt systematisch das Innere nach außen gekehrt – d.h. eigentlich das Äußere nach innen. Die aufgewerteten Räume der neuen Riesenbauten und Supereinkaufszentren konzentrieren sich im Inneren, die Straßenfronten sind nackt, öffentliche Aktivitäten werden streng funktional aufgeteilt, und die Fußgänger werden unter den wachen Augen von Privatpolizisten durch die Gänge im Inneren geleitet. Während die architektonische öffentliche Sphäre privatisiert wird, wird gleichzeitig auch der elektronische Raum umstrukturiert, und streng geregelte kostenpflichtige ‚Informationsordnungen‘, Elite-Datenbanken und Pay-TV-Kabelprogramme nehmen Teile der unsichtbaren Agora in Besitz."[4]

Im Hintergrund der Auseinandersetzung scheint die Frage der Zentralität zu stehen, die immer mit Kontrolle und hierarchischer Ordnung verbunden ist. Der Kampf gegen dekonstruktivistische Architektur, Pluralität und Individualismus geht aus der Beschwörung der auf ein Zentrum fokussierten Einheit zwangsläufig hervor. Das ist so, als würde man in der Computerbranche auf Teufel komm raus den mit einer zentralen Recheneinheit ausgestatteten Typus des von-Neumann-Computers gegenüber dem Modell des neuronalen, dezentralisiert und parallel arbeitenden Netzwerkes aus ideologischen Gründen verteidigen wollen. Der gegeißelte ‚Verlust der Mitte‘, seit je Anathema der Konservativen im schlechten Sinne, ist nur die Kehrseite des Wunsches, wieder ein geschlossenes Weltbild zu konstruieren, an dem alles seinen Platz hat, an dem monumentale Übersichtlichkeit herrscht und das durch eine große Erzählung geregelt und mit Sinn erfüllt ist. Angeschlossen wird dabei an das romantische Programm einer ‚Neuen Mythologie‘ unter dem Namen einer ‚neuen Konvention‘. Bereits die Romantiker konnten in ihrer Ablehnung der Moderne nur auf die Vergangenheit zurückgreifen. Heute ist die Vergangenheit in der Architektur die Moderne mit ihrem Glauben an Universalismus, an einfache Rationalität, an Gleichförmigkeit und Standardisierung, an Massenproduktion. Und dies just in der Zeit, in der in den Wissenschaften singuläre Prozesse und komplexe Strukturen untersucht werden, in der das Paradigma von top-down-Ordnungen durch das der bottom-up-Selbstorganisation ersetzt wird, in der sowohl seitens der Hirnforschung als auch der Computertechnik parallel prozessierende, heterarchische und gewissermaßen zentrumslose Systeme in den Vordergrund rücken, in der durch Computer-Integrated Manufacturing eine Flexibilisierung der Produktion wirklich wird, in der wir das Zeitalter der Massenmedien und des Broadcasting verlassen, in der nicht nur in der künstlerischen Produktion, sondern auch in der Alltagswelt tradierte Lebensformen zerfallen und sich der Individualisierung öffnen – Ergebnis der wachsenden Optionen, zwischen denen jeder im Horizont des ‚selbstverschuldeten‘ Risikos seine Entscheidungen treffen muß, und gesellschaftlicher Grundbedingungen, die solche Entscheidungen erzwingen und institutionalisieren. Der Rückruf einer Zentralität und die Kritik am Individualismus dürfen daher keineswegs auf die Ebene von Architektur und Urbanität reduziert werden, sie entstammen dem Repertoire einer Kulturkritik, deren Nähe zu den extremen totalitären und fundamentalistischen Ideologien dieses Jahrhunderts auf der Hand liegt. Dabei geht es nicht darum, den Faschismus- oder Totalitarismusknüppel zu schwingen, sondern nur darum, solchen Bestrebungen der Normalisierung und der Normalitätserzwingung, die vermeintliche Leitbilder und einfache Lösungsvorschläge suggerieren, aufmerksam zu begegnen.

Der Dekonstruktivismus zielt nicht nur auf eine schräge, verwirrende oder allein nach avantgardistischen ästhetischen Kriterien gebaute Architektur, er ist architektonisch und philosophisch an der Auflösung der Zentralität und der einfachen Ordnungsmuster orientiert, sucht nach einer Struktur der Komplexität, die das postmoderne Spiel mit den vielfältigen Formen und der Fiktion mit rationalem Entwurf vereint. Wenn Lampugnani populistisch die Orientierung am Chaos geißelt, so meint er wohl das völlige und zufällige Durcheinander, aber die auf Computerberechnungen gestützte Chaostheorie und die Geometrie der Fraktale haben doch gerade gezeigt, daß aus ganz einfachen Gleichungen durch rekursive Berechnung ungeheuer komplexe Strukturen entstehen können, die einem anderen rationalen Geist als dem der Moderne entsprechen und natürlichen Strukturen ähneln. Wir mögen zwar die Ordnung hinter den komplexen Strukturen in der Wahrnehmung erahnen können, aber sie läßt sich nicht mehr einfach ablesen. Wildwuchs und konstruiertes Chaos in eins zu setzen, ist schlechte Rhetorik und Bürgerschreckstrategie, zumal der wirkliche Wildwuchs, wie bereits erwähnt, eher in den urbanen Zonen jenseits der traditionellen Stadtmitten anzutreffen ist. Für die Strategen der Einfachheit, die sich wieder auf die Sprache der primären geometrischen Formen zurückziehen wollen und damit die Rationalität des Computerzeitalters leugnen, sind die Philosophen des Dekonstruktivismus hingegen nur „kryptisch". Die Wahrheit liegt für die Lehrer der Tugend auf der Hand, zieht man nur den Schleier der individuellen, privatsprachlichen Manierismen ab. Sie sind abzulehnen, weil sie „Ungewißheit" nicht zudecken, deren Erfahrung offenbar für die neuen Hüter der Ordnung nur Bedrohung – „Zusammenbrechen und Zerfließen" – mit sich bringt. Lampugnani sieht in der postmodernen Architektur mit dem Leitprinzip der Vielfältigkeit nur die Gefälligkeit, die die „voranschreitende globale Vereinheitlichung der Lebensverhältnisse" zudecke, während die anscheinend subversive dekonstruktivistische Architektur das

Chaos und den „Wildwuchs der Städte" verdoppele. Beide Tendenzen vereint in ihren Gegensätzen, daß sie an eine Geschlossenheit nicht mehr glauben, daß sie dem Singulären zum Recht verhelfen wollen, daß sie sich den primären geometrischen Formen verweigern und Einheit zwar nicht negieren, aber doch problematisieren.

Es ist bekannt, daß es um die Zentren der Städte nicht zum besten steht, daß die Städte immer mehr sich entgrenzen und zu metropolitanen Strukturen werden, bei denen die Unterschiede zwischen innen und außen, zwischen Zentrum und Peripherie verschwimmen. Urbanes Leben in den Zentren, aus denen die Wohnbevölkerung weitgehend abgewandert ist, beschränkt sich mehr und mehr auf Verkauf und Konsum, auf Vergnügen und Kultur, deren Angebot Zeugnis von der globalen Vereinheitlichung Zeugnis ablegt, obgleich sich Schritt für Schritt auch viele Institutionen, Unternehmen und Geschäfte aus der Innenstadt zurückziehen und in die Peripherie abwandern. Das ist nicht nur eine Folge der teuren Mieten und Grundstückspreise, sondern auch der gestiegenen Mobilität und der wachsenden Möglichkeiten der Telekommunikationsmittel. Die historischen Städte werden bestenfalls zu Museen, hinter deren Fassaden High-Tech und die Kommerzialisierung des Ereignisses einziehen, zu Orten der ‚Erlebnisgesellschaft‘, die immer beliebiger werden und mehr und mehr in Konkurrenz zu den Freizeitparks und shopping malls stehen. Mit der postindustriellen Informationsgesellschaft wächst überdies der Anteil der armen Bevölkerung, die in die innenstadtnahen Bezirke einzieht, während die Steuereinkommen der Städte sinken. Es bilden sich schwarze Löcher in der Stadt, der öffentliche Raum wird als bedrohlich erfahren, weswegen seine Attraktivität sinkt und der Rückzug in die umbauten Räume sowie in die medialen Welten weiter gefördert wird. Durch den Zwang zu Individualisierung, Flexibilität und Mobilität in der Informations-, Erlebnis- und Risikogesellschaft bilden sich neue Lebensformen aus, die mit einer Zunahme der Single-Haushalte und einer geringeren dauerhaften Verhaftung an Nahumgebung einhergehen. Man wächst nicht mehr in soziale Netze hinein, man muß sie sich knüpfen, wobei der Ort immer unwesentlicher wird und viele Aktivitäten, die früher den öffentlichen Raum einer Stadt belebten, möglichst schnell, reibungslos und anonym erledigt werden: Der Supermarkt, das Kaufhaus, der Schnellimbiß sind mit ihrer Tendenz zur Selbstbedienung nicht nur geprägt von der Logik ökonomischen Profits, sondern auch von den gestiegenen Erwartungen an die Verfügbarkeit und vom Unwillen, ohne dies zu wünschen, in Kommunikation und soziale Bindungen hineingezogen zu werden.

Die Mehrzahl der Menschen lebt zwar in städtischen Siedlungsgebieten, in zusammenwachsenden Vororten, die keine traditionellen urbanen Züge und kein ‚Gesicht' besitzen, sondern von lockerer Bebauung jenseits aller Anbindung sowohl an die traditionelle als auch an die ‚künstlerische' Architektur gekennzeichnet sind. Diese riesigen Siedlungs- und Gewerbegebiete, dieser „Plankton der Vorstädte" (Rem Koolhaas) hat keine Identität mehr, das Leben in ihm ist orientiert nach innen, der öffentliche Raum ist Durchgangsort, seine Ästhetik in keiner Weise ansprechend. „Die neue Stadt des 20. Jahrhunderts gibt es in ihrer fortgeschrittensten Form in den USA, aber die an ihrer Hervorbringung beteiligten wirtschaftlichen, sozialen und technologischen Kräfte können weltweit beobachtet werden. Im Unterschied zu sämtlichen Städten der Vergangenheit hat die neue Stadt kein bestimmtes Zentrum und keine bestimmte Peripherie, keinen Kern, keine Industriegebiete, keine Geschäftsviertel und kein Hinterland. Stattdessen breiten sich städtische Funktionen entlang von ‚Wachstumskorridoren' aus, die sich durch besiedelte Gebiete erstrecken, in denen sich städtische, vorstädtische und ländliche Versatzstücke zu einer zufälligen und immer wieder neuen Collage vereinen." Der englische Architekturkritiker Martin Pawley bezeichnet diese Struktur, die wenig mehr mit dem zu tun hat, was wir städtisch nennen, als „digitalen Urbanismus". Diesem geht heute alles ab, was man einst mit Utopien umschrieben hat, die sich allenfalls entweder auf den Gang aus den Städten hinaus oder in virtuelle Welten hinein noch finden lassen. Die dem digitalen Urbanismus zugeordnete, immens ansteigende, sich vor allem im Osten Deutschlands ausbreitende Bautätigkeit ist „das computergenerierte unsentimentale Gesicht des elektronischen Urbanismus. Sie ist eine Manifestation der abstrakten digitalen Verbindungen, die die Staaten der EU und weitere durch ein nahtloses Konsumnetz verbinden, das von tausend Distrubutionszentren über Häfen und Flugzeuge versorgt werden kann. Dabei handelt es sich um Zonen, auf denen sich Kühlhallen, abgeschlossene Lagerhallen, riesige Parkplätze für Lastwagen, Gebäude mit Schlafstätten und inoffizielle Wohngebiete befinden, die voll von mobilen Wohnstätten sind. Es ist ein neuer urbaner Prozeß, der sich um die ganze Welt verbreitet und sie zur selben Zeit auf die Dimensionen eines Pixelmusters auf einem Computerbildschirm überall dort reduziert, wo es Straßen, Elektrizität und Information gibt."
Die Ausbreitung solcher unterscheidungslosen „Nicht-Orte" (Marc Auge), eines neutralen, aber mit vielen Schnittstellen versehenen umbauten Raumes, der nur noch der Funktionalität der Computergehäuse gleicht, ist

die Zukunft unserer Lebensweise an der Schwelle zum Zeitalter der vernetzten Medien, in der man sich immer öfter an zwei Orten zugleich befinden wird, in der die Ausgestaltung der virtuellen Architektur und Urbanität die Aufmerksamkeit, die Zeit und auch das Geld binden wird, in der sich urbane Zonen der von Fishman und Pawley beschriebenen Art zwischen den alten Städten eines Landes und auch mehrerer Länder unterbrechungslos in loser Bebauung erstrecken werden. Ausgefallene, singuläre Monumente werden im Gesamtbild solcher monotonen, im einzelnen von variablen Bauweisen geprägten Stadtlandschaften in dem Maße wichtiger werden, wie das urbane Leben sich immer mehr in den Netzen abspielen und der verdichtete städtische Raum mit seinen öffentlichen Plätzen immer unattraktiver und dysfunktionaler, zum Wohnort, zu den gesellschaftlichen schwarzen Löchern der wachsenden Schicht jener wird, die von der Dynamik und dem Reichtum der postindustriellen Informationsgesellschaft ausgeschlossen sind und auf der Erde umherirren. Man braucht sich nur den gegenwärtigen Prozeß der telematischen Vernetzung innerhalb des Bankgewerbes anzusehen, wo Büroarbeiten immer weiter ausgelagert, den Kunden selbst anheimgegeben oder irgendwo in Billiglohnländer verschoben werden, dann wird deutlich, daß die riesigen Monumente der Banken, Versicherungen oder Bürogebäude irgendwann einmal weitgehend leer sein werden.

Die alten Stadtkerne werden im Zeichen der Dysfunktionalität von räumlicher Verdichtung und Nähe zu Reservaten, Museen, und verfallenden Inseln in den Strukturen des digitalen Urbanismus, dessen Kennzeichen Zerstreuung, Dezentralisierung, Aufwertung des Innen, Globalisierung, Individualisierung und Mobilität sind – was räumliche Mobilität einschließt, die keineswegs, wie manche glauben, durch Telekommunikation reduziert wird –, während die räumliche Verdichtung ins Innere der sie tragenden Strukturen, in die Chips, auswandert. Schöne, romantische und nostalgische Beschwörungen der alten Städte, Wohnformen und mit ihnen verbundenen Lebensweisen werden wohl auf Dauer nichts nutzen, zumal wenn die urbanen Strukturen nur als Reaktion und nicht unter den Bedingungen der Informationsökonomie und der Ereigniserwartungen einer von medialen Angeboten und Möglichkeiten geprägten Gesellschaft geplant und gebaut werden, deren Mitglieder permanent auf der Suche nach Erlebnissen durch die Optionen zappen.

Anmerkungen

1 Tokoro, M., Toward Computing Systems for the 2000's, 1990
2 Carlos, L./F. Unger, Highland Park oder die Zukunft der Stadt, 1994
3 Mitchell, W.J., City of Bits, 1995
4 Davis, M., City of Quartz. Ausgrabungen der Zukunft in Los Angeles, 1995

Anhang

Vittorio Magnago Lampugnani hat seine Zustimmung zum Nachdruck seiner Beiträge nur unter der Bedingung erteilt, daß sein an den Herausgeber gerichteter Brief in den vorliegenden Band aufgenommen wird. Dieser Brief ist auf den folgenden Seiten geringfügig gekürzt dokumentiert.

Ein Brief an den Herausgeber

[...] Sie schreiben, es sei mir gelungen, in Deutschland eine Architekturdebatte zu initiieren. Das wäre in der Tat Grund zur Genugtuung. Doch stellen die Reaktionen auf meine Stellungnahmen, wie mir scheint, nur in vereinzelten Fällen wirkliche Beiträge zu einer Debatte dar. Meistens sind es Monologe und zuweilen nichts als persönliche Angriffe, deren Motive und Hintergründe im übrigen weit prosaischer sind, als das scheinheilige Pathos vermuten ließe, mit dem sie vorgetragen werden.

Erlauben Sie, daß ich rekapituliere. Ende 1993 habe ich in zwei Aufsätzen [...] Thesen zur Architektur und zum Städtebau der nahen Zukunft aufgestellt. Es waren sehr persönliche Thesen, die ich zugegebenermaßen deutlich und nicht ohne den Wunsch zur intellektuellen Herausforderung artikuliert habe. Ich erwartete, auf meine Stellungnahme würden andere, andersartige, durchaus auch gegensätzliche folgen. Ich hoffte, meinen Argumenten würden andere Argumente gegenübergestellt werden. Dann hätte in der Tat eine Architekturdebatte stattgefunden.

Dem war jedoch nicht so. Anstatt auf meine Position mit anderen Positionen zu erwidern, schickten sich die meisten, die ihre Stimme erhoben, oberlehrerhaft an, in meiner Position Lücken, Unzulänglichkeiten und Schwächen aufzuspüren. Das war nicht sonderlich schwer: ich hatte nicht ein Traktat geschrieben, sondern zwei Aufsätze. Vor allem war es nicht sonderlich produktiv. Aber das stand wohl auch gar nicht an.

Doch nicht nur von den Motivationen her, sondern auch methodisch ging es alles andere als redlich zu. Ich habe zur Architektur und zum Städtebau der nahen Zukunft Stellung bezogen, und daraus ist sogleich, obschon ich Berlin mit keinem Wort erwähnt habe, die sogenannte Berliner Architekturdiskussion geworden. Ich habe, wie ich sogar im Untertitel meines ersten Aufsatzes explizit vermerkt habe, Mutmaßungen angestellt darüber, wie sich das Bauen in den nächsten Jahrzehnten entwickeln könnte, und daraus ist ein Diktat geworden, das ich angeblich der Architektenschaft oktroyiert hätte. Ich habe versucht, über Architektur und Stadtplanung gewissermaßen ‚von innen' zu sprechen, und sofort ist der disziplinäre Diskurs willkürlich ideologisiert und damit nicht nur verwaschen, sondern auch verfälscht worden. Vor allem aber: ich habe bestimmte Dinge gesagt, und es wurden mir andere in den Mund gelegt. Das geht zum Beispiel so: In „Die Provokation des Alltäglichen" habe ich geschrieben, der Dekonstruktivismus würde „auf die kryptischen Philosophien der Ungewißheit von Jacques Derrida und Jean Baudrillard" schielen. Herr Libeskind zitiert mich angeblich wörtlich in seinem Pamphlet *Die Forderung nach dem Handwerklichen führt in eine Sackgasse* (eine Forderung, die ich übrigens ebenfalls nie gestellt habe) und behauptet, ich hätte Derrida und Baudrillard als „kryptisch, subversiv und nihilistisch-destruktiv" apostrophiert. Der Unterschied ist beträchtlich und die Methode infam. Denn in unserer Zeit des schnellen Lesens ist es nicht wahrscheinlich, daß jemand ein solches Zitat überprüft, und mithin wird er mit Herrn Libeskind übereinstimmen, daß mein (vermeintliches) Urteil „einfach unüberlegt und unangemessen" sei.

Oder so: In ihrem Aufsatz *Die Revision der Moderne: Ein Skandal* unterstellen mir Herr Dröge und Herr Müller, mich im Besitz der historischen Wahrheit zu wissen, und belegen diese Unterstellung mit einer Fußnote. Fußnoten verkörpern bekanntlich wissenschaftliche Exaktheit: die Unterstellung ist nachgewiesen. Unterzieht man sich indessen der Mühe, den Fußnotenangaben zu folgen (das ist im besagten Artikel übrigens nicht immer leicht, denn Herr Dröge und Herr Müller nehmen es mit ihren Quellen nicht besonders genau), gelangt man auf der Suche nach dem inkriminierten Passus zu folgendem Satz: „Es ging darum, aus der großen Menge von Materialien [...] eine neue Geschichte [...] zu entwerfen. Um es noch deutlicher zu sagen: eine neue Dramaturgie, welche dank der Komplexität ihrer Handlung und der Vielgestaltigkeit ihrer Protagonisten näher an die historische Wahrheit herankommen sollte als die Dramaturgien, mit denen wir uns messen." Wer es wirklich auf die apodiktische „Definitionsmacht" abgesehen hat, hätte, glaube ich, anders formuliert.

Die Beispiele ließen sich beliebig fortsetzen. Sie haben eines gemeinsam: den Willen zu diskreditieren, um sich der lästigen Pflicht der konstruktiven Auseinandersetzung oder der sachlichen Widerlegung zu entziehen. Kein Trick ist dafür zu falsch, keine Unredlichkeit zu schade.

Beispiele solcher Hetzkampagnen gibt es in der Geschichte reichlich; und in der deutschen allemal. Eigensinn und Selbstdenkertum waren seit jeher für alle Orthodoxie ein Ärgernis. Daß es heute in Mode gekommen ist, nach mutmaßlichen Verrätern im Geist zu fahnden, die einer ehemals vertretenen Gesinnung ‚untreu' geworden sind, und daß ich mich bei diesen ‚Verrätern' durchaus in bester Gesellschaft wiederfinde, kann ich allerdings nur mit bedingtem Amüsement zur Kenntnis nehmen. Denn obschon der Vorwurf des Faschismus sich mittlerweile landauf, landab als ebenso probates wie billiges Mittel eingebürgert hat, jemand zu diskreditieren, gegen den man nichts Sachliches vorzubringen vermag, fällt es mir nicht leicht, das Unaussprechliche zu ignorieren, das sich mit dem Epitheton untrennbar verbindet.

Damit wir uns nicht mißverstehen: nicht vor der Kontroverse ist mir bange. Ich glaube daran, daß Gedanken und Ideen diskutiert werden müssen, um sie zu verifizieren oder zu falsifizieren, und sich damit, wie es Karl R. Popper lehrte, der letztlich unerreichbaren Wahrheit anzunähern. Ich bin auch nicht gekränkt. Ich bin es nur leid, von öffentlichen Platzanweisern, die für alles, was gesagt und getan wird, ein Etikett parat haben, von links nach rechts und umgekehrt ohne auch nur die Spur einer Begründung geschoben zu werden. Und ich habe es satt, von selbsternannten Hütern der Demokratie, die sich anmaßen, diskussionslos zu bestimmen, was richtig ist und was nicht, auf korrekte Gesinnung geprüft zu werden.

Ich möchte mutmaßen können, daß dieser betrüblichen Polemik eine aufrichtige politische und kulturelle Motivation zugrunde liegt. Ich möchte ihre inhaltlichen und formalen Entgleisungen gern auf ihre erstaunliche Provinzialität zurückführen. Und auch auf die verständliche Angst vor den neuerwachten Gespenstern der ideologischen Intoleranz und der politischen Übervorteilung. Doch die Instrumentalisierung, die sich die Polemik zu eigen macht, halte ich auch jenseits der rein persönlichen Anfeindungen für bedenklich. Denn die unzulässige Gleichsetzung von Stil und Wert, von Klassizismus und Unterdrückung, sogar von Realismus und Totalitarismus führt in der Architektur eine Diskriminante zugunsten bestimmter modernistischer oder neomoderner Tendenzen ein, die auf diese Weise zu vermeintlichen Trägern demokratischer Werte werden. Das aber entspräche der Einengung einer ‚Staatskunst', die niemand, der den Geist der Aufklärung nicht vollends über Bord geworfen hat, wollen kann. [...]

Nach wie vor bin ich davon überzeugt, daß wir uns kritisch, unsentimental und differenziert mit der Erbschaft der Architektur der Moderne auseinandersetzen müssen, um von ihrer sozialen und künstlerischen Utopie das zu übernehmen und weiterzuentwickeln, was mit unserer Epoche und ihren Bedingungen verträglich ist. Daran will ich weiterarbeiten. Ansonsten muß eine Diskussion, die keine ist, weil sie nicht auf intellektuelle Erkenntnis zielt, ohne mich auskommen.

Vittorio Magnago Lampugnani

Autoren

Elisabeth Blum, z.Z. Assistenzprofessorin für Architektur und Entwerfen an der Architekturabteilung der ETH Zürich. Eigenes Architekturbüro (Blum & Blum) in Zürich seit 1985. Veröffentlichung: Le Corbusiers Wege (Bauwelt Fundamente, Bd. 73), 1988. Ausstellungen von Bildern und Zeichnungen: Galerie U. Wiedenkeller, Zürich (1983), Kunsthaus Glarus (1987). Teilnahme an diversen hasena-Kunstaktionen seit 1984

Franz Dröge, Professor für Kommunikationswissenschaft. Lehrt an der Universität Bremen im Studiengang Kulturwissenschaft

Dieter Hoffmann-Axthelm, geb. 1940. Lebt als freier Schriftsteller und Stadtplaner in Berlin. Wichtigste Veröffentlichungen: „Theorie der künstlerischen Arbeit" (Frankfurt 1974); „Das abreißbare Klassenbewußtsein" (Gießen 1975); „Wie kommt die Geschichte ins Entwerfen?" (Braunschweig/Wiesbaden 1987 = Bauwelt Fundamente, Bd. 78). Kritikerpreis des BDA Bund Deutscher Architekten 1992

Ernst Hubeli, geb. 1947 in Zürich, Studium der Architektur ETH Zürich, Städtebau und Publizistik in Berlin. Seit 1983 Architekturbüro mit Andreas Herzog. Seit 1983 Redakteur der Zeitschrift „Werk, Bauen + Wohnen"

Gert Kähler, geb. 1942, Studium der Architektur in Berlin, Promotion 1980 („Architektur als Symbolverfall. Das Dampfermotiv in der Baukunst" = Bauwelt Fundamente, Bd. 59), Habilitation 1985 („Wohnung und Stadt. Modelle sozialen Wohnens in den zwanziger Jahren", Braunschweig 1985). Lebt als Architekturkritiker und -historiker in Hamburg

Heinrich Klotz, geb. 1935 in Worms. Studium der Kunstgeschichte, Archäologie und Philosophie in Frankfurt, Freiburg, Heidelberg, Göttingen. Promotion 1963, Habilitation 1968. 1972 Professur am Kunstgeschichtlichen Institut Marburg; 1979 Gründungsdirektor Deutsches Architektur-Museum Frankfurt. Seit 1989 Direktor des von ihm ins Leben gerufenen Zentrums für Kunst und Medientechnologie Karlsruhe, seit 1991 Direktor der Staatlichen Hochschule für Gestaltung Karlsruhe

Hans Kollhoff, geb. 1946 in Lobenstein (Thür.). Studium der Architektur Karlsruhe. Seit 1978 eigenes Architekturbüro in Berlin (seit 1983 in Partnerschaft mit Helga Timmermann). Lehrtätigkeit in Dortmund und Zürich, seit 1990 Professor für Architektur und Konstruktion an der ETH Zürich

Daniel Libeskind, geb. 1946 in Polen. Studium der Musik in Israel, der Architektur in New York, der Architekturgeschichte und -theorie in England. 1978 – 1985 Leiter der Architekturabteilung der Cranbrook-Akademie der Künste. Gastprofessuren in Harvard, Neapel, Berlin. Lebt als Architekt in Berlin und Los Angeles

Christoph Luchsinger, geb. 1954 in Rapperswil/Schweiz, Architekturstudium ETH Zürich. Assistent und Dozent am Lehrstuhl für Städtebaugeschichte und am Institut für Geschichte und Theorie der Architektur der ETH. Seit 1990 Redakteur „Werk, Bauen + Wohnen"; Architekturbüro mit Max Bosshard

Vittorio Magnago Lampugnani, geb. 1951 in Rom. Studium der Architektur in Rom und Stuttgart; Promotion 1977. 1980 bis 1984 wissenschaftlicher Berater der IBA Berlin. 1990 bis 1994 Professur an der Städelschule und Direktor des Deutschen Architektur-Museums in Frankfurt/Main. Seit 1994 Professur für Geschichte des Städtebaus ETH Zürich

Michael Müller, Professor für Kunst- und Kulturwissenschaft; lehrt an der Universität Bremen im Studiengang Kulturwissenschaft

Fritz Neumeyer, geb. 1946. Professur für Architekturtheorie an der TU Berlin, zuvor für Baugeschichte in Dortmund. Gastprofessuren an der Princeton University, in Harvard und der Universität Leuven/Belgien. Wichtigste Veröffentlichungen: „Das kunstlose Wort" (Berlin 1986), „Großstadtarchitektur" (mit H. Kollhoff, Berlin 1991). Mitherausgeber der Schriftenreihe „Artefact"

Wolfgang Pehnt, geb. 1931, Dr.-phil. Studium der Kunstgeschichte und Literaturwissenschaft in Marburg, München und Frankfurt. Leiter der

Abteilung Literatur und Kunst am Deutschlandfunk. 1989 Kritikerpreis des BDA Bund Deutscher Architekten. Lebt in Köln

Florian Rötzer, geb. 1953. Studium der Philosophie; lebt als freier Autor und Journalist in München. Schwerpunkt: Theorie und Ästhetik der neuen Medien. Bereitet zur Zeit die Ausstellung „Telepolis" vor, die die Veränderung der räumlichen Stadtstruktur durch die digitalen Kommunikationstechniken thematisiert

Rudolf Stegers, geb. 1952. Studierte Deutsch und Französisch in Münster und Berlin. 1978 bis 1985 Redakteur bei „Werk und Zeit", 1986 bis 1988 bei „Ästhetik und Kommunikation". Lebt als freiberuflicher Architekturkritiker in Berlin

Dietmar Steiner, geb. 1951. Mag.arch., Studium der Architektur an der Akademie der bildenden Künste in Wien. Bis 1989 Lehrtätigkeit an der Hochschule für Angewandte Kunst in Wien. Mitarbeit am Archiv „Österreichische Architektur im 20. Jahrhundert". Seit 1989 eigenes Büro zur Architekturberatung, seit 1974 Direktor des „Architektur Zentrums Wien"

Drucknachweise

Vittorio Magnago Lampugnani
Die Provokation des Alltäglichen. Für eine neue Konvention des Bauens
Spiegel 51/1993

Vittorio Magnago Lampugnani
Die Neue Einfachheit. Mutmaßungen über die Architektur der Jahrtausendwende
Deutsches Architektur-Museum, Frankfurt am Main, V.M. Lampugnani mit Annette
Becker (Hg.), DAM Architektur Jahrbuch. München 1993

Wolfgang Pehnt
Einfach sein ist schwierig. Über eine gegenwärtige Zeitstimmung in der Architektur
gekürzte Fassung unter dem Titel „Das Proletarierhemd kommt vom Herrenschneider"
in Frankfurter Allgemeine Zeitung vom 10.1.1994

Daniel Libeskind
Die Banalität der Ordnung
als Antwort auf Lampugnanis *Spiegel*-Artikel geschrieben, aber dort nicht veröffentlicht.
Zuerst in: *Frankfurter Rundschau* vom 9.3.1994 unter dem Titel „Die Forderung
nach dem Handwerklichen führt in eine Sackgasse", danach in *Arch+* 121 (1994)

Dieter Hoffmann-Axthelm
Die Provokation des Gestrigen
zuerst in *Die Zeit* Nr. 14 vom 1.4.1994. Der abgedruckte Text ist eine Überarbeitung
aus *Werk, Bauen + Wohnen* 5/1994

Vittorio Magnago Lampugnani
Diskutieren statt diskreditieren
zuerst unter dem Titel „Der Berliner Architektenstreit: Klassik oder Moderne? Der
Direktor des Deutschen Architektur-Museums antwortet. Ende der Diskussion" in
Die Zeit Nr. 16 vom 15.4.1994. Der abgedruckte Text erschien in *Werk, Bauen +
Wohnen* 7-8/1994

Dieter Hoffmann-Axthelm
Die Stadt braucht Regeln, die Architektur Phantasie.
als Antwort auf Lampugnanis „Ende der Diskussion" in *Arch+* 122 (1994)

Fritz Neumeyer
Die Architekturkontroverse in Berlin: Rückfall in den kalten Krieg
geschrieben im Mai 1994 für den *Spiegel*, nicht gedruckt

Dieter Hoffmann-Axthelm
High-Tech oder Stein-Zeit?
Baumeister 3/1994

Rudolf Stegers
„Daß ihr euch selbst geregelt fühlen sollt"
Werk, Bauen + Wohnen 10/1994

Hans Kollhoff
Stumpfsinn und öffentliche Meinung
Der Tagesspiegel (Berlin) vom 4.10.1992; danach in P. Neitzke/C. Steckeweh (Hg.),
Centrum. Jahrbuch Architektur und Stadt 1993. Braunschweig/Wiesbaden 1993

Rudolf Stegers
Konversion zur Konvention. Hans Kollhoffs Rückkehr zur Halbzeit der Moderne
Arch+ 117 (1993)

Hans Kollhoff
Stadt ohne Tradition? Anmerkungen zu einer deutschen Erregung
Werk, Bauen + Wohnen 6/1994

Hans Kollhoff
Fiktion oder Stadt. Gegen die Tabuisierung einer städtischen Architektur
Frankfurter Rundschau vom 23.7.1994

Heinrich Klotz
Berliner Blockade. Eine Antwort auf Hans Kollhoff
Frankfurter Rundschau vom 30.7.1994

Franz Dröge / Michael Müller
Die Revision der Moderne: Ein Skandal
Arch+ 122 (1994)
Bei diesem Beitrag handelt es sich um die gekürzte und leicht überarbeitete Fassung
der Einleitung einer größeren Studie der Autoren. Diese ist unter dem Titel „Die
Macht der Schönheit. Avantgarde und Faschismus oder die Geburt der Massenkultur"
in der Europäischen Verlagsanstalt, Hamburg 1995 erschienen

Elisabeth Blum
Kunstrichterliche Allüren. Eine Kritik und ein anderer Blick auf die Moderne
Originalbeitrag

Ernst Hubeli / Christoph Luchsinger
Realität und Komplexität
teilweise unter dem Titel „Berlin, Berlin" in *Werk, Bauen + Wohnen* 1-2/1995

Dietmar Steiner
Am deutschen Wesen ...
Werk, Bauen + Wohnen 9/1994

Gert Kähler
Modern? Konservativ? Postmodern! Kein Resümee
Originalbeitrag

Florian Rötzer
Von realen und virtuellen Städten
Originalbeitrag

Bauwelt Fundamente
(lieferbare Titel)

Gert Kähler (Hrsg.)

**Schräge Architektur
und aufrechter Gang**

**Dekonstruktion:
Bauen in einer
Welt ohne Sinn?**

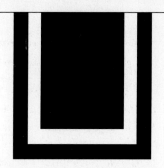

Architekturtheorie

Band 97 der Bauwelt Fundamente.
1993. 146 Seiten mit zahlreichen Abbildungen

ARCHITEKTUR ■ **BEI VIEWEG**

Gert Kähler (Hrsg.)

Dekonstruktion?
Dekonstruktivismus?

Aufbruch ins Chaos
oder
neues Bild der Welt?

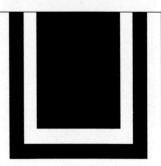

Architekturtheorie

Band 90 der Bauwelt Fundamente.
1990. 151 Seiten mit zahlreichen Abbildungen

ARCHITEKTUR ■ **BEI VIEWEG**